〔韩国〕孔元国 著

喻显龙 译

春秋战国

第六卷　百家争鸣

上海三联书店

墨子（约前 468—前 376）

春秋战国之际思想家、政治家，墨家创始人。名翟。曾学习儒术，因不满其烦琐的"礼"，另立新说，聚徒讲学，成为儒家的主要反对派。主张"兼爱""非攻"。墨家与儒家比较，儒家以封建制度为理想、以礼乐为基础，强调血缘社会下的伦理；而墨家则认为贵贱与血缘无关，仅仅以能力大小选拔管理者，主张追求上下一致而不是上下有别，是一种平等关系的伦理。现存《墨子》一书，是研究墨子与墨家学说的基本材料。

孟子（约前 372—前 289）

战国时思想家、政治家。名轲，受业于子思的门人。曾任齐宣王客卿。因主张不见用，晚年与弟子万章等著书立说。把孔子"仁"的观念发展为"仁政"学说。提出"民贵君轻"说，劝告统治者重视人民，阐述了儒家重民思想。其学说对后世儒者影响很大。被认为是孔子学说的继承者，有"亚圣"之称，著作有《孟子》。

庄子（约前 369—前 286）

战国时哲学家，道家代表人物，名周。继承和发展老子"道法自然"的观点。他否定儒家人为的礼教，提倡返璞归真的自然哲学。作为一个积极的反战主义者，他赋予了人类在自然界所有生命体中的绝对价值，著作有《庄子》。

商鞅（约前 390—前 338）

战国时政治家。卫国人。公孙氏，名鞅，亦称卫鞅。初为魏相公叔痤家臣，后入秦说服秦孝公变法，大力改革法制、田制、税制等，奠定了秦国富强的基础。他担任秦国宰相十年，实施了严明的法律制度。

荀子（约前 313—前 238）

战国末思想家、教育家，名况。和孟子的"性善"说相反，他认定人性生来是"恶"的，主张以礼仪来矫正人的品性。他使强调礼的儒家思想得到了进一步的发展，著作有《荀子》。

韩非子（约前 280—前 233）

战国末期政治思想家，法家主要代表人物。他接受了荀子的性恶论和老庄的无为自然学说，使法家思想得以集大成。秦王政在看了韩非的论说《孤愤》《五蠹》之后感叹道："得见此人，与之游，死不恨也。"著作有《韩非子》。

柏拉图（前 427—前 347）

古希腊哲学家，苏格拉底的弟子，亚里士多德的老师，对学院开创和人生的教育做出了巨大贡献，并因主张哲学家统治的理想国而闻名于世，其著作有《苏格拉底的申辩》《飨宴篇》《理想国》《法律篇》等。柏拉图留下了三十余篇对话记录，其中所包含的理念论、形而上学论、国家论等都被认为是西方哲学的顶峰。

目 录

1

凡例

· 本书以诸子百家的争论作为讨论的中心，并予以突显强调，在叙述上采用了问答式的讨论形式。与诸子百家进行对话的时期限定在战国时代。

· 为了使对话更具柔性，所有的问答采取自问自答的形式或作者直接进行提问。为了有助于读者理解，在不破坏原文内容的情况下，可能会在对话体的句子中间插入短的句子。

· 在柏拉图的著作中，每个句子都带有一些记号，这些记号叫作"Stephanus numbers"，是由数字和字母组合而成的。这些记号是用来对浩如烟海的柏拉图著作进行分句标识的。600 号以内是《理想国》中的内容，从 626 号开始是《法律篇》的内容，本书只标识页数，不明确标识书名。

前　言

1. 现今阅读诸子百家的理由

公元前 5 世纪刚开始没多久，据说在鲁国的西边抓到了一只麒麟。听到这个消息后，孔子便下定决心不再继续编写《春秋》。不久之后，孔子在叹息之中迎来了自己人生的终点。他感叹道："泰山其颓乎，梁木其坏乎，哲人其萎乎。"（《礼记·檀弓下》）

孔子直到临终的那一刻，才意识到已无法回到自己梦寐以求的文王和周公治下的大周盛世了。此后，血光四溅的战国时代到来了。不过，与孔子的忧虑不一样的是，这同时是一个百花齐放的哲人时代。从公元前 5 世纪到公元前 3 世纪，无法回避现实的哲人们游走于天下。这些思想家群体被叫作"诸子百家"。他们各自想着平定乱世的问题，昼夜苦思冥想："到底如何平定这一混乱的局面？是回到过去呢，还是找寻一条新路？"

一些人继续追随孔子的理想，一些人则认为孔子的理想是时代局限下的产物，而选择了背弃。不过，就连追随孔子理想的那些人，也并非原封不动地继承孔子的思想。继承孔子思想并主张仁政的儒家、通过严刑峻法图谋富国强兵的法家、反对歧视并希望在友爱的基础上建设社会的墨家、主张自然无为和维护生命尊严的道家等等，各自都拿出了应对乱世的对策，并展开了一系列论争。

经过两千五百余年到了今天，再来讲述他们的故事，还有什么意义呢？虽然诸子百家并非东方思想的全部，却可以说，这些哲学家的思想占据了其中的绝大部分。他们的思想是单纯的原型思想。即使到了 20 世纪初，东方思想仍然未能完全摆脱诸子百家的框架。21 世纪的今天，就连经历了战争与重建的中国，孔子和墨子不也重新开始焕发生机了吗？尽管诸子百家的学说未能如今天的学科分科那样实现细分，从而显得不够精练，但他们的广阔视野和真挚情怀，却越是历经岁月越是光彩夺目。

今天我们重看诸子百家，并不只局限于希望对中国历史有更深的了解。事实上，诸子百家的哲学起始于应对战国时代这一乱世，并建立一个更加美好的世界这样的大背景，也源于古代人民的激烈碰撞的思想。所以，了解古代人们对于个人生活和社会经营的基本原理的真实想法，对生活在今天的我们大有帮助，于大处讲有益于国家治理，于小处讲有助于养成正确的个人生活态度。

他们的学说是以汉字记录的，（但对于韩国人来说）没有望而止步的必要。收起锚，则要扬帆；船若行，需待风起，冒险的大风只会令我们无限畅爽。

2. 国家变则世界变

柏拉图曾经这么说："为了正义和正义的生活，我们寻求最大且最复杂的组织，难道我们探寻的不正是国家吗？"

国家是我们现有的最大的组织，也是最强的组织。自人类诞生以来，至今还没有一个超越国家的组织。如果理解了国家和国家治理的原理，那么国家以下的组织的相关原理，也就不难理解了。另外，我们的日常生活也都从属于国家强制力之下，不了解国家这一组织，又怎能理解我们自己的生活呢？从孔子到马克思（Karl Marx），哲学家们都认为国家变则世界变。所以诸子百家极其关心的事情，也自然都是以国家为关注的焦点。因此，在本书中，也将以国家的治理原理为中心来展开讨论。

我们暂且用建房子来比喻国家建构的过程。建房子最重要的是地基，那么什么样的地基是最好的呢？"不识庐山真面目，只缘身在此山中。"要想找到好的地基，就必须先登上山去才行。从东边山脊爬的人说必须在东边打下地基："一望无际，犹如巨龟背部的湖水（鄱阳湖）包围着大山。只靠捕鱼就能活下去。"

从北边山脊向上爬的人却也固执："北边那悠悠的长江，恰如黄龙腾跃。"

从南边山脊向上爬的人啧啧称赞："南边有郁郁葱葱的丘陵，生长着数十里绿树与竹林啊。"

从西边山脊爬的人着急得要死："西边绵延着数十里的沃土。"

这些只到了半山腰的人们，不管如何争执也得不出结论。所以讨论必须要在山顶上进行。只有登上山顶，人们才能看清四方，然后发展耕织、蓄养家畜、获取木材，甚至防范外敌入侵，或是平定内部叛乱。在弄清楚所有领域之后，就会获得初步的结论。如此，在一定程度的合议下所产生的地基便正是齐、秦、楚列国各自的土地，山东的广阔、关中的坚固、江湖的富饶分别构成了这些国家的基础。

不过，光是以如此这般程度的讨论，是无法进入诸子百家的主线的。根据自然条件的不同，不同的地基大体上被确定下来，但是要建一个什么样的房子，这个问题还没有得到解决。

这个叫作国家的房子，是决定人们生死的构造物。所以，对于国家的家长——君主这一角色，诸子百家的争论十分热烈，可以说是战火交加。围绕家长角色进行激烈争论的，有儒家、法家、墨家、道家等等，在他们中间，不管是谁都不愿轻易落后。如果遇上以折中（中庸）都解决不了的问题，即使是圣人君子，也不免冒出脏话："没有子孙的家伙""不知父亲的家伙""赶野兽杀人的家伙"等，甚至从一些大家口中骂出"侵蚀国家的蛀虫"这样的话语。

伟大的设计者们一步也不退缩，反而进一步地展开自己的理论：

"墙要石头砌，方才坚固。"

"用石头砌太冷，用树木盖才暖和。"

"只有增高围墙，才能抵挡住敌人的入侵。"

"围墙高则阴影也深。"

"不是的。围墙应该高且厚，只有这样才算安全。"

"难道你们不知道厚墙倘若坍塌，则更加危险吗？厚墙围起来的哪里是住房，简直就是监狱。"

要修建一个既坚固又造价低廉、既安全又实用的房子，是多么难呀。当时他们所拥有的资源与权力是十分有限的。尽管如此，他们仍然为了获得最佳的答案而奋斗不止。

3. 儒家、法家、墨家、道家的论争

本书虽是"春秋战国"系列丛书的第六卷，但实际上，却是自成一体的别卷。形式上不再采取既往的编年体叙述方式，而是通过问答式的讨论来进行叙述。内容与出场人物的时代跨度都很大。尽管如此，在与数千年的历史比较的时候，活动时期相差不远的哲人们，他们思考问题的内容与方式却又是如此相似。所以，跨越数十年乃至数百年的时间鸿沟，将这些论者集在一章中讨论，也并非毫无道理。

需要特别记住的一点是：从一开始，诸子百家著述的目的就是为

了争论。他们每个人都带着自信，仿佛说着"你是错的，我才是对的。你真是无知，我才是有智慧的"。那么，从今天读者的判断出发，辨别谁更具智慧，也不失为叙述的一种方法。今天的人们或许比起他们显得更加肤浅，然而要检测他们思想的生命力，最好的视角还是从今天的位置去观察。

本书讲述了四个派别。第一个派别是战国时代以来通常占满历史书第一章到最后一章的儒家；第二个派别是从道德论说中发展而来，并常常以散论来力压儒家的法家；第三派别是被士大夫集团狠批却肩负百姓心愿，替英雄豪杰擦去愤恨泪水的墨家；最后一个派别是古代的现代主义者——道家，他们是一群生命主义哲学家，其思想十分适合 21 世纪。

当然，诸子百家里还有兵家、农家、纵横家、阴阳家等。不过他们还大致未能从实用性的学问中脱离出来，所以很难像上面四个派别那样展开分析。另外，虽说是有些失望，把兵家排除在外，其一家之著作终是沉落于岁月的风浪之中。所以说，在从墓葬中再次出土竹简之前，谈论兵家还是需要极其谨慎的。

本书的构成如下。首先简单考察各种思想的代表人物们是如何思考的，包括考察其在方法论层面上实现了何等飞跃。然后，正文的第一个小结中展开儒家和法家代表人物的激烈交锋。将有儒家中以辩论最见长的孟子和文章入木三分的韩非子之间进行讨论的章节，而各阵营的队友也将不时出现。他们的哲学思想针锋相对，从对人类本性的考察到法的本质、国家存在的意义、君主的角色等等，你来我往，甚至激烈到了破口开骂的地步。

第二个小结里，儒家的合理主义者荀子与正面反驳儒家之礼的墨子将登场，他俩将对礼的本质及阶级本质展开争论。两千五百多年前，"合理保守派"与"民主改革派"之间所进行的论争，将使今天电视辩论的节目黯然失色。接着，作者将与主张"超越国家自身的国家理论"的一位稀世辩才——庄子，一起总结整个思想史并展开对话。

然后，在小结中，一边直接聆听哲学家们自己所坚持的心声，一边重新看待哲学的意义和中国古代国家的性质。孔子和柏拉图称得上是东西方哲学的双璧，他们希望有所改变，却都撞上了那道不变的社会之墙，只得吐出长长的叹息。今天窘迫的我们，恰如那巨大组织的附属品，而那些叹息将为我们的重新崛起带来勇气与力量。

4. 辩证法——区别真实与"语不成说"的力量

用诸子百家的对话来组成本书，我首先是有一点畏惧的。因为我不知道这是否可以将读者正确地带入到诸子百家的舞台中去。不过，随着动笔写作，我越写越觉得自己的方法是最合适不过的，这样的"信念"油然而生。

如果战国时代的一些思想家，某一天来到首尔的市中心，他们会有什么样的感触呢？也许几天时间不到，便会被这个数字时代给迷花了眼，然后陷入自愧之中不能自拔。不过，他们要是待上一个月或者一年的时间，听听那些为政者的话语，也许最初的幻想会变为轻蔑也未可知。他们可能会觉得现代为政者们的说话方式简直就不能算作是"说话"，用韩国的成语讲，叫作"语不成说"。那些为政者的说话方式在误会真意、曲解善意上确实厉害！他们以无知为自豪，从不害怕说假话。用荀子的话讲，他们专门致力于"掎挈伺诈"——抓住别人的过错而找机会陷害。

诸子百家的学说，虽然在今天看来不够精练，不过我们依然会去读，是因为这些思想是真实的。就算是坚定不移地坚持人性本恶的韩非子，也把他写书的目的立足于"让性恶的人不再冲突争斗"。

不过，有一点需要注意。诸子百家的学说虽比今天那些"语不成说"的言论更显真实，但无可否认的是，其华丽的修辞背后隐藏着阶级上的敌意。所以，只有区分修辞和含义，把开头和结尾都过一遍，其真心和敌意才能显现出来。因此，阅读他们话语的时候，不要东一句、西一句，只找对自己有利的解释，而是要探求全貌，通过反复回味，尽量让他们的言论、思想呈现出本来的样子。我觉得这就是所谓的辩证法，也是避免"语不成说"的方便之门。

最后，希望求得读者们的谅解。本书中出现了"一位不属于诸子百家却堪为诸子百家一员"的人物，他便是希腊哲学的泰山北斗——柏拉图。我并不认为喜欢辩证讨论的读者们会执着于东西方的区分。柏拉图和中国的诸子百家生活在同一个时代，而在国家和法律这两大核心主题层面上，他所展现的思考深度，甚至连现代的哲学家们也无法与之比拟。

总之，引入柏拉图虽有些出格，但目的是为了使讨论更趋丰富和有力，希望大家能够谅解，毕竟最终还是为了读者。打个比方，就好比这里有一张强弓与一百支箭，箭头与箭杆都坚实无比，箭一旦离弓，无疑便可中靶。不过，要是没了箭上的翎毛，只怕终将射偏，而本书对话中的柏拉图的角色便相当于翎毛。

开篇语

诸子百家的时代

一位流浪的知识分子最早书写了成功的神话，他便是从楚国流亡到吴国的伍子胥。伍子胥是楚国名门子弟，家门破败后遂向东方发展势力。紧接着便是孔子，孔子虽有因敬仰而跟随于他的众多弟子，但他本人在当时的影响力却很小。没过多久，吴起——一位善于兵法的大家，投奔楚国并表露出希望改变国纪（国家制度和礼仪）的雄心。于是，诸子百家、百花齐放的时代便这样徐徐展开。

　　进入战国时代，国家日益壮大，治理国家的人也越来越多。春秋末期，楚国的王族共同主政，而晋国则有六卿主政，越来越多的土地和人们得以治理，但这并未带来和平。各国间的竞争日益激烈，过去的统治方式再难保证其竞争力。君主和贵族们不再只依靠自己，而是迫切需要有统治才能的专家来帮忙。诸子百家超越了身份的约束，以惊世的哲学才干武装自己，并且不断地游说君主和贵族，展现了自身的实力。商鞅与秦王单独对话，将一身国政才学实践于秦国，终使秦国步入强国之列。由此，各国君主为了这些专家打破了头，甚至开始以奉承的心态大肆招揽这些人才。

　　诸子百家并非出自名门望族。孔子的出身就很低微，他曾坦诚自己做过杂役的经历；吴起十分希望有机会证明自己的能力，却因没有门路而不得其所、四处奔波；我们只知道孟子是邹人，是子思的弟子，却对他的家门一无所知；荀子是赵国人，直到五十岁才在齐国施展自己的才学。当然，商鞅和韩非子是公卿或王族的后代，不过他们却因为家门的失势，而受到外界的另眼看待。商鞅虽是卫王^①妾室所出，却只能帮魏国宰相公叔痤处理一些杂事，未能登大雅之堂，遂出走秦国；韩非子则为韩国贵族之后，与李斯一道拜荀子为师，学成之后游说于秦国。他们的处境还不如一些有名有姓的大夫。从一开始，他们离王位之类的位置就很远，就很难产生觊觎、靠近之心。

低微的出身也好，贵族出身也罢，新兴的士人阶层希望获取的角色是相同的。他们都想游说君主，使之接受自己的统治哲学，从而获得"统治专家"的名号。

---

① 原书错写为魏王，实际上是卫王。——译者注

1. 统治就得交给专家来办

作者： 参与这次讨论的人都说自己拥有平定乱世的法子。下面就请各学派的几位代表人物来阐述一下自己对时代的基本认识，以及具备怎样的能力方可解决今日战国的混乱。儒家方面派出的是孟子和荀子两位，法家方面派出的是韩非子，墨家方面派出的是墨子，他们将各自阐明自己的观点。从治理社会的原理大体来讲的话，儒家主张仁义和礼，法家主张严刑峻法，墨家主张爱与平等，他们的理论的出发点都不一样。但他们有一个共性，就是将自己的观点延伸拓展为一个体系，自成一家，并为此而自豪。现在正式进入具体问题的讨论之中。

孟子：我们是仁义的主宰者

作者： 这里有一位老师，作为仁义的主宰者，大力主张王道政治，没错，他就是孟子。孟子，您和孔子一样，带着弟子周游列国，为宣扬王道之治游说于各国君主而名扬天下。不过有的人却批评老师和像您一样的君子们不去做农活，也没有制造一些有用的物件，仅仅在俗物中东奔西走①。他们说的话是真的吗？

　　孟子：我先问你一下吧。照你的话说，你一定是吃自己种的粮食吧？

　　作者：正是如此。我自耕自种，自给自足。

　　孟子：那么，衣服也是自己织布，自己裁剪？

　　作者：那倒不是。

　　孟子：帽子也是自己做吗？

　　作者：不是，帽子是买的。

　　孟子：农具也是自己做的？

　　作者：不是，也是买的。各种工匠的活计，本来就是不可以一边耕种一边干得了的。（百工之事，固不可耕且为也。）

　　孟子：那么治理国家就可以一边耕种一边治理了吗？我们可是拥有治理天下方法的人。如我们这样的大人物有我们该干的事情，百姓有百姓该干的事情。如果每一个人所需要的生活资料都一定要自己亲手做成才能使用的话，那就使管理天下的人疲于奔命。所以说，有的人从事脑力劳动，有的人从事体力劳动；脑力劳动者统治人，体力劳动者被人统治（劳心者治人，劳力者治于人）；被统治者养活别人，统治者靠别人养活：这是通行天下的道理。

　　作者：老师您所说的便是那不为田地耕种，只为天下苍生而劳心竭力的工作吧？当然，孔子曾说过，君子用心谋求大道而不费心思去谋求衣食。即使你亲自去耕田种地，也难保不饿肚子；努力求学，却可以得到俸禄。所以，君子只为大道的存废而担忧，而不担忧贫穷。（君子谋道不谋食。耕也，馁在其中矣；学也，禄在其中矣。君

---

① 该处参照了《孟子·滕文公》中孟子和陈相的对话内容。农家学者许行认为，人不应讲求出身贵贱，而且必须亲自进行耕种生产。许行当时带着一群人来到了滕国，并住了下来。陈相听了许行的言论之后，非常高兴，跑来告诉孟子，这便有了以上的对话内容。

子忧道不忧贫。）①大概这也是为了鼓舞弟子而说的话吧。听了孔子的话，我感觉他的弟子们很有可能因贫困而十分烦恼。君子也追求富贵吗？

孟子：没有固定的资产而有一定的道德水准，只有士人才能做到。一般的民众，只要没有固定的资产，便没有一定的道德标准和行为准则。（无恒产而有恒心者，唯士为能。若民，则无恒产，因无恒心。）

作者：虽无财产，却恒心不改，所谓君子，便是这样的人啊！我还听说，您认为君子要让百姓具有恒心，并为此从事政治。不过却有人指责儒家的士人要么好吃懒做，要么只是为了求得一官半职而惶惶不可终日。老师您现在带着车数十乘、弟子数百名，浩浩荡荡地到处奔走，向诸侯们讨饭吃，这难道不是很过分吗？②

孟子：难道你认为过分吗？如果是不合道理的，那么一小竹筐饭也不能接受人家的；如果是合理的，那么就是舜接受尧的天下，也不能认为是过分。

作者：您的意思是说，士可以无所事事，吃人白食吗？（士无事而食，不可也。）

孟子：假设你不用多余出来的东西来弥补不足的地方，那么农夫就会有多余的粮食，女工就会有多余的布匹；如果你互通有无，那么木工和手艺匠人就都能在你这里换到饭吃。假设这里有个人，在家孝顺父母，在外尊敬兄长，恪守先王之道，并以此来教育后辈求学之人，但是在你这里却得不到饭吃。请问，你为什么看重木工和手艺匠人，却轻视遵行仁义的人呢？

作者：木工和手艺匠人原本就是通过干活找口饭吃，君子修行仁义的目的也是为了要找口饭吃吗？

孟子：何必讨论他们的目的呢？他们为你做事，看其功劳才给他

---

① 内容出自《论语·卫灵公》。
② 引用了《孟子·滕文公》中彭更和孟子之间的对话。

们饭吃。再说，你是根据他们的目的给饭吃呢，还是根据他们所做的事给饭吃？

作者：即便如此，符合道理的事情对国家究竟有何帮助呢？淳于髡讥笑老师您毫无实绩，虽为齐国客卿，却不思定。他还说：鲁穆公时期，有公仪子主政，有子柳和子思①为臣，但鲁国的土地被侵吞蚕食的现象仍十分严重。如此说来，贤者对国家毫无帮助。

孟子：这只是不知事理的话罢了。虞国没有任用百里奚而亡国，秦穆公用了百里奚而成为霸主②。有贤者而不用则亡国，更何况只是土地被侵吞这种小事呢？

作者：老师您可真是信心十足呀。我听说，秦穆公起用百里奚之时，极尽诚意，可谓厚待有加。但是百里奚又是谁呢？他帮助穆公，使偏居西陲的秦国一跃进入霸主的行列，他的儿子孟明视为国尽忠，力压东方诸国，他们都是名副其实的仁人志士。所以照您的话来说，今天所谓的贤者，都必须得到和百里奚一样的待遇吗？

孟子：正是如此。君主想求得贤能的人却不走正确的道路，就好比要人家进来却紧闭着大门一样。义有其路，礼也有其门。（义，路也，礼，门也。）唯有君子能走这条路，能出入这扇门。③

作者：孔子曾说过这么一句话："君王任用臣子要符合礼的规范，臣子侍奉君主要用忠心。"（君使臣以礼，臣事君以忠。）其实老师您

---

① 鲁穆公时期，鲁国不断受到齐国的侵略，土地不断减少。公仪子、子柳、子思都是十分有名望的儒家人士。
② 百里奚本是虞国人，但在虞国却得不到重用。虞国被晋国灭掉之后，他便亡命楚国。最后他受秦穆公召唤，并被委以重任，使得偏居一隅的秦国一跃成为春秋时代的霸主。百里奚精通战略，不过他的基本思想还是属于儒家。有这么一个趣闻：秦、晋两国角逐之际，晋惠公常常欺骗秦穆公。正好，当时晋国闹饥荒，秦国的大臣们听说后，便觉得这是打击晋国的好机会。不过，百里奚却这样回答道："上天降下的灾难，总是在各国之间交替循环的，帮助无辜的百姓是符合道义的事情。"与之相关的内容请参照《春秋战国·第二卷·重耳称霸》。
③ 内容出自《孟子·万章》。

说的便是"仁义之士决定国家兴亡"这个意思吧。

荀子：吾以法与礼为准绳

作者：下面，我再请教一下同为儒家学者的荀子。有许多人说，"儒者没有实际作用，所以对国家无益"，那么老师您是怎么看待这种说法的呢？儒学者对国家有什么样的帮助呢？

荀子：秦昭王曾这样问我说："儒者好像对国家无益？（儒无益于人之国？）"

我是这样回答他的："儒者，是效法古代的圣明帝王，崇尚礼仪，要使臣子谨慎守职而极其敬重他们的君主。如果君主任用他们，那么，他们位在朝廷，就会合宜地处理政事；如果不用他们，他们就退身归入百姓行列，谨慎老实地做人。无论如何，他们一定会做一个顺从的臣民。他们即使贫穷困苦、受冻挨饿，也一定不会使用不正当的手段去谋取财利；即使没有立锥之地，也深明维护国家大义之理；即使他们大声疾呼而没人回应，那也没关系，因为他们精通管理万物、养育人们的要领。如果他们位居万人之上，那就是当天子、诸侯的干才；如果位居万人之下，那就是国家的能臣、国君的宝贵财富。即使隐居在偏僻的里巷与狭小简陋的房屋之中，人们也没有不尊重他们的，因为治国之道确实掌握在他们手中。孔子将要担任鲁国司寇的时候，骗子和淫乱之人都改掉了以往的恶行。儒者在朝廷上当官，就能使朝政完美；在民间做个老百姓，就能使风俗完美。"

作者：您是说儒者能够安定朝廷和民间。不过他们到底是上下之间的仲裁者，还是引领下与上的领导者，这还不太明确。那么，我再问一个问题。儒者如果成为万人之上的君主，那又能达到什么效果呢？①

荀子：儒者如果位居万人之上，他们的作用就更大了。他们意志

---

① 引用于秦昭王和荀子的对话。

坚定，用礼义制度修治朝廷，用各种规章制度整顿官府，百姓之中，忠诚、信实、仁爱、利他的美德就会蔚然成风。并且，儒者是不会为了取得天下，去做一件不义的事、杀一个无罪的人的。（行一不义，杀一无罪，而得天下，仁者不为也。）这种做君子的道义被百姓接受，传遍四海，那么天下的人就会齐声响应他。所以，他们周围的人就会歌颂他、欢迎他；而远方的人，也会不辞辛劳地去投奔他。[①]

作者：很好。那么我再向老师您请教一个问题，这个问题和臣子之道有关。正如您所知，秦昭王在别国和权臣的帮助下，逼走其兄弟，夺得了王位。长平之战中，四十万赵国士兵全被活埋，而且也就几年后，周王室也遭灭国，这种不义之举和戮杀无辜之人的凶手便是秦昭王呀。[②]或许老师您见了昭王会去纠正他的行为。虽然老师您在书中批判您的前辈孟子过于孤高，但是您的"臣道"在纠正君主方面却显得不足。儒者难道只是存在于君主的法度之下吗？

荀子：君子怎能停止于此呢？虽然有乱国之君主，却没有自行混乱的国家；有平定混乱可安邦的人，却没有自行治理的法度。（有乱君，无乱国；有治人，无治法。）夏朝的名射手后羿[③]的射箭之法至今尚存，但是后羿却并未活到今天，他也不可能让后代都能百步穿杨；大禹治水、治国的方法流传至今，但是夏朝的社稷却已不复存在，王事也早已远去。

作者：您的意思是指，法本身不能安邦治国，而法的存续并不意味着国家的存续？

---

① 内容出自《荀子·儒效》。

② 秦昭王时期，秦国成为战国时代的最强者，有君临天下之势。秦国将军白起在长平俘虏了四十万赵军，却因担心俘虏再次背叛而将他们全部活埋，这是发生在公元前260年的事情。另外，秦昭王引诱楚怀王并将其监禁，使之不能回国，甚至还灭掉了周王室。秦昭王执政将近有六十年的时间，他虽将秦国打造得更加强大，却不是一个仁义之人。

③ 后羿曾一时篡夺夏朝的政权，但他日益骄傲，最后死于叛变的部下之手。传说后羿是一个神射手，有箭射九日之说，还传说他击退了各地的怪物，等等。

荀子：正是如此。所以说，法是无法自行独立的（故法不能独立）。另外，法条上的各种适用①也不是自行变来的。法只有遇到正确使用它的人才能存在下去，遇不到的话，法就会自行灭亡。法是统治的开始或手段，君子是法的本原。（法者，治之端也；君子者，法之原也。）有了君子，法律即使再粗略，也足够用了；如果没有君子，法律即使再完善，也会在处理问题时毫无章法。一个人如果不知道法的意义，只知道法的条目，即使他了解得再多，面对纷繁事务也必定会慌乱不已。所以说，英明的君主急于求得人才，而昏庸的君主却急于求得权势。②

作者：您因为从儒家的立场来解释"法"而闻名天下。不过，照您的话讲，君子是法的主宰者，君子甚至可以通过法的执行来纠正君主吗？老师您的说法好像和法家的论述没有什么太大的不同呀！

荀子：你怎么会这么想呢？天地，是生命的本源；礼仪，是天下大治的本源；君子，是礼仪的本源。所以天地生养君子，君子治理天地。君子，与天地并列，是万物的总管、百姓的父母。没有君子，天地就不能得到治理，礼义就不能统一。上没有君主、师长的尊严，下没有父子、夫妇之间的伦理道德，这便叫作极乱。（天地者，生之始也；礼仪者，治之始也；君子者，礼仪之始也。故天地生君子，君子理天地。君子者，天地之参也，万物之总也，民之父母也。无君子，则天地不理，礼义无统。上无君师，下无父子夫妇，是之谓至乱。）③

作者：我现在明白了。所谓君子，其存在就好比是一根规范人类世界的准绳。君子与天地同在，成为社会的纲纪。君子不是法的主宰者，而是礼仪的主宰者，他们和那些用法和术来游说君主从而取得一官半职的人是大不相同的。我还有一些事情想问，君子也害怕

---

① 这里的适用指在执行法律的时候，会根据相同的案例进行判决。
② 内容出自《荀子·君道》。
③ 内容出自《荀子·王制》。

王公贵族吗?

荀子:有志向就能傲视富贵,把道义看得重就能藐视王公贵族。注重内心的修养,那么身外之物就微不足道了。(志意修则骄富贵,道义重则轻王公。内省而外物轻矣。)①

作者:听完老师之言,我有些明白孔子曾经说过的话了。孔子说:"君子不是一件器物(君子不器)。"②一件器物只是供别人驱使把玩的物件而已,而君子却可以靠自己建立起一种秩序!

孔子还说:"三军的将帅可以被夺走,但是匹夫的志向却不可以被夺去。(三军可夺帅也,匹夫不可夺志也。)"③连匹夫的志向都不能被夺去,更何况作为礼仪主宰者的君子又怎可被招之即来,挥之即去呢?

老师您和孟子都是儒家之人,通过与您二位的对话,我了解了君子的立场。不过,这个世界上存在着不同阶层的人。从底层看,有不识字的农民,还有小商贩和奴隶。所以我们也应该听听这些生产者阶层代表人物④的心声。有请他们的代表墨子讲话。

---

① 内容出自《荀子·修身》。
② 内容出自《论语·为政》。
③ 内容出自《论语·子罕》。
④ 前面已经讲过墨子的出身。墨子应该是官府中的一名工匠,属于技工阶层。《史记》中称其为"宋国大夫",并记载其在世时期可能是在孔子出生前后,十分简略模糊。可以知道的是,就连司马迁也不知道墨子本人和其活动年代的准确信息。只是因为墨子十分博学,所以根据很多史实得以推定出来其为大夫。以《墨子》一书为根据,可以看出墨子是一位守城的技术专家,书中描写墨子不仅在建筑学和工程学上有很高造诣,他对城池防御的技术也十分精通。我们不能把战国时的工艺匠人想成是韩国朝鲜朝时期的官奴,战国时的工艺匠人在徭役繁重之时,随时可能造反,甚至到参与建国盟誓的地步,可谓是一个极具影响力的团体。
　　进入战国时代,战争更趋频繁,他们所拥有的专门技术的价值日益上升。以今天的职位来看,墨子相当于工兵队长一样的角色。举个例子,楚国有掌管匠人的官职——工尹,其地位很高,并在战斗时担当重任。像墨子这样的工匠首领,其地位和工尹是差不多的。作者的观点完全是根据《墨子》一书的内容所推测的,现在还没有相关记录进行确认。

墨子：我们身份虽低但有能力

作者：老师，我学习过您提出的兼爱和节用的理论。无歧视地去爱便是兼爱；不铺张浪费，为了百姓生活而珍惜，就是节用。如此看来，老师您心怀平等，非常重视体力劳动。要是这样的话，您和儒家是有明显的不同呀。

老师您现在周游天下而道破大道之所在。孟子和荀子都认为士的工作大都不可能是专门职业。那么，老师您觉得士的工作可以独立进行吗？

墨子：可以呀。士当然有士的工作。我想自己耕作，然后给天下提供粮食。要十分努力地耕作，才能产出一个农民的耕作成果。假设农民把自己的收获分配给天下人，那么每个人连一升粟也得不到；假设一名妇人织布，把自己的布匹分配给天下人，那么每个人连一尺布也得不到。士兵打仗也是同样一个道理，一个士兵又如何能抵抗敌人的三军呢？我认为，不如熟悉先王之道，求得他们的教诲，遵循圣人的话语，在上劝说王公大人，在下劝说匹夫和那些奔走四方的士人。①

作者：原来老师您也把士看作是统治、管理的专家呀！那么，照老师您来看，具有什么资格的人才能被称作士呢？还有，任用他们的君王又必须具备什么条件呢？

墨子：好的弓不容易被拉开，但是能射得高远，入木三分；好马虽然不好驾驭，但是可以背负更重的东西，跑更远的路；贤良的人才不好驱使，但是能够使国君更加受人尊敬。（良木难令，然可以致君见尊。）正是因为长江和黄河不嫌弃小溪小流的汇入，所以能够成其浩大；圣人勇于任事，又能接受他人的意见，所以能够成为治理天下

---

① 以上内容出自《墨子·鲁问》，这里"奔走四方的士人"，指"没有车的下级商人"。

的英才。因此，长江和黄河里的水，不是从同一水源流下来的；价值千金的狐白裘，也不是取自一只狐狸腋下的毛皮制成的。哪里有与自己相同的意见才采纳，与自己不同的意见就不采纳的道理呢？（夫恶有同方不取，取同己者乎？）[1]这不是统一天下（兼王）之道。狭窄的溪流干得快，平浅的河流枯得早，石头多的土地不长植物，所以，如果王者[2]的恩泽不出宫门，就不能流遍全国。[3]

作者："不以类取人，不看其出身和身份，不依照自己的好恶下判断。"士人就像好弓和好马一样，出身并不能决定其资质。换一句话讲，他们都是贤人呀。不过，老师您的问题是什么呢？为何总是衣衫褴褛？按老师您自己的话讲，您连自己的鞋子穿破了都不知道，潦倒如此，这难道是因为贤人们未能被正确举荐起用吗？

墨子：是的。连我自己都没有被起用呀。我希望现在的王公大人们治理国政之时，所有的国家都能富裕，人口都能增多，而刑罚得以约束减少。但是，现状并非如此，各国反而更加贫穷，人口减少，如此糟糕的原因究竟是什么呢？这便是因为他们治理国政之时，重用昏庸之辈，而没有重用有能力的人（不以尚贤事能）。

作者：先讨论另一个话题吧。贤明且有能力的人就应该参与政治，这是常识。老师您所说的贤明之人和儒家或法家所说的有能力的人有什么不同呢？

---

① 对这段文字有各种各样的解释，不过从文脉上来看，其意思是十分明确的。"同方"的意思就是指像许多的黄河支流一样奔向同一个方向——东方，其含义便是说所追求的东西相同。而"同己"的意思是指与自己相同的人，也就是阶级或志趣理想相投的人。虽有不少人把"方"解释为"方法"，但在意思上是不通的。

② 儒家把最强君主称为王，把最强君主所追求的统治称为王道。因为王者在动用武力之前会采用伦理进行教化，所以天下都会归顺于他。在王者之下还有霸者。霸者虽以武力攻打敌国，但不会独断专行，而是依靠国与国间的协约行事。齐桓公、晋文公等曾通过国家会盟的方式来处理天下问题，而攻打那些不依据协议规则行事的国家便是霸道。儒家认为战国时代既没有王者，也没有霸者，是一个一决雌雄、弱肉强食的时代。

③ 内容出自《墨子·亲士》。

墨子：简单地说吧，所谓贤良之士，便是德行敦厚，言谈有条理，博学多才的人。他们是真正的国家瑰宝，是真正的社稷砥柱。

作者：拥有出色的人品和辩论才干，同时还具有解决具体问题的能力，原来这样的人就是贤良之士呀。从提出具体方案的这点看来，确实和儒家不一样；而从强调德行与辩论才干的方面看来，与法家也不相同。那么，这些贤良之士为什么不能得到举用呢？

墨子：要想让这些国家瑰宝和社稷砥柱出力，就必须让他们富裕和显贵（富之，贵之），对他们予以高度的尊敬并赋予名誉（敬之，誉之），只有这样，才能够得到这些贤良之士。古时的圣主在执政之时，都宣称"对于正直的人，则使其富裕、尊贵，并亲近他们；而对于不正直的人，则驱逐他们"。当然，不管是富贵亲近之人，还是卑贱疏远之人，他们都追求道义正直。

作者：您的意思是，判断其贵贱，不能根据其身份，而是应该根据其自身的能力？

墨子：正是如此。所以古时的圣主在治理国家的时候，会根据道德来分派官职，并尊崇贤明之人（列德而尚贤）。即使是农民或工匠，又或是商人，只要有能力，则皆予任用（虽在农与工肆之人，有能则举之），并给予其很高的爵位和丰厚的俸禄，交予其重任并赋予其处事的权限（高予之爵，重予之禄，任之以事，断予之令）。然后说："如果爵位不够高的话，百姓不会对其恭敬有加；如果俸禄不够丰厚的话，百姓就不会相信他；如果政令无法下达的话，百姓就不会害怕他。"将很高的爵位、丰厚的俸禄和政令下达的权限授予贤明之人，不是因为他们贤明才这样做，而是为了实现有效的治理。

作者：老师您说的意思是，必须要有一个新的统治阶级登上政治舞台，而这个统治阶级只以能力为基础。那么，圣君明主们只根据贤明程度和能力来用人吗？现今很难想象只看能力去起用一些农工商业者。极端的法家思想家们认为将农民愚化才有利于统治，而过去的那些书里面，不是也无数次出现了"贱民"这个词吗？

墨子：上古的圣君们确实是根据资质来选用人才的。那个时候，道德决定了官职的大小，根据官职的不同从事不同的工作，根据辛苦程度获取奖励，计算功劳的大小来决定俸禄。但是，获取了官职并不意味着永远尊贵，而百姓也不会终身卑贱。有能力则起用，没能力就撤掉，起用正直且有功劳的人，而不是从个人利益考虑。

过去，尧在服泽的北边①找到了舜，并将天下交付给他，天下从而得以太平；禹在阴方找到伯益，将政事托付给他，九州从而得以成形；汤在厨房发现伊尹，把政事托付于他，终于成就了自己的雄图伟业——灭掉夏朝，建立商朝；周文王发现悬垂捕兽网和渔网的闳夭和泰颠②二人，也将政事托付给他们，使得西边土地尽附于周。那时候，丰厚的俸禄下，即使是有很高爵位的臣子也不敢不有所畏惧，都害怕自己有没有德行布施、有没有足够能力，而即使是农工商业者，也没有不崇尚道德的。③

作者：现在我算是明白了。因为没有能力完全相同的人，所以如果根据能力来起用人才的话，就不用考虑贵贱亲疏了。感觉老师您很反对士农工商的分类。只要有处事的能力和贤明的道德，就应该被起用，不管是先天还是后天所给的东西，都不能成为判断的标准。老师您好像是在期望一个新的统治阶级的诞生，而这个统治阶级不

---

① 具体是什么地方，现在已无从考证。墨子只是为了表示这是一个十分偏僻的地方。

② 有人认为是"飞颠"之误。——译者注

③ 墨子认为，上古时代的君主们在用人上是不看身份或者关系远近的，而只以能力和道德为唯一标准。尧并没有把位置传给自己的儿子，而是禅让给了贤明的舜。建立夏的禹起用伯益，最后完成了治水之伟业；传说，禹想禅让王位给伯益，但是伯益却躲了起来。汤的宰相伊尹原来只是一个庖人，即厨子，庖人是一种很低贱的职业，但是汤却看重伊尹的能力而大力起用，直至终身；伊尹一直侍奉到汤的儿子太甲，而太甲因为无道，甚至被伊尹驱逐，直至被教育反省后才被迎回。闳夭和泰颠都是周文王的宠臣，可是在被起用前只是猎人和渔夫罢了；文王因为起用了他们而壮大了实力，最终推翻商朝。墨子所举例子的人物中，没有一个人是君王的亲戚或贵族。

考虑身份和阶级，是一个与现存的世袭王公贵族们截然不同且注重能力的统治阶级。不过，如何才能培养出这样的统治者呢？

墨子：圣主把爵位和封地赐给这些被起用的贤明之人，并且予以信任。而他们必定竭尽心力为君主分忧，终身为其劳碌。美好的事情归于在上位的君主，怨恨和诽谤归于下面的臣子；平安和享受归于君主，操心和担忧归于臣子：圣主为政大概就是如此吧。

作者：我不太清楚老师您是怎么看的，不过，有能力又通过爵位和俸禄得到经济基础的话，这些人也就形成了一个新的阶级。那么要如何看待目前战国时代的情况呢？难道有能力的人真的拥有了活动的空间和基础了吗？

墨子：现在的王公贵族也想招揽贤明之人和有才之人。但是，一方面给予其很高的爵位，另一方面却没有给他们相应的俸禄。自古以来，一个人要是有很高的爵位却没有相对应的俸禄的话，是不会相信他的君主的。而且，他们会说："王公贵族并不是真心爱惜我们，而只是想利用我们罢了。"被利用的百姓怎么会和其君主亲近呢？所以，先王说："贪恋权位的人，不能把政事分给别人；重视财货的人，不能把俸禄分给别人。（贪于政者，不能分人以事；厚于货者，不能分人以禄。）"政事既不让人参与，俸禄又不分给别人。请问，天底下的贤人怎么会到王公贵族的身边来呢？

作者：贤明之人如果不能蜂拥而至，则庸劣之徒便会聚于王公贵族的身边，让这些人处理事务的话，政治将更加混乱不堪。老师您说的是这个意思吧？

墨子：庸劣之徒在君王身边的话，贤人就不一定能够得到赏赐，而恶人也不一定能够受到惩罚。让他做官便会监守自盗，让他守城便可能背叛弃城；君上有难不肯献身，君上出亡不肯追随；让他判案则会不公，分财则会不均；和他谋事则无所成；让他防守难保稳固，命他征伐则难保坚强。

作者：老师您十分担忧只给爵位而不予俸禄的情况呀。不过，这的确是当今的现实。利益本来不就是难以同享的吗？正因为如此，要是有能力的人们作为一个稳定的统治集团登上政治舞台的话，就必然会有另一个集团来阻挡他们。

墨子：正是这样呀。现在的王公贵族即使处于困境之中，也不知道起用有能力的人，凡是亲戚他们就任用他（亲戚则使之），凡是无缘无故得到富贵的、面目生得美丽的就任用他（无故富贵，面目姣好则使之）[1]。难道这些人都很有智慧吗？让不聪明的人治理国家的话，国家混乱则是必然的。

用人仅凭对其形色的满意与否，而不看其智慧，那就意味着用人的标准仅在于自己内心主观上是否满意。所以，不能治理一百人的，却让他做治理一千人的官；不能治理一千人的，却让他做治理一万人的官，授予的官职竟超过其能力的十倍。

作者：这不就是让只能活一天的蜉蝣去编日历吗？

墨子：治理国家的原则是，每天都必须去治理。一天的时间不能延长十倍，其治理能力也不能增加十倍，而如果让他担当十倍于其能力的官职，他也只能治理其中的一份而放弃其他九份罢了。如此一来，国家混乱就是毫无疑问的事情了。[2]

---

[1] 按照墨子的说法，"无故富贵"的意思是指既不贤明也没有能力的情况。而这些人恰好就是世袭贵族。他们因为有钱，所以可以把自己打扮得光鲜亮丽。下层民众对于在选用人才时照顾亲近之人或同是贵族出身的人的现象，是深恶痛绝的。人们常常把"无故富贵"翻译成"没有功劳却得以富贵"，而"面容姣好"本指"阿谀奉承的脸"，但这些解读并不符合墨子的论调。根据墨子的逻辑，墨子认为没有功劳则不予以赏赐是没问题的，但是这并不是说因为没有功劳而从一开始就不予以起用。所以墨子才会说，给予爵位和俸禄的同时，起用人才。没有哪一个人从一开始就会有功劳。另外，脸好看的意思是指容貌出众仍修饰打扮，这是在批判儒家十分重视仪表。农工商业者如何从一开始就能让自己的脸光鲜亮丽呢？接下来的句子里，"面容姣好"是用"色"来表示的，"色"就是指光鲜亮丽的脸和衣冠，即整体的形色。

[2] 以上内容出自《墨子·尚贤》。

作者： 到目前为止，荀子、孟子、墨子三位都异口同声地主张有能力的士集团应该主导国家治理。不过，也有人十分害怕士这个集团的存在。从君主的立场来看，这些人所构成的团体不正是权力的竞争者吗？在这里，有人主张从所谓的君主统治术的观点出发，限制臣子的权力。下面我将和法家的代表人物韩非子展开交谈。

韩非子：我们是富国强兵的专家

作者： 老师，您认为这个时代没有出现霸王，是因为没有意识到监狱的价值，也就是说，没有意识到法和术的价值。同时，我也知道您常常抨击儒家人士和墨家人士。不过，以前也有像商鞅这样的法家被君主起用，以法与术来治理国家的事例，他们最后还是没有抵挡住反对派的打击，从个人来讲，这是一场悲剧。这是因为不知道真正的法和术吗？

韩非子： 以前吴起去楚国辅助楚悼王时曾这样说过——

"大臣的权势过大，接受封地的封君太多，如此一来，他们便上逼君主、下凌百姓，国家因此变得穷困，军队因此变得敝弱。受封土地的封君，其爵禄传至二到三代可止；取消百官俸禄的等级，裁减多余的官吏，来供养经过选拔和训练的士兵。"

楚悼王便按照吴起的说法施政。可是最后因为楚悼王去世，吴起竟在楚国遭受肢解之刑。

作者： 说起吴起，他曾担任过魏国西河郡守，和秦国作战百战百胜，可谓一时名将。在楚国施用兵法而使楚国兵强马壮的人，不也正是他吗？说他是改革家也不为过呀。

韩非子： 还有一个比较浅显的例子。商鞅教秦孝公建立什伍组织，设置告密连坐制度，焚烧《诗经》和《书经》，彰明法令，堵塞私人的请托而起用对国家有功的人，约束靠游说做官的人而鼓励耕战的农民与士兵。秦孝公实行这些主张，君主因此尊贵安稳，国家因此富庶强大。但是，八年过后，秦孝公死了，商鞅被诬谋反，死后还在秦受车裂之刑。

现在，大臣苦于法令，而小民憎恨统治，这一点比起当时的楚国和秦国来要更加严重，而君主也没有楚悼王、秦孝公那样的心性。因此，法术之士又怎能冒吴起、商鞅那样的危险来阐明自己的法术主张呢？[①]

作者：老师您的意思是说，法家人士并不是能力不足，而是因为时机不对而无法施展抱负。我听说老师您曾严厉抨击儒家、说客、侠客等，并将其说成是五蠹——五种蛀虫。您是指他们是一群毫无生产贡献而蛀蚀国家财产的人吗？

韩非子：正是如此。

作者：不过，老师您自己不也带着法术去游说秦王吗？吴起虽生于卫国，却发迹于鲁国，显威于魏国，受大用于楚国。难道这不是借用儒家的外衣去进行游说的结果吗？商鞅也是在魏国未得重用，才找到了秦国。他们都为了找到一个位置而到处奔走，这只是一种法或者术罢了。

柏拉图：哲学家应该成为王

作者：现在向大家介绍一位西方的哲学家，他将一直伴随我们从头到尾的讨论。这位哲学家在遥远的希腊建立了哲学体系，并培养了无数弟子。这些弟子分布于欧陆各地。从其哲学热情、对现实参与的意志和著作分量来看，在东方唯有孔子能与之比肩，所以他又被叫作西方的孔子，他便是哲学家、法学家——柏拉图[②]老师。老

---

① 以上内容出自《韩非子·和氏》。

② 柏拉图的《国家篇》（又译《理想国》）和《法律篇》的内容还会继续伴随我们的讨论。《国家篇》是借苏格拉底之口进行叙述的，而《法律篇》则借用了一位号称"雅典来客"的法律专家之口来发声的。但实际上的说话人都是柏拉图自己。本书参考底本为朴钟贤翻译的《法律篇》（曙光社，2009 年）和《理想国》（美国企鹅出版社），《法律篇》中对句子改动和用语修正的地方请参考《法律篇》（Dover Publications，2006 年）。

师您是不是说过这样的话——"具有最高智慧的人如果成为王，这样的社会便是至善的社会。"

柏拉图：是的。只要哲学家不能成为这个社会的王，或是只要这个社会的王和统治者不能成为真正的哲学家，即政治权力和哲学不能合为一体，我们所谈论的理想社会就绝对无法实现，国家的所有矛盾也绝不会停止。（473d-e）

作者：您的表达，让人感觉有些模糊。老师您能对您所说的哲学家再解释一下吗？

柏拉图：我所说的哲学家是指这样的人：智慧上比他人优秀，自己成为自己主人的人。我要反过来问你一个问题，世袭君主生来就可以成为哲学家吗？

作者：不管是从遗传学或人类学的成果来看，还是从史实来看，世袭君主并非全部都是优秀的。否则就不会有"暴君"这个词了。不过，有些人认为君主是不会犯错的人，君主必须无条件地受到保护。

柏拉图：不可将与统治相关的事情交付给无知之人，相反，应该授予智慧之人以官职。无知之人与智慧之人毫无相似之处，根本无须刻意去区别便知道其不同。所谓最大的智慧，可以解释成是一种最具优雅和最伟大的状态（689d-e）。无知之人应该追随这种状态，而智慧之人应该统治管理这种状态。他们并非被强制这么做，他们这么做是自发的，也就是说，法的支配可以说成是一种自然而然的东西。（690b-c）

作者：老师您的话与儒家、墨家人士的发言几乎没有太大的差别。如果除去君主论的话，甚至可以说您与法家的意见也相差不远。具有智慧之人不就是君子、贤者或是法术家吗？

2. 国家的诞生

作者: 到目前为止，儒家、墨家和法家都告诉了我们一句话，那就是"统治就得交给专家来办"。他们都认为负责治理国家之人应该是自己。所以，有必要了解一下他们对国家的思考。因为不去探明国家如何诞生，如何发展成今天的样貌的话，就很难去讨论以何种方式治国更为合适的话题。如果基础不够坚固的话，那么讨论就无疑如同沙子堆成的房子一样，随时有倒塌的危险。历史哲学是开启现实大门的钥匙，我对此表示认同。现在我想向各位简单问问有关社会产生与发展的看法。

国家到底是如何产生的呢？柏拉图老师认为国家的产生源于协作的需求。也就是说，"个人的要求和需求虽各不相同，但是因为无法自给自足，所以社会便因此产生"。（369b）那么如何区分农夫、工商业者、统治者呢？下面先来看看韩非子的著名文章——《五蠹》①吧。

韩非子: 社会进化则统治进化

韩非子: 社会变化则统治之道也应有所不同。今天那些被称作学者的人并不知道这一道理。上古时代，人口稀少，禽兽却很多。可是，人类却无法战胜这些禽兽虫蛇。后来，圣人出现了，在树上架木做巢，使人居住，从而避免禽兽和害虫的侵扰。所以人们很爱戴他，便推举其为天下之主，称他为有巢氏，即拥有草窝屋子的人。此后，又有一位圣人出现了，他钻木取火，用火烤熟食物，因此人

---

① 韩非子在《五蠹》中展开了关于上古时代的议论，该部分十分有名。他借用了墨子和荀子的说法，但内容却大相径庭。文中认为，太古时代并不混乱，而是一个"和平时期"，并且缓缓地论述了技术的发展不能改善人类的生活。韩非子的人口理论与托马斯·罗伯特·马尔萨斯的观点几乎没有差别，而他的社会起源论和柏拉图的观点十分相似。《五蠹》可谓是一篇有关社会起源论的顶级论文。

们很爱戴他，称其为燧人氏，即带来火的人。

随着时代变迁，中古时代的鲧和禹①疏通水路，抵挡住了大洪水。近古的夏桀和商纣因为残暴，被商汤和周武王征讨。

想象一下吧。如果有人在夏后氏时期，即鲧和禹的夏朝时期，还在树上架木筑巢、钻木取火，那么一定会被鲧、禹耻笑；如果有人在商朝还尽全力去疏导河流，那么一定会被商汤、周武王耻笑。因此，如果有人在今天还赞颂尧、舜、禹、汤、文、武②的政治措施，那么一定会被新的圣人耻笑。

作者：正如您所说，鲧和禹的时期，已经有了像样的房子，而商周时期也已经有了大坝与水堤。儒家和墨家都把那个时代看得十分神圣，当然，您的老师荀子有不同的意见。不过，社会就是在不断变化的呀！

韩非子：因此，圣人不期待效法过去的制度，不取法所谓永久适用的制度（常可），而应研究当前的社会情况，并根据社会情况来制定符合实际的措施。举个例子，有个耕田的宋国人，田里有个树桩子，一只奔跑的兔子撞在树桩上，撞断脖子死了。于是这个宋国人便放下手里翻土的农具，整天守在树桩子旁边等兔子。可是兔子没有再来，他本人也被大家所耻笑。同理，今天想要用古代圣君的政策来治理现在的人们，这和守株待兔的愚蠢行为又有什么区别呢？

作者：您是把主张复古和王道政治的儒家比作愚蠢的宋国农夫了吧？那么，为什么过去有效果的东西对现在的战国时代却没有用处了呢？

韩非子：古时男子无须耕种，野生的果实就足够食用；妇女无须纺织，禽兽的毛皮就足够穿着保暖。那个时候不需要做费力的事，

---

① 鲧和禹都曾承担过治理黄河的任务。鲧失败了，而他的儿子禹却成功了。传说禹开创了夏王朝。

② 都是古代的圣主。虽然根据记录者的不同，其观点有所差异，但普遍都把他们所统治的时代誉为三个伟大的朝代，也叫作三代。

给养就很充足，因为人口稀少，财物有余，所以人们之间没有争斗。因此，那时不需实行厚赏，不用采取重罚，百姓自然得以顺平而治。现在一个人有五个儿子不算多，每个儿子又有五个儿子，这样一个丈夫在去世之前就有了二十五个孙子。由此可见，现在是人口众多而财物不足，干体力活干得很劳累，可是给养还是很少，所以百姓之间才会发生争斗。即使加倍奖赏和加重惩罚，还是不能避免骚乱。

作者：原来您认为，过去所有物资都是充足的，而今天因为人口增加，造成了生活必要物资的缺乏，从而引起了争斗与混乱。如果这样说的话，难道不是无视了尧舜时代的理想，不分青红皂白地把先王之道说成是愚蠢的行为吗？至少那些先王圣贤还是做到了无私公正，不是吗？

韩非子：世上之人都赞颂尧将君位禅让给了舜，但是实际的情况却并非如此。尧统治天下的时候，所谓的宫殿，实际上简陋不已，茅草盖的屋顶都不加修剪，栎木做的椽子都不加砍削；君主吃粗糙的粮食，喝野菜煮的羹；冬天穿小鹿皮做的袍子，夏天穿葛布做的衣服。因此，即使是现在的看门人，其吃穿都不会比那更差。禹统治天下的时候，亲自拿了农具干活，给百姓带头，累得小腿上不长汗毛。即使是现在的奴隶，其劳动都不会比这更苦。按这样的情况推论，那个时代将天下禅让给别人，就好比是脱离看门人的生活，摆脱奴隶的劳苦，所以把天下传给别人并不是什么了不起的事情。但是，看看今天的县官吧，就算早已去世，但是他的子孙世世代代还可乘车，享受世袭的荣华，所以人们看重官职。举个例子，到了荒年，家里没粮食，自己的弟弟来了也拿不出饭菜招待；可到了丰年，家里粮食充盈，即使是关系疏远的过路客人，也可以招待他在家里吃饭。这并不是要疏远骨肉兄弟而爱护过路客人，这是由粮食多少的实际情况决定的。

作者：您的意思是说，在过去，即使是当权者，其生活也和平民无异，所以我们没有必要美化过去。另外，老师您把利益看成是行动的原因，甚至认为被当作圣主来称颂的那些人，其行动也是从利益出发的，对吗？

韩非子：以前的人们轻视财物，不是因为他们更加善良，而是因为财物有剩余，而今天人们相互争斗，不是因为品德低下，而是因为财物不足。过去人们可以轻易地将天下禅让，不是因为他们高尚，而是因为那个位置的权势并没有什么特别的；今天的人们当官且不断争斗，也不是因为品格低下，而是因为这个位置的权势变大了。因此，圣人以财物多少、权势大小来制定他的政策。

作者：换句话说，您认为社会堕落的原因是人口增加了，所以分配财物的人也增加了。不管如何，您的观点和儒家有很大的不同，他们认为过去的人更加高尚，且在社会生活中更加重视道德。儒家主张复古，相反，老师您却主张改革，您能说说您的理由吗？

韩非子：按照时间顺序来看看历史上所发生的事情吧。以前，周文王的土地只有百里见方，他积极施行仁政，用安抚的手段使西戎归附了自己，终于成为天下之主；徐偃王住在汉水以东，土地有五百里见方，也积极施行仁政，于是，向他献地朝贡的国家有三十六个，楚文王害怕他会威胁到自己，所以起兵攻打他，随后便灭掉了徐国。周文王施行仁政得以统治天下，而徐偃王施行仁政却国破家亡，这说明仁义的政治只适用于古代而不适用于今天。所以说，时代变了，情况也就变了（世异则事异）。

作者：您是指过去是一个仁义行得通的时代，而现在却进入到了一个仁义行不通的时代。

韩非子：是呀。简单来说，上古以道德争斗，中古以智谋争斗，而现在以实力争斗。我们再来看看更近些时期的事例吧。齐国准备进攻鲁国，鲁国派子贡去游说齐国。齐国人听完子贡的话后这样回答："你的话不是没有道理，可是我想要的是土地，不是你所说的这些道理。"然后齐国依然起兵攻打鲁国，直到在距离鲁国都城城门十里的地方划了边界线才撤军。所以说，徐偃王施行仁义使得徐国灭亡，而子贡机智善辩使得鲁国的国土被削减了。由此可以看出，施行仁义和机智善辩都不是维持国家的方法。所以，还不如抛掉偃王的仁义，废弃子贡的机变，凭借徐国、鲁国自己的实力来抵抗拥有万辆兵车的大国，那么齐、楚两国的欲望就不可能在徐、鲁两国得逞了。

作者： 您是说，守卫国家除了培养实力之外别无他法。您并不否认曾经有一个时代是认可仁义的，您的意思只是想说那个时代已经过去了。现在，我已理解到了法家历史哲学的基本前提，那便是变化呀。

不过，认为过去是一个好时代的观点，依然存在于我的脑海之中，这种主张把过去说成是一种"原始共同体"①。对此，有不少人不以为然，他们认为上古时代其实比现在更加艰难，荀子就是其中一位。荀子说上古时代没有秩序，互相伤害。还有墨子，他认为过去更加险恶，还将这一主张体系化。下面我们就来听听墨子的历史哲学吧。

墨子：为了平息混乱，百姓应拥立领袖

作者： 韩非子说，在人口稀少的过去，所有东西都很充足，人们也很重视道德。老师您好像对此持反对观点。

墨子： 刚开始有人之时，没有刑罚政治，大概那时每个人说话的意思也会有所不同。于是，有两个人就有两个意思，十个人就有十个意思。随着人口的增加，人们说的话的意思也就随之增加。而人们都认为自己说的话是对的，别人说的话是错的，所以互相诽谤攻击。于是，在内，父子兄弟开始互相怨恨，使得骨肉离散而无法和解；在外，天下的百姓也以"水火毒药"互相戕害。因此，即使人们留有余力也无法相助，多余的财物腐坏了也无法分配，有好的技巧

---

① "原始共同体"指原始社会下的和平协作、没有纷争动乱。

方法也无法互相传授，可谓是天下混乱至极，仿佛处于一个禽兽般的世界。

作者：人们因为所说的话的不同含义，而使得相互之间所传达的意思不同，然后，矛盾和排斥就由此产生。听完老师您的这番话，我想起了孔子的"正名"思想。要想平息混乱，就必须端正名分，换句话说，首先得建构一个统一的话语。您说的是这个意思吗？但是，老师您认为人的本性是恶而不是善，所以您觉得人类社会一开始就没有什么规范可言，因此混乱是一种自然而然形成的状态。那么，要如何做才能解除这种状态呢？

墨子：人们明白了天下之所以大乱，是由于没有行政长官（政长）所致，所以大家就选择贤能的人，将其立为天子。（选天下之贤可者，立以为天子。）立了天子之后，人们认为仅靠他一个人的力量还是不够的，因而又选择天下贤能的人，把他们立为三公。但是因为天下如此广大，三公也显得不够用，于是又选立贤能之人为诸侯国的君主，而这些诸侯国也是如此选立出行政长官的。[①]

作者：那就是说，老师您认为天子并不是自己成为天子，是由百姓拥立而成的，而领袖的产生也是源于人们的意愿。这听起来，有点像是上古时代的社会契约论。如果照老师您的话来讲，人们自发地拥立领袖，那么他们一开始就很亲近吧？

柏拉图：国家卫士与温驯的狗

作者：我们再次回到战国时代。今天荀子所说的上古时代的社会契约，可以说是有名无实，在战国时代，和平地维持天下秩序的国家和主张仁义的文人都不被看好，而被看好的是最善于战争的国家和能够作战取胜的将军。现在，我们欢迎从西方来的柏拉图老师，让我们一起看看他的历史哲学观点。柏拉图老师，您曾描写过这样

---

① 以上内容出自《墨子·尚同》。

一个时期，当时洪水席卷大地，人类失去了所有的知识与财产，面临着新生活的开启。

柏拉图：是的。那个时候正是这样。他们友好相处，是因为他们孤独，当然，还因为食物并不是他们所要抢夺争斗的物品。除去这个时期的少数情况，即使是牧草也是不缺的。当时大部分的人都依靠畜牧来维持生计，而牛奶和肉也是不缺的；即使通过狩猎也能把生活过得很好，不用到敌人的地盘去抢夺也能获得食物。（679a–680a）

作者：您说过，这些从友好氛围中出发的人类，现在为了保卫自己，不得不在国境上放置受训的卫士。这些卫士在国境上进行戒备，并开始对国境之外的人抱有敌意。所以，我有一个问题，假如时代已经允许战争的话，国家的卫士们应该具有怎样的品德呢？

柏拉图：今天国家的卫士应该如同受过良好训练的狗一样，对自己的主人或邻居无限驯良，相反，对敌人却应该有毫不犹豫的残忍。也就是说，他们要具有在战斗中毫不退缩的坚强和不挑起内讧的自制力。除了哲学与勇气，这些卫士还必须兼具肉体上的能力。（375b–e）

作者：到现在为止，我听到了关于历史观，特别是有关人类社会产生的一系列看法。事实上，以今天有限的知识是无法理解过去的实际情况的，所以不能轻易地对其下结论。但是，我们还是能得到一个比较确定的结论，那就是从开始的某个时候到现在，社会确实是处在变化之中，并且今后还会继续发生变化。因此，从现在开始，让我们一起进入到今后如何改变社会的具体讨论当中吧。

第 1 章

统治的基础——

仁德？法术？

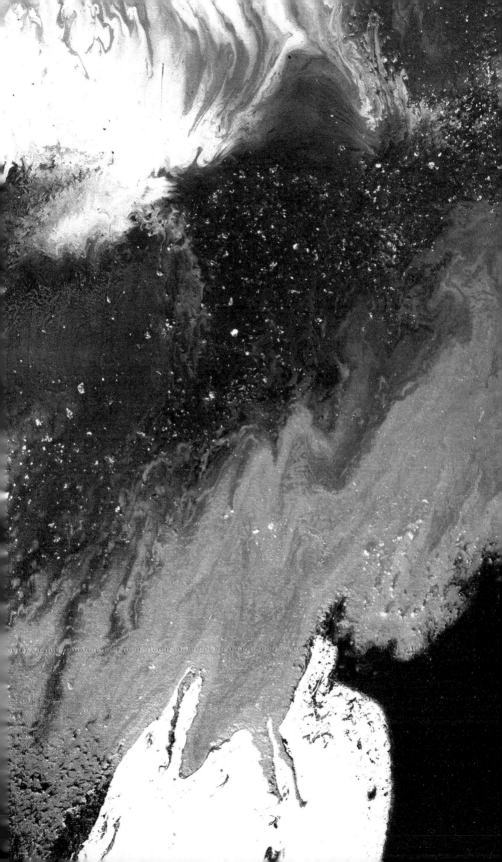

在讨论关于统治的基本原理之前，先简单地看看原始儒家理论的核心。孔子的想法可以用下面的话来整理说明，即所谓领袖便是这样的人——"如果端正自己，即使不下命令给下面的人，下面的人也知道去行动；如果不端正自己，即使下了命令给下面的人，下面的人也不会去执行。（其身正，不令而行；其身不正，虽令不从。）"[1]

统治的出发点不在于纠正别人，而是纠正自己。另外，所谓政治，其根基来自于对百姓的恩惠，并最终归结于能使他们找准自己的位置。儒家的早期理论如下：

"我孔丘也这样听说了，治理国家和家庭并不担心东西少，而是担心不能分配均匀（不患寡而患不均）；并不担心贫穷，而是担心不安定（不患贫而患不安）。自古以来，分配均匀则不会有贫穷，和睦相处则不会缺少东西，安定、安稳则不会倾危。即便是这样，如果仍有远方之人还是不服从的话，那么就修正自己的文德来使他们归顺（修文德以来之）；如果他们来归顺了，就要使之安定下来（既来之，则安之）。"[2]

孔子的意思就是，不要过多地压榨百姓，也不要以强制力来动员他们。荀子在此基础上发展了孔子的理念：

"所以王者让百姓富裕，霸者让战士富足，勉强能维持存在的国家让大夫富足，而终将走向灭亡的国家则只会填满君主自己的箱子

①　以上内容出自《论语·子路》。
②　以上内容出自《论语·季氏》。

和仓库。这叫作'上面漫出来而下面漏得精光（上溢而下漏）'，这样的国家，内不能防守，外不能征战，如此一来，它的垮台与灭亡便指日可待了。"[1]

　　荀子发展了管仲的经济思想，甚至指出了阶级财富分配的问题。国家富裕并不等于是把百姓的储物柜填满物品，或是充盈国家的仓库。我们先记住儒家的这个观点，并将其作为基本前提，然后进入到下面的讨论当中吧。

---

[1]　以上内容出自《荀子·王制》。

1. 孟子的传统 VS 韩非子的变法

作者： 讨论现在开始。为了使讨论得以集中，我们就简单地把这场讨论叫作"仁德和法术的对决"吧。自孔子之后，最强调以仁与德作为统治理念的人便是孟子了。老师，您认为治理社会的原理果真如此吗？

过去的制度是否应该变更

孟子： 赢得天下有方法，其方法便是赢得百姓；赢得百姓也有方法，方法便是赢得民心；赢得民心有方法，那便是和他们在一起。聚集（与之聚之①）其所期待的东西，避免施予其厌恶的东西。

有一句话，叫作"为高必因丘陵，为下必因川泽②"。施行政治，

---

① "与之"可以解释为"给予他们"，也可以解释为"为了他们"。考虑到孟子"与民同乐"的思想，本书解释为"和百姓在一起"。

② 这句话在原文中的意思是，想要建造高的建筑，则必须以高地为基础；想要开凿深的池子，则必须在低洼的地方开凿。

如果不以先王之道为凭借，又怎算得上有智慧呢？侍奉君主不讲道义（事君无义），进退之间不讲礼节（进退无礼），一说话便是批判先王之道，这跟说废话又有什么区别呢？所以说，有这么一句话："为君主消除难事是恭，为君主扬善避恶是敬，说自己君主没有实践道义的能力，这便是害了君主的贼子。"[1]

作者：老师的话，便是说平定乱世的正确态度应从过去正确的传统中找到经验智慧，并传承它们；如果秉持否定传统，同时又否定人类可能性的态度，那就不可能做成任何事情了吧？下面我想问一下韩非子，您觉得孟子的话有道理吗？

韩非子：不懂得统治的人一定会这样说："不要修改过去的制度，不要改变常法。常法就是从过去一直流传下来的东西，即是今天熟悉的东西。"

事实上，变与不变，圣人并不关心，他们只管正确地治理。既然如此，那么古法变不变，常规改不改，只在于它们可行还是不可行。伊尹不变改殷法，姜太公不变改周法，商汤、武王就不能称王了；管仲不更改齐法，郭偃不改革晋法，齐桓公、晋文公就不能称霸了。凡是难以改变古法的人，常常害怕改变民众的习惯。不变古法，便要重蹈乱国的覆辙；迎合民心，就是放纵奸邪的行为。百姓不懂什么叫乱，君主懦弱而不能进行改革，这便是治理国家的过失。[2]

作者：简单说，这便是两派之间的冲突，一派支持过去的美好制度，另一派则认为过去的制度已经无用。我想简单地谈谈我的看法，我们有必要再一次弄清儒家和法家关注百姓的基本前提，这应该大有裨益。儒家经典《大学》中有这么一句话，这句话算是对孟子"与民同乐"之说的一个延伸：

"赢得民众则赢得国家，失去民众则失去国家。（道，得众则得国，

---

① 以上内容出自《孟子·离娄》。
② 以上内容出自《韩非子·南面》。

失众则失国。）有道则有人，有人则有地，有地则有财物，有财物则可以使用。（有德此有人，有人此有土，有土此有财，有财此有用。）"

"德是根本，财物是末端，所以抛弃根本而重视末端的话，则是与百姓相争、巧取豪夺。（德者本也，财者末也，外本内末，争民施夺。）[1]因此，如果收敛财物，则百姓散开；施散财物，则百姓靠拢（是故财聚则民散，财散则民聚）。所以，用违背情理的话去责备别人，别人也会用违背情理的话来回报你；用违背情理的手法得到的财物，也会不合情理地失去（是故言悖而出者亦悖而入；货悖而入者亦悖而出）。"

得到百姓，土地和财物自然也就随之而来，所以领导者又何必要跟百姓争夺财物呢？领导者如果强行夺取，最终百姓也会被别人夺走。另外，如果百姓财富盈余，他们哪里还有离开的道理呢？

法的必要性和范围

作者： 商鞅的理论可谓是法家理论的极大彰显，其理论在现实

---

[1] 这句话非常晦涩不清，历朝历代都有错误的解释，可以说这些错误解释完全歪曲了儒家的经济思想，留下了十分深远的恶性影响。解释这句话的时候，大都采用了朱熹在《大学章句》里的话——"人君以德为外，以财为内，则是争斗其民，而施之而劫夺之教也。"朱熹的这句话其实也一样模糊不清，到底是"君主和百姓争斗，教他们学会抢夺"的意思呢，还是"让百姓争夺，使他们学会抢夺"的意思呢？《大学章句》中接下来的话虽然不够完美，但是却暗示了朱熹的解释：

"所谓财物，那是人们都想要的东西，所以不考虑别人的处境而意图独占财物的话，百姓就会起来互相争夺。（盖财者人之所同欲，不能絜矩而欲专之，则民亦起而争夺矣。）"

韩国的《大学》翻译本中基本都采取了"让百姓争斗，让其抢夺"的解释。但是这个解释并不正确。"争民"这两个字本身的意思是指和百姓争夺，"施夺"是施惠的反义词，是"夺取"的意思，所以这句话的意思应该是"和百姓争斗，然后抢夺他们的东西"，其行为主体是君主。孔子展示了自己的抱负，他认为百姓人口增多，则"首先要使之富裕，富裕后要教化他们"。《大学》是为为政者所写的，其中参考了不少先秦儒家的典籍。朱熹的解释意译过多，而朝鲜半岛的儒者们又过于依赖朱熹了。

中也被人评价为伟大的功绩，那么下面我们就一起来看看商鞅的理论吧。有些人认为西边的秦国之所以能够以极快的速度强大起来，正是因为商鞅法家式的改革。我先给大家念念《商君书》①中的一小段：

"以前的人淳朴又宽厚，现在的人狡猾又虚伪。所以，以前有效的方法就是把道德教化民众放在首位；而现在治理国家有效的方法就是把法治放在首位，并使用刑罚。世俗的人们是不知道这个道理的。（古之民朴以厚，今之民巧以伪。故效于古者，先德而治，效于今者，前刑而法。此世之所惑也。）"

这句话和韩非子的话如出一辙。接着，商鞅简单整理了其所要施行的新法：

"百姓以五户、十户进行整编，使其互相监视，并施以连坐之刑律。不告发奸恶的处以拦腰斩断的刑罚，告发奸恶的与斩敌首级的同样受赏，隐藏奸恶的人与投降敌人同样受罚。一家有两个以上的壮丁而不分家的，则赋税加倍。

"有军功的人，各按标准升爵受赏；为私事斗殴的，按情节轻重分别处以大小不同的刑罚。致力于农本，耕田犁地，让粮食丰收、布帛增产的人，则免除其自身的劳役和赋税。因从事工商业或者因为懒惰而贫穷的，就把他们的妻儿全都充作官奴。王族里没有军功

---

① 《商君书》并不是商鞅的著作。《商君书》里面记载了许多战国后半期的事件，如长平之战等，而且还有不少东西很明显是摘抄自《管子》《荀子》和《韩非子》。单是《弱民》篇中，以"楚国的百姓形如一体，一起行动，十分机敏迅速，其速度如风一般（楚国之民，齐疾而均，速若飘风）"开始的一大段话都是取自《荀子》。但是在司马迁生活的时代，是可以看见商鞅著作的，所以汉代的人们不可能毫无根据地进行捏造，特别是秦国使用了商鞅之法，所以留下了大量的相关记录，而这些记录也传到了汉代。我的结论是，《商君书》虽不是商鞅或商鞅弟子所作，却是以商鞅法令为基础所写的一本书。本书以《史记》的记载为基准，所采用的内容没有较大偏离。

的，不能列入家族的名册。明确尊卑和爵位等级，各按等级差别占有相对应的土地、房产；家臣、奴婢的衣裳、服饰，也按各家爵位等级来决定。"①

简要来讲，就是施以严格的赏罚，并通过军功大小授予爵位，这是通过刺激动机来达到增产的目的。我们将以此为参考，继续展开讨论。孟子，您好像对此有很多话要讲。

孟子：这些法令真是残酷呀。这样做就能成为天下第一了吗？我是这样看的，谁将统一世界呢？那便是不好杀人的人。天下又要如何才能安定呢？我认为只有归于一统才能安定下来（定于一）。谁又能使其归于一统呢？不好杀人的人就能做到。（不嗜杀人者能一之也。）

作者：说得太好了。只是根据军功大小来授予爵位的话，最终不就是鼓励杀人吗？现在动不动就有战争发生，在这样的情况下，有没有能够劝说君主们不要杀人的方法呢？敌人已经举起了长矛，我们自己可以丢掉长矛吗？而且如果运用这样的策略，谁又会跟随呢？

孟子：谁会跟随呢？整个天下都会与之相随。当今天下，那些成为君主的人还没有一个是不好杀人者。如果有那样的不好杀人者出现的话，整个天下都会翘首以待，并追随于他。②

作者：一方主张宽容，一方主张严刑峻法。一位认为以宽容能统一天下，而另一位认为只有让法令严厉才能在战争中取胜。双方主张如此不同，使我一下子难以得出结论。所以，我们暂时跳开这个话题，将讨论带入更深处。现在又是一个新的起点，我们来看看战争的基本原因到底是什么，而人类又作为怎样的存在，世界上的争夺不会停止吗？

---

① 以上内容出自《史记·商君列传》。
② 选自《孟子·梁惠王》中梁惠王提问、孟子回答的句子，本文将其以自问自答的形式重现。

2. 本性是善还是恶

作者：不管是统治还是被统治，反正都是人做的事情。所以要想弄清楚天下混乱的原因，不去讨论人类本性是不行的。如《墨子·所染》里面，墨子看到给丝线染色的人，如此感叹："染了青颜料就变成青色，染了黄颜料就变成黄色，染料不同，丝的颜色也跟着变化。经过五次染色之后，就变为五种颜色了。"

墨子认为人之本性受环境的影响。世上之人都喜欢好的环境，但是孔子却说了这样的话："人的本性是相近的，由于习性不同才相互有了差别。（性相近也，习相远也。）"①

在我看来，古人们的话语都十分模糊不清，他们并没有说出判断本性善恶的标准。那么人类的本性是什么样的呢？韩非子或是孟子都认为应根据人类本性来施行政策。本章中，荀子也会参与进来，虽然他也主张仁义，但是和孟子的观点却不太相同。

孟子的性善说 VS 荀子的性恶说

作者：首先从孟子开始。您如何看待人类的本性呢？有先天的因素吗？

孟子：吾敢断言，人的本性确实是善的呀！人都有不忍让别人受苦的心。（人皆有不忍人之心。）先王圣贤正因为有不忍人之心，所以才有了不忍人之政治。如果带着这般心境来施政，天下的治理便会尽在掌握之中。我为什么会说人人都有不忍人之心呢？这就好比，现在有人突然看见一个小孩掉进了水井里面，不管是谁都会有恻隐之心——受惊并觉得小孩可怜的心情吧。而产生恻隐之心并不是因为想和小孩的父母拉关系；自己救了小孩也不是想听到乡党朋友的赞

---

① 出自《论语·阳货》。

扬，更不是讨厌因为没救小孩会听到的批评话语。

由此看来，没有恻隐之心，简直不是人；没有羞耻之心，简直不是人；没有辞让之心，简直不是人；没有是非之心，简直不是人。恻隐之心是仁的发端；羞耻之心是义的发端；辞让之心是礼的发端；是非之心是智的发端。①

作者： 您的意思是，如果反过来说，善便是人类的本性吧？荀子，您是怎么看待人类本性的呢？

荀子： 人的本性是恶，善只是人为的掩饰。（人之性恶，其善者为伪也。）人一生下来就贪图利益，因循着这种本性，争夺便产生了，辞让之心变得不复存在；人一生下来就互相嫉妒和仇恨对方，因循着这种本性，互相残害，忠诚信义变得不复存在。所以，人一定要在接受"师法之化"和"礼仪之道"之后，方才能够行为端正。这个道理就好比，弯曲的木材只有通过工具在火上加热才能使其矫正，迟钝的金属器具只有通过打磨才会变得锋利。

孟子说，人之所以学习是因为他们本性是善的（人之学者，其性善），而在我看来，却并非如此。这种说法便是不了解人类的本性，也不了解人类先天和后天的差别呀。所谓本性，是人一生下来便拥有的，这是后天学习不来的，也不是通过努力就能获得的。所谓礼仪，是圣人所制定，通过学习熟练，便能够做到的。所谓人类本性，说的就是眼睛可以看东西、耳朵可以听东西。没有眼睛不能看，没有耳朵不能听，看和听并不是通过学习就能学会的。

肚子饿了要吃东西，这是本性；想把吃的献给长辈而自己不吃，这是后天的善。弟弟对哥哥谦让，儿子对父亲孝敬，父亲为了孩子吃苦，哥哥为了弟弟吃苦，这些虽然都违背了人的本性，但是却是习得礼仪的结果。

作者： 我想问一个问题："如果人的本性是恶的话，礼仪又是如

---

① 以上内容出自《孟子·公孙丑》。

何产生的呢？"

这当然是孟子的意见。所谓"种瓜得瓜，种豆得豆"，那么以此推论的话，善的本性中生出善的行动，这难道不是常识吗？

荀子：凡是礼仪，都是产生于圣人的后天作为（凡礼仪者，是生于圣人之伪），而不是产生于人类的本性。举个例子，陶器工匠做陶器，这些陶器都产生于陶器工匠的行为，而不是产生于陶器工匠的本性。①

作者：老师您说的恶，比起"恶"字本身的意思，感觉更贴近"生存本能"的含义。您说肚子饿了就要吃东西，这件事本身好像与善恶无关，而可以理解为一种生存需求。

荀子：从人的本性和资质上来看，君子和小人都是一样的。（材性知能，君子小人一也。）所有人都有一个共同点，肚子饿了就想吃东西，冷了就想要温暖，累了就想要休息，追求利益、厌恶损害，不管是谁都是一样的。在这一点上，不管是暴君夏桀还是仁君尧禹，都是一样的。

不过，人可以成为尧禹一样的仁君，也可变成夏桀一样的恶人，还可能成为农工商业者，这些都在于各人行为和习惯的积累罢了（在势注错习俗之所积耳）。做尧禹一样的仁君则感觉安全又光荣，做夏桀一样的恶人则常常觉得危险又耻辱；做尧禹一样的仁君常常心情舒畅、身体安适，而成为农工商业者的人则常常心情烦躁、身体劳累。然而，人们不希望成为尧禹一样的仁君，反倒想成为后者，所以浅陋无知。尧和禹都不是天生就有如此资质，而是在他们原有本性下不断改变才达到了后来的境界。人生下来的时候，就是一个小人，如果没有老师的管教和礼法的约束的话，就只会看到财与利罢了。②

作者：老师，您明确地区分了本性和人为——先天和后天。可

---

① 内容出自《荀子·性恶》。
② 内容出自《荀子·荣辱》。

是，刚才孟子打了一个比方，里面提到了一个人看到小孩掉进水井里的"不忍人"的态度，您好像没有对此观点进行直接的反驳。我想问一下孟子，您对人性善的观点还有什么要补充的吗？

孟子：有人问我善于做什么事情，我回答他"吾善养浩然之气"。浩然之气是什么呢？①其实这很难用一两句话说清楚。如果用坦荡的胸怀去培养它而不加以伤害，这股浩然之气便会充盈于天地之间。这种气必须与仁义道德相配，否则就会缺乏力量，人也会变得衰弱。

我讲一个故事吧。宋国有个人嫌他种的禾苗老是长不高，于是到地里去，用手把它们一株一株地拔高，累得气喘吁吁地回家，然后对他家里人说："今天可真把我累坏啦！不过，我总算让禾苗一下子就长高了！"他的儿子跑到地里一看，禾苗已全部死了。天下犯这种拔苗助长错误的人是不少见的。当然也有人认为养护庄稼没有用处，所以不用去管它们，而持有这种想法的人就只能算得上是懒汉，只管种植庄稼，却不除草，不打理田地。

韩非子：人之本性就是利己

作者："看看种子吧，即便没有任何人指示它，难道不是到了时候就开始发芽吗？如果不是在种子内部蕴藏着力量，又怎会如此呢？"这是您曾经说过的。在我看来，老师您所说的浩然之气便是具有强大力量的善之种子。如果好好培养、发展善之种子，便可成为善良的人。善之种子超越了生存的本能，就会在人的本性之中生根发芽。

下面，我们来看看法家的本性论。这与孟子的意见相比，可谓泾渭分明，所以也比较容易理解。韩非子，您是如何看待本性的？

韩非子：我是一个研究君王之道的人，所以举一个和君王有关的例子吧。《桃左春秋》中说："君主因病而死的不到半数。"君主的祸

---

① 引用自公孙丑与孟子间的问答，本书以自问自答的形式进行重现。

患在于相信别人。相信别人，就会受到别人控制（信人，则制于人）。臣子和君主并不是骨肉之亲，臣子只是迫于君主的权势而不得不侍奉君主。所以，做臣子的，从来没有一刻停止窥测君主的意图，而君主却懈怠傲慢地凌驾于臣子之上，这就是代代出现挟持、杀害君主事件的原因。

作者： 从您的发言来看，您认为君主和臣子间的关系是相互间以利害为基础的，是一种彻底的契约关系。当然，君主和臣子之间也有权力竞争的关系。那么，君主和臣子在一起时，难道就没有什么大义可言吗？他们只是根据利害来行事吗？

韩非子： 我再说一个以前的故事吧。善于驯马的王良十分爱马，其原因是他想让马跑得更快，而越王勾践爱民则是为了让百姓和他的儿子一起参加战争。

作者： 确实有一定道理。特别是勾践，他战胜夫差之后，就十分冷漠地逼死功臣[①]，可谓是兔死狗烹。

韩非子： 正是如此。车匠造好车子，就希望别人富贵，然后买他的车子；棺材匠做好棺材，就希望别人早死。这里并不是说车匠仁慈而棺材匠狠毒，而是因为春秋战国时期只有富贵之家才能乘车，别人不富贵，车子就卖不掉；别人不死，棺材就没人买。棺材匠并非憎恨别人，而是因为其利益就在于别人的死亡。

同理，后妃、夫人、太子结党营私，就会希望君主早死；如果君主不死，他们自己权势就不会变大。并非因为他们憎恨君主，而是因为他们的利益建立在君主的死亡之上。所以，君主不能不留心那些能在自己死亡中获利的人。因此，我才会这么说：

---

① 春秋时代末期，吴国和越国作为一直以来的敌对国家，为争夺长江下游地区的所有权展开了争斗。一开始，吴王任命由楚国亡命而来的伍子胥为宰相，使得吴国在情势上压倒越国，越王勾践作为人质被抓到吴国，受尽侮辱。但是勾践卧薪尝胆，决心复仇。勾践任命范蠡主管外交，任命文种主管内政，意图实现富国强兵，最终逼死吴王夫差，成功复仇。但是，刚一成功，勾践就赐死了功臣文种。

"太阳和月亮外面都有白色光圈环绕，问题却在内部；防备自己所憎恨的人，祸害却来自我爱的人。"①

孟子：即便如此，本性仍为善

作者：韩非子认为人际关系归根结底就是利害关系。他认为不管是救活别人还是伤害别人，都是因为自己的利害关系包含在内。孟子，您怎么看呢？

孟子：人们总是择善而从之。韩非子拿职业说事，那我也拿职业来说一说吧。制造弓箭的人又怎会比制造盔甲的人更加仁慈呢？制造弓箭的人担忧弓箭不能杀伤人，而制造盔甲的人则害怕人们受伤。祈祷人们变好的巫师和赚死人钱的棺材匠也是同一个道理。所以人们才不得不在职业选择上慎之又慎（术不可不慎也）。孔子说过，"仁的里面包含着美的事物，如果选择非仁之地居住的话，又怎算得上是智慧之举呢？"仁是上天最尊崇的东西（夫仁，天之尊爵也），是人类得以安定家国的根本（人之安宅也）。如果没有什么阻挡，你却仍不选择仁，便绝非智慧之举。②

作者：老师您区分了现象与本质。实际上，在现实中，制造弓箭的人内心希望其弓箭可射穿盔甲；贩卖棺材的人则希望丧事大量出现，棺材得以大卖。而老师您认为，善良之人并不是一开始就期待着这样的事情。而分辨一切的正是智慧。孟子对人类本性的思考看起来好像一种信念呀！下面我们暂且听听其他讨论者的看法。告子是孟子辩论的对手，但同时也是朋友。告子认为并没有一个可以区分人性善恶的标准。他是这么说的——

"所谓本性，和那井水一样。东边凿开了就自东边出，西边砸开了就自西边出。人类本性中没有善与恶的区分，也就好比水的本性

<hr />

① 以上内容出自《韩非子·备内》。
② 以上内容出自《孟子·公孙丑》。

没有向东流与向西流的区分一样。"

孟子：水的性质没有东与西的区分，那难道还没上和下的区分吗？所谓人类本性的善，便和水往低处流的道理是一样的。位于郊外的牛山以前也是树木成林、郁郁葱葱。但是由于牛山处在大国①的郊外，遭到人们的砍伐，它又怎能再如过去一般树木繁茂呢？虽然树木依然如以前一样，日夜不停生长，受雨露滋润，新发的嫩芽也并非没有再生长出来，但是刚长出的嫩芽马上就被人类放养的牛羊所破坏，于是便呈现出一片光秃秃的景象。人们看到光秃秃的景象，便认为这座山原本就没有树木，但是这光秃秃的场景又怎会是山的本性呢？同理可知，对于人来说，又怎会没有仁义之心呢？人们丧失良心就好比是用斧头大肆砍伐森林一般，森林就算是每天发芽生长，又如何可以再变得繁茂美丽呢？②

作者：孟子所说，指的便是今天百姓的心灵在过去原本是十分善良美好的，而如今变得堕落邪恶全是因为那些压榨他们的人。老师您在之前对浩然之气进行了说明，据您所打的比方，宋国人为了帮助禾苗生长而去拔它。而如今齐国人却将那些看得到的嫩芽一一摧毁殆尽，那善之嫩芽虽存又如何得以生长呢？不过，因其每天不停生长，也不敢说这些善之芽绝对不存。

我们还是先看看一个前提吧，那就是"今天并不是一个培养浩然之气的绝佳环境"。如此一来，那些感叹着"如今的百姓是末世的百姓"的人，不正是那些奴役百姓的君主们吗？听听孟子故国的君主——邹穆公的话吧，我听到他说："在我看来，如今的百姓过于自私自利。上次与鲁国作战的时候，我国官吏牺牲了三十六人，可与他们一起作战的百姓却无一人战死。因为不想上阵杀敌，所以连长官有生命危险也置之不顾，这真是可恶呀！该如何是好呀？"

---

① 此处指大的国都或城市。
② 以上内容出自《孟子·告子》。

孟子: 我会这么回答他。君主陛下呀! 您有没有想过百姓的处境呢? 上次因为歉收而发生饥荒, 那些陛下的百姓, 老弱者的尸体堆满水渠, 青壮年逃难于四方, 人数多达数千。尽管这样, 陛下的粮仓却依旧充实, 府库也十分充盈, 而管事的官吏却不将饥荒禀告于您。如此这般, 上面的人玩忽职守, 下面的人就被残酷对待。曾子曾说过:"警惕呀, 要警惕呀! 你如何对待别人, 别人就会如何对待你。"百姓在这次战斗中找到了报复的机会。陛下您可千万不要责备他们呀! 君主如果施行仁政, 百姓自然就会和统治者亲近, 跟随上官慷慨赴死。

作者: 两位的话都很有道理。在我看来, 孟子和荀子的话从表面看起来是相对立的, 不过实质上却没有多大差别。荀子所说的本性是人类的基本欲望, 也就是生存需求, 这好像不应该被说成是无故害人的"恶"。而老师认为人类因为拥有理解欲望的能力, 所以可以充分地行礼仪之事。不过, 问题在于是不是通过"善"来召唤这个能力。相反, 韩非子所说的"恶", 是一种无法改变的本性, 是必须用法来加以控制的对象。

所谓人类的本性, 不能用秤称, 也不能用尺子量, 靠论理来进行判断也是十分困难的。我们就把实际可解决问题的方案, 当作性善性恶问题争论的答案吧。如何对已经出现的人类的自私心理进行节制呢? 对于这个问题, 就解决方法来说, 韩非子用的是"法", 荀子用的是"礼", 而孟子则认为应该培养浩然之气。

3. 治国的主力是君主还是君子

作者: 现在将进入韩非子的专门领域, 就是"谁才是治国的主角"这一问题。前面的论者都不知不觉地站在君主和臣子的立场上发了言, 那么治理国家的主角到底是韩非子所说的君主呢, 还是孟子所说的君子或大人呢？他们到底是从属关系，还是对等关系，或是合作关系，抑或是对立关系呢？两者所追求的价值又有何不同呢？

孟子：君子应该矫正君主

作者：孟子，您不远千里而来，想问问您有什么对国家有利的方法呢？①

孟子：何必说利益呢？只要说仁义就行了。（仁义而已矣，何必曰利。）君王如果说"如何才能有利于我们国家"，那么大夫们就会说"如何才能有利于我们家门"，士人和一般百姓就会说"如何才能有利于我们自身"。要是上上下下相互为利益而争斗，国家就危险了啊！在一个拥有一万辆兵车的国家里，杀害国君的一定是拥有一千辆兵车的国家②；拥有一千辆兵车的国家里，杀害国君的一定是拥有一百辆兵车的大夫。

作者：商汤驱逐夏桀，周武王征伐殷纣，真有这样的事情吗？③

孟子：有这样的记载。

作者：臣子杀害君主，可以吗？（臣弑其君可乎？）

孟子：伤害仁的叫作贼，败坏义的叫作残，残害仁和义的人叫作独夫。我听说过周武王诛灭了独夫纣，商汤诛灭了独夫桀，但是没有听说过他们以臣弑君。

作者：您的意思是，君主如果犯了十分巨大的过错，就只有一死了之吗？您能再具体谈一下吗？替换君主的人，可以称得上是二号人物，比如宰相或卿。事实上，颠覆夏朝的商汤和颠覆商朝的周武王在当时不也是卿吗？在怎样的情况下，卿可以替换君主呢？

---

① 这其实是《孟子·梁惠王》中梁惠王的问题。
② 这里把"家"解释成"国家"是正确的。因为即便是天子的近臣也不可能拥有一千辆战车。事实上，战国时代的韩、魏、赵等都是家族建国，它们的国号也正是其家族的姓。
③ 这是《孟子·梁惠王》中齐宣王提的问题。

孟子：卿也分为两类，一类是与君主同姓的贵戚卿，一类是异姓卿——功臣、地方封臣。

作者：如果是贵戚卿呢？

孟子：君主如果有大过失则劝谏君主，如果多次劝谏不听，则可罢免其位，扶植新君。

作者：君主要是听到这句话，可能要大发雷霆吧。那么如果是异姓卿的话，又该怎么办呢？[①]

孟子：君主有过失则劝谏，如果反复劝谏不听则离去。

作者：您说过，真正的臣子是纠正君主错误的人。可是，却依然有不同姓的卿驱逐了君主。历史上有这么一段记载：

伊尹因为商王太甲胡作非为而将其驱逐到桐这个地方，百姓为此欢喜高兴。后来又因为太甲变得贤德，伊尹又将其召回，恢复其王位，百姓依旧欢喜高兴。（伊尹曰："予不狎于不顺，放太甲于桐，民大悦。太甲贤，又反之，民大悦。"）

贤明的臣子在处理事情的时候，如果君主不贤，真的可以将其驱逐吗？[②]

孟子：那要看驱逐君主之人的内心意图了。有伊尹那样的意图，就可以；没有伊尹那样的意图，便是篡位。（在一个国家）百姓最为重要，其次是社稷，最后才是君主。（民为贵，社稷次之，君为轻。）所以，得到百姓的承认便可成为天子（是故得乎丘民而为天子），得到天子的承认便可成为诸侯，得到诸侯的承认便可成为大夫。诸侯若威胁社稷，则换掉他。按时进行祭祀，献上肥壮的牺牲与洁净的祭品，却仍遭受到旱灾与水灾的话，那就拆掉和重改社稷。[③]

作者：如果对百姓造成危害，即使是君主或社稷，也是可以更改的，您说的就是这个意思吧？

——————————

① 这是《孟子·万章》中齐宣王的提问。

② 这是《孟子·尽心》中公孙丑的提问。

③ 内容出自《孟子·尽心》。

孟子：正是如此。责怪别人是没有用的，批评政治也是没有用的。只有正人君子出来纠正君主的心性才行。君主仁爱，则整个国家没有不仁爱的道理；君主重义，则整个国家没有不重义的道理；君主正直，则整个国家没有不正直的道理。一旦君主正直了，整个国家也就安定了。（一正君而国定矣。）①

韩非子：君主应以刑罚统治人臣

作者：君主如果失去了道德，臣子即使驱逐他也是没有关系的，这真是贤明之语呀。一般儒家都反对异姓革命，崇尚饿死的伯夷、叔齐，老师您的态度可谓与之迥然不同。贤明的臣子可以驱逐暴虐的君主，如此公开主张这一内容，想必也是以老师您为嚆矢②吧。那么现在，拥护君主这一方自然也要开始强烈地反驳了，下面我们来听听韩非子的讲话。

韩非子：历代君主的姓都是在不断地更改的。如果这样的话，难道篡位者都是重义的吗？我之所以游说君主便在于此。我常常把臣子看作是君主的缝隙，他们和君主没有血缘关系，只是因为利害关系而结成了契约。因此，如果因为臣子讨喜而过于宠信于他的话，君主就必然危险了；如果过于抬高臣子地位的话，那么就一定会让君主之位不保；如果不使后妃尊卑有别的话，那么君主嫡子一定会处于危险之中；如果君主或太子的兄弟们不服从君主的话，国家社稷就会岌岌可危。

我听说这么一件事。拥有一千辆战车的诸侯国君主如果没有防备的话，必定有拥有百辆战车的臣子窥视在侧，准备夺取他的百姓，颠覆他的国家；拥有一万辆战车的君主没有防备，必定有千乘之国的大夫窥视在侧，准备夺取他的权势，颠覆他的国家。

因此，奸臣势力扩张，君主权势就会衰退消亡。所以，诸侯强大将成为天子的祸害；群臣过于富有将使得君主败亡。将相行使君

---

① 内容出自《孟子·离娄》。

② 先行者，榜样。

主之事（将相之营主）①，使私家兴盛，这是君主应排斥的事情。天地万物中，没有比君主自身更加高贵、比君位更加尊崇、比君威更加强大、比君权更加隆盛的东西了。君主身体的高贵、地位的尊崇、威严的强大、权力的隆盛，这四种美德，不借助于外界，不求助于别人，是君主仔细思考后独自获得的。所以说，如果君主不能使用他自己的财富，最终便会被排斥在外，而这正是统治者所必须牢记的。

作者：当然，从历史角度也能进行观察吧？

韩非子：是的。过去商纣的灭亡、周朝的衰微都是因为诸侯的强大；晋国被赵、魏、韩三家瓜分，齐国被田氏篡权，这都是因为群臣太富有；燕、宋臣子杀掉国君的原因，也都是如此。

作者：翻开历史书，这样的事情还真是比比皆是呀。那么老师您有什么对策吗？君主要用什么来驾驭臣子呢？

韩非子：贤明的君主蓄养他的臣子，并完全依照法律办事。贤明的君主提前有所防备，让臣子不敢做出有所僭越的行为。所以，贤明的君主不赦免死囚，不宽宥罪犯，因为赦免死囚、宽宥罪犯，便可使君主的权威散失。社稷越处于危险之中，越能够壮大强有力的臣子。因此，大臣的俸禄即使很多，也不能凭借城市建立自己的威势；党羽即使很多，也不能拥有私人武装。臣子在国内不准有私人朝会，在军中不准有私人交际，官府的财物不能私自借给私家，这是明君用来禁止奸邪的办法。因此大臣出外不准有许多人马随从，不准在车上携带任何兵器；如果不是传递紧急文件，车上只要带有一件兵器，就应该判处死刑。②

孟子：为什么将臣子看作敌人一般呢？殷纣的灭亡也是因为臣子

---

① "营"是迷惑的意思。不过在这里如果说迷惑君主，然后壮大自己家门的话，有些讲不通。我个人觉得，"营主"就是占据君主的位置，也就是指代行君主事务。

② 内容出自《韩非子·爱臣》。

的错误吗？我认为商朝最后的君主——纣，是一个独夫。背弃仁义的人不配称作王。而且，我认为，在一个国家里，君主是最不重要的，而百姓是最重要的。您知道纣王受到惩罚的时候，百姓是多么高兴吗？

作者：您的意思是说，不能把君主的权威绝对化。

孟子：君主看待臣下如同自己的手足，臣下看待君主就会如同自己的腹心；君主看待臣下如同狗马，臣下看待君主就会如同生活在都城内的平民；君主看待臣下如同泥土草芥，臣下看待君主就会如同仇人。有劝谏，君主不接受；有建议，君主不肯听；而臣子有事情要离开国家，君主就要捉拿他，还想方设法使他在所去的地方陷入困境；臣子离开的当天，就没收了他的封地和住宅。这样的君主就叫作臣子的仇人。①

作者：孟子说："除掉暴虐的君主反而是实现正义之举。而君主如何对待臣子决定了臣子如何对待君主。"韩非子，您对此有何看法呢？

韩非：正如前面所说，那么多死于非命的君主，难道都是死于自己的错误吗？明君用来控制臣下的，不过是两种权柄罢了。这两种权柄是什么呢？那就是刑和德。什么叫刑？什么叫德呢？杀戮叫作刑，奖赏叫作德。

作者：暂时做一下概念的梳理，儒家所说的"德"和韩非子所说的"德"的概念有些不同。儒家的"德"说的是个人的优秀，也就是指德行；而韩非子说的德是指赋予行动的代价，也就是指奖赏。韩非子，下面请继续您的发言。

韩非：臣子们害怕刑罚和死亡而贪图奖赏，所以君主亲自行使刑罚和奖励，群臣就会害怕他的威势而追求他的奖励。君主如果失去刑与德，那么就好比老虎失去了牙齿和爪子。狗之所以害怕老虎，

---

① 内容出自《孟子·离娄》。

是因为老虎的牙齿和爪子，如果失去了爪牙，老虎就只能向狗跪地求饶了。[①]

君主的强制权力 VS 臣子的自律权力

作者： 孟子说没有仁义则会有篡位发生，而韩非子说臣子的力量变大，才是篡位发生的原因。好，现在我想听二位老师讨论一下有关臣子态度的话题。孟子您曾有过不理君主召唤的经历，是吗？有些人曾因此批判过您。[②]

根据儒家的观点，在内有父子关系，在外有君臣关系，这是人类最重要的伦理关系（大伦）。父子关系以恩情为中心，君臣关系以恭敬为中心。在我看来，君王尊敬老师您，但是老师您却好像不尊敬君王。

孟子： 您这是什么话？在齐国人中，没有一个与齐王谈论仁义的。难道是他们觉得仁义不好吗？他们心里想的是，这样的王哪里配和我谈论仁义呢？他们这样想、这样做，才是对齐王最大的不恭敬。至于我，不是尧舜之道就不敢拿来向齐王陈述。所以，齐国人中没有谁比我对齐王更恭敬的了。

作者： 我说的不是这个。《礼记》上说过，父亲召唤，就得马上应声起来跑过去；君王召唤，不等到车马备好就得起身。可您呢，本来就准备朝见齐王，面对齐王的召见却反而不去了，这似乎和《礼

---

① 内容出自《韩非子·二柄》。

② 有这样一个故事。孟子去见齐王，正准备入朝之时，王的使者到了，传达王命道："寡人本应该来看你，但是感冒了，不能吹风。如果你肯早晨来朝见，寡人便也可以临朝办公，不知寡人能够看到你吗？"孟子回答："不幸的是我也病了，不能去朝见大王了。"当然，孟子得病只是个借口。孟子第二天去别人家吊丧，而这时齐王却派人来了孟子家，甚至还带来了医生。孟子想回家，而他的弟弟孟仲子找人带话，让孟子赶快去朝廷。最后，孟子没有去朝廷，而是去了一个叫作景丑的人的家里。因为如果孟子回家见了齐王派来的医生，那就不得不去朝见齐王了。本文的发问引用了景丑的提问。

记》上所说的不大相合吧？

孟子： 为什么这样说呢？曾子说过："晋王和楚王的财富，没有人赶得上。不过，他们有他们的财富，我有我的仁；他们有他们的爵位，我有我的义。我有什么不如他们的呢？"

将要大有作为的君主一定有他不能召唤的大臣（故将大有为之君，必有不召之臣），如果他想询问意见，就应该亲自去拜访他们。这就叫尊重德行、喜爱仁道，如果不这样，就不能够做到大有作为。商汤先向伊尹学习，然后才以他为臣，于是不费大力气就统一了天下；齐桓公也是先向管仲学习，然后才以他为臣，于是不费大力气就称霸于诸侯。现在，天下各诸侯国的土地都相差不大，君主的德行也都不相上下，这并不是因为其他什么原因，而是因为君王们不喜欢用能够教导他们的人为臣。管仲尚且不可以被召唤，更何况连管仲都不屑于做的人呢（不为管仲者）①？

作者： 老师您对管仲有点过于苛刻了。孔子曾这样评价管仲："了不起的人物呀。他剥夺了伯氏骈邑的三百户采地，使得伯氏只能吃粗粮和蔬菜，可是直到老死，伯氏对管仲也没有怨言。"

这话说的便是管仲执法公正呀。另外，子贡曾问："管仲不是仁人吧？齐桓公杀了管仲曾经辅佐的公子纠，他不去死，却又辅佐桓公。"而孔子这样回答："管仲辅佐齐桓公，使其在诸侯中称霸，把天下纳入了正轨，民众到如今还受到他的恩惠。如果不是管仲，我们恐怕要沦为披头散发的落后民族了。难道管仲像一般的平庸男女那样，为了守小节，上吊自杀而不为人所知的话就是正确的吗？"

所以说，孔子认为比起小的义，更应认可管仲的大功劳。孟子，您成就了如管仲般的功劳了吗？

---

① 内容出自《孟子·公孙丑》。这里"不屑于做管仲的人"是指孟子。管仲是齐桓公的宰相，名义上是可以随意召唤的人。但是孟子是一位不愿在齐国做官的名士，所以不能随意被召唤。有时候孟子还认为"管仲并没有什么了不起"。实际上，孟子的态度有时候倾向于藐视管仲。

孟子：你是拿我和管仲作比较吗？管仲深受君主齐桓公的信任，负责国政事务十分长久，可是功绩却少得可怜，你怎么能拿他来和我相比呢？[①]

作者：老师的意思是您认可比管仲更高端的东西。不过因为我们讨论的主题并不是管仲，所以我们还是回到原先的讨论当中吧。商鞅曾这样说："诗、书、礼、乐、善行（善）、修养（修）、仁爱（仁）、清廉（廉）、辩论（辩）、智慧（慧）等，国家有这十种人的话，君主就无法让民众守土作战；国家用这十种人治理国家，如果敌人到了，国土就一定会被割让；敌人不来，国家也一定会变得贫穷。国家没有这十种人，敌人不敢来侵犯，就是来了，也一定会退却；并且，如果发兵前去讨伐敌国，就一定能取胜；如果按兵不动，不去讨伐，也一定会富足。"[②]

由此看来，法家好像不认可臣子和百姓的修身一说，简单来说，也就是认为比君主更优秀的臣子和聪明的百姓难以被统治。这样来看，双方的差异之处还是很明显的。法家一方认为臣子是君主控制的对象，而儒家一方认为臣子应该辅佐、纠正君主。

专家们对君主论的讨论在本章就到此为止。下面让我们一起探讨新的话题，那就是君主的尊严应该被保障到何种程度呢？鲁定公曾问孔子："如果一句话就能丢掉一个国家的话，那么这句话是什么呢？"孔子如此回答："国君说的话，如果是善，也就是有道理，无人敢违背（如其善而莫之违也），这难道不是好事吗？如果不善，而无人敢违背（如不善而莫之违也），那么，虽然不会马上就亡国，但已接近亡国了。"

恶劣和暴虐的君主，即柏拉图说的僭主，孔子说的难道不正是

---

① 内容出自《孟子·公孙丑》。孟子的语气颇为犀利，十分自信。

② 内容出自以上内容出自《商君书·农战》。

在警告这种危险吗？墨子也这样认为：

"奸臣伤害君主，而阿谀奉承的部下伤害上司。只有臣子敢于对君主说'您错了'，部下敢于对上司说'我的话是正确的'，分辩、议事的人争论锋起、进行讨论，才可以长养民生，保卫国土。如果臣子只以爵位为重，不对国事发表意见，而近臣如哑巴般缄默不言，远臣则闭口暗叹，那么怨恨就会郁结于民心。

"阿谀奉承的臣子围在身边，好的言论被他们阻挡、堵塞，那国家就危险了。桀、纣的灭亡不正是因为他们没有重视天下之士吗？结果身死而丢了天下。（桀纣不以其无天下之士邪，杀其身而丧天下。[1]）所以说，赠送国宝，不如选贤举能，没有比这个更好的了。"

这段话便是说，纠正君王过失的士人，其角色十分重要。下面有请荀子讲话，他的意见处在孟子和韩非子的中间。荀子，君主应该以何种态度来对待臣子呢？

荀子： 在朝廷上听取意见处理政事的要领，有比较大的区分，即对那些带着好的建议而来的人，就用礼节对待他（以善至者待之以礼）；对那些怀着恶意而来的人，就用刑罚处置他（以不善至者待之以刑）。这两种情况如果能区别开来，那么贤明的人和昏庸的人就不会混杂在一起，是非也就不会混淆不清了。贤明的人和昏庸的人不混杂在一起，那么英雄豪杰就会到来；是非不混淆，那么国家就能得到治理。[2]

作者： 如果得到最好的人才，要怎么对待他呢？

荀子： 选用出色的宰相对于君主来说是最重要的事情。不能恰当地仟用一个人而能恰当地任用一百个人、一千个人，在理论上是

---

[1] 内容出自《墨子·亲士》。这句话直译的话，是说"因为没有天下之士，所以身死而丢天下"，不过这样有些不通，感觉有遗漏一些句子。所以，正确的理解应该是"夏桀和纣王因为没有天下之士，所以被自己身边那些阿谀奉承之辈所杀而丢了天下"。

[2] 内容出自《荀子·王制》。

没有这种事情的。既然能恰当地任用一个人，那么他本身又有什么劳累的事要做呢？只要穿着长袍什么事也不用做，天下就能平定了。所以商汤任用了伊尹，周文王任用了吕尚。即便比起他们来差一点，只要能获得人才，至少也能成为霸主。齐桓公虽然欺诈成性、放荡不堪，后世对其评价也不佳，但是只因选用了管仲，便得以一匡天下，成了春秋五霸之首。[①]

作者：您的意思是，如果得到最好的人才，便将所有事情托付于他们就行了。我个人对您的话是持肯定态度的。不管是臣子们提出不同的意见，还是臣子和君主一起商议讨论，都十分重要。君主如果对臣子的话表现出表里不一的态度，或是全部都不予采纳实施，或者采取老鹰捉小鸡，玩闪躲战术的话，那么还有谁会再建言呢？可以看出，荀子的话是孟子和韩非子的折中之语，他所说的便是对待善人则以善待之，对待恶人则以恶待之。

柏拉图：独裁者不是一个真正的君主

作者：我们继续展开对君主犯错的相关讨论。柏拉图老师在这一领域，可以被看作是西方第一人，现在我们听听他的发言。到底应该赋予君主多大的权力呢？拥有统治权的君主中不是也有十分昏庸无能之辈吗？

柏拉图：关于君权，如果谁无视其适当的程度，将大的东西赋予小的东西，就好比是在小船上装上过大的帆，或是给身体施以超过其能承受的影响，又或是给灵魂赋予过多的统治权，那么船就可能会翻覆、会毁灭，而人体就可能会生病，或者陷入不适的状态。即使某些人的灵魂十分年轻且不用承担责任，那也绝不会出现人类可以承受最大统治权的情况。所以，知道适当的程度，然后应对破灭，这便是伟大立法者要做的事情。（691c-d）

---

① 　内容出自《荀子·王霸》。

我们曾率领十分强大的军队，一时傲视大陆，并在海洋中炫耀力量。而那个曾经占领过小亚细亚的强者特洛伊[1]，他们的强大组织又是因为什么而没落不振的呢？回顾历史，各位便知道，现今国王的势微和全部构想的挫折，其原因并不在于卑鄙，或者统治者与被统治者不了解与战争相关的事情，他们没落的原因是他们外部的整体坍塌[2]，以及对人事中最重要的事情一无所知。（686c–687b）

作者： 重要的是内部的团结，还有不断追求智慧的精神。即便如此，如果将所有权力都集中在庸劣的君主身上，君主自己就不能承担。更何况无知之人呢？那肯定更不行呀。

柏拉图： 具有僭主般的气质，即不能控制自己暴虐气质的人，如果成为君主的话，不要说别人，就连他自己也会十分悲惨。拥有僭主般品格的人终其一生也不会有一个朋友，他们总是成为别人的主人或是奴隶，而永远无法体会真正的友情或自由的滋味。（576a）

被僭主统治的国家自由吗？如果不自由，那是处于奴隶状态吗？是的，完全是奴隶状态吧！不过，即使在这样的国家，也有别人的主人或是自由民吧？当然有呀。不过他们是极少数。大部分的人和他们最杰出的要素——德行、智慧，即精神，都处于没有权力的悲惨的奴隶状态。（477d）

作者： 您是说，僭主统治之下的人们处于奴隶状态，而精神也堕落到了奴隶状态。这是对韩非子君主论的反驳。当然，如果君主让自己统治下的人们处于奴隶状态，那么君主自己也不能无视这一状态吧？

柏拉图： 是的。想象一下被奴隶状态的护卫队所包围的僭主吧。

---

[1] 希腊人曾多次远征特洛伊并取得胜利，不过实际上收获甚微。另外，远征期间，希腊人内部常常互相妒忌、内讧。

[2] 所谓整体坍塌，就是指统治者或战士失掉德行。据柏拉图所说，失掉德行是因为智慧不存。没有智慧就意味着能力不足。柏拉图认为不能接受一位没有智慧能力的统治者。

想象一下，他带着妻儿，坐拥着全部财产，与五十名之多的奴隶护卫兵一起向远处移动的场景吧，而这个地方没有一个自由民。难道他不会因为他或他的妻儿可能被奴隶所杀，而陷入巨大恐惧之中吗？他当然会陷入恐惧之中呀。

现在，僭主应该讨好奴隶，签订可观的契约，并表示给奴隶以自由，最终将自己的奴隶变成佣人。这就是僭主反而"被囚禁"的情况呀。你想一下吧，尽管他天性中拥有全部种类的恐惧和情欲，尽管其他人是自由的，但是他却无法走到外面去，形同囚禁在自己的家中。（478e–479b，有删节）

作者：当然，中国不存在那样的奴隶雇佣兵。但是，却有很多遭受暴虐行为影响和具有悲惨结局的君主。如果危机来临的话，他们就像老师您所说的僭主一样，没有一点来自周围人的帮助。围绕在他们周围的人是不是奴隶，这并不重要。不管是臣子还是百姓，都背叛了他。这便是暴虐使得仇恨积累的结果。请您再谈谈有关西方政治体制的事情，听完您讲的话之后，我们将进入到下一个主题。

柏拉图：波斯代表着一人专制体制的极端，我们雅典则是民主体制的极端。（693d–e）实际上，波斯人在伟大的国王居鲁士（Cyrus）①时期，享有适度地在奴隶状态和自由民状态之间调整与转换的权利。统治者通过给予被统治者自由，待之以平等，使得士兵们和指挥官更加友爱，即使处于危险之中，士兵们也会为执行任务而献身。另外，在他们之中，有人因为具有智慧而能给君主提供建议和劝告，国王也不会嫉妒和心理失落，所以他们在向君主建言上毫无距离感。因此，那个时候所有的事情都积极向上，而这些正是通过自由和友

---

① 居鲁士是公元前 6 世纪时使波斯一跃成为世界帝国的国王。波斯不仅在伊朗和美索不达米亚地区有着绝对的影响力，其影响力甚至还到达了地中海、北非地区，乃至波及了北方草原地带的游牧世界。波斯曾被刻画为最初的世界帝国。想了解关于波斯作为世界帝国的面貌，请参考本系列的第一卷。

爱，以及知识的共有实现的。（694a-b）

作者：老师您非常重视上下无距离的沟通呀。东方的墨子老师也有类似的观点。下面请您继续。

柏拉图：波斯的政治体制日益崩坏，其原因并不在于民众的自由被过分地剥夺，而在于把所有事务都适度地引为理想，这就彻底抹杀了国家内部的友爱和共同体的一切。所以，统治者不是为了被统治者来决定事务，而只是为了自己的统治罢了。对于自己，哪怕为了那么一丁点的利益，也不惜颠覆别的国家，将与之友好的民族付之一炬，最后被当作仇人一样憎恨。还有，当为了自己的统治而使平民的争斗变得必要的时候，便意味着其敢为平民冒险的共同体精神也消失殆尽了。想一下，国王虽然拥有无数臣民，但这些人在战争中却都是一群无用之辈，这和人手不足是一样的，结果只得去雇佣外国的雇佣兵。（697d-e）

作者：庞大的波斯虽有如此功业，却连一个小小的希腊都没法占领，不正是这个原因吗？

柏拉图：正是这样。希腊人在波斯的威胁下，发现自己的避难处只有自己和神灵们。所以这所有的一切就使得他们之间产生了友爱。也就是说，这是因为那时他们承受着的恐惧，还有因为法律所产生的恐惧，共同营造出这样一种状况。（699c）我将哲学家君主视为理想。当最大的权力和具有智慧与节制的人相遇之时，最好的政治体制和法律便应运而生了。（712a）

作者：老师您好像用了东方哲学家们所说的中庸之道，来说明君主权限与人们自由之间的关系，不过讨论好像有些偏题了。像韩非子一样的法家人士，虽然都积极拥护君主，但应该是没有拥护僭主的道理吧。

不过，柏拉图老师说到了一个重点。在危机之下，对于法律的恐惧使得人们团结起来。韩非子说过希望法为人们所设。如果现在正式地来讨论法的角色或作用的话，可以看出韩非子的观点是十分清楚的。那我们暂时先跳到君主统治术的讨论上来吧。

4. 机密主义 VS 公开主义

作者：这真是一次趣味盎然的对话呀。韩非子和他的老师荀子将主要承担下面的发言。讨论的重点是"君主统治之术的关键是什么"。众所周知，韩非子借用了道家"虚静"的观点，使之与君主的统治术相结合。所谓虚静，便是"空空无物、寂静无声"的意思。不过，韩非子所说的虚静和道家的虚静，至少在我看来，是十分不一样的。道家的虚静在下一章会有所揭示，这里只积极辨析在君主统治术层面上的虚静。韩非子，您先开始吧。

韩非子：君主之道便是隐藏本心

韩非子：君主不能显露出自身好恶。看看齐桓公吧，因为他好女色，所以竖刁自行阉割成为宦官来掌管后宫；他爱好美味，易牙将自己的长子蒸熟进献。齐桓公一生病，这些人便结伙做坏事，将他监禁起来，以至于他死了之后，尸体上的蛆虫都爬到了屋门外，也没有人来为他处理后事。①

作者：这个例子有些太极端了，不是吗？孔子曾这样说："为君子办事很容易，但很难让他高兴。不按正道去讨他的欢心，他是不会高兴的；但是，当他用人的时候，总是量才而用（器之）②。为小人办事很难，但要让他们高兴则是很容易的。不按正道去讨他的欢心，也会让他们高兴；但等到他用人的时候，却是求全责备。"

韩非子，您看起来对《论语》有很深的研究。孔子所说的君子

---

① 内容出自《韩非子·二柄》，有删节。
② 内容出自《论语·子路》。"器之"表示使用器物时根据其用途进行调整搭配。

和老师您说的具备法术的君主有着怎样的不同呢？孔子所说的君子可是很容易被侍奉的，其原因应该是喜欢"道"吧。当然，"道"常常因观点的不同而有着不同的解读。那就请您先说说君主之道吧。

韩非子：所谓道，是指万物的起源，是非的标准。所以，明智的君主掌握开端而用以了解万物的本源，研究标准而用以探查成败的原因。因此，虚静地等待一切，让名称自然命定（令名自命）①，让事情自然确定。虚无了，才知道实际的情况；冷静了，才知道运转的真相。（虚则知实之情，静则知动者正。）②进言者自会形成主张，办事者自会做出成果，"名"和"形"验证相合，就算君主什么事情也不做，事情的真相也尽在其掌握之中。所以说：

"君主不要显露他的欲望，如果显露出欲望，臣子将停下来自我粉饰；君主不要显露他的意图，如果显露出意图，臣子将不再展示出自己的本意而展示出与自身意愿所不同的东西（臣将自表异③）。"

作者：您的意思是，如果君主不显露自己内心的话，臣子将如实地说话，并竭尽所能地发挥他们的智慧。

韩非子：君主如果高高在上，臣子将在下面害怕得发抖。若有道，就没有看不见的东西，也没有不知道的东西。有虚静的话，即使君主什么事都不做，也能够看穿臣子们的好坏是非。

作者：只要如此地隐藏内心，君主的宝座就能得以安定吗？就没有其他方法吗？

韩非子：关好大门却不插好门闩的话，老虎就会闯入；君主如果

---

① 意思是指话语自然而然地发出。

② 这里虚实与静动相对照。不过"动者正"的意思不是很通。结合上下文来看，是指从整体上以虚静了解动静和实情，所以这里把"动者正"理解为"运转的真相"更合适。

③ 直译的话，是指臣子将展现出不一样的东西。许多译本把这句话翻译成"臣子想表示出与别人不同的其他意见"。韩非子在这里说的是，现在君主如果展现出欲望和意志的话，臣子就会隐藏实情，并对实情予以修饰，以迎合奉承君主。不过，把"表异"解释成"展示出与内心不同的东西"，是正确的。

不慎重处事，不隐藏自己的内心的话，乱臣贼子便会出现。所谓的老虎就是想要杀死君主并取而代之的人，人们被其威势镇住而不敢与之同行。在君主身边做奸臣，知晓君主过失，这些人被称为乱臣贼子。解散他的朋党，收拾他的余孽，封闭他的门户，铲除他的帮凶，国家就没有老虎了。君主的心大不可量，深不可测，同一名实，检验法度，诛灭擅自行动的臣子，这样国家就没有乱臣贼子了。

作者：那些敢于与君主对着干的想法也就不会再出现了。不过，如果上面的人监视下面的人干活，上下又怎能一条心呢？臣子会为了君主竭尽所能吗？

韩非子：能使臣子们奋发向上的一个方法便是赏罚。如果确实有功劳，即使关系疏远或者身份低贱，也必须予以赏赐；如果确实有过失，即使关系亲近或者受到器重，也必须予以惩罚。这样的话，疏远卑贱的人就不会懈怠，而亲近器重的人也不会骄横。[①]

作者：老庄的虚静就这样摇身一变成为统治之术了。但是，我还是有一些担心，这种读懂臣子内心的虚静，会不会沦落成一种读心术。当然，不考虑私下关系而公正地施行赏罚，这一点是值得肯定的。下面我们来听听荀子的观点。荀子，您先论述一下君主之道，如何？

荀子：君主之道便是光明磊落

荀子：领导国家只提倡功利，而不去致力于伸张道义、信用，这便是唯利是图。某些国家对内肆无忌惮地欺诈百姓以追求小利，对外则毫无顾忌地欺骗邻国以追求大利。这样的话，欺骗便在国内上下蔓延，整个国家就只剩下了权谋和阴险，最终便逃不掉亡国的命

---

① 内容出自《韩非子·主道》。

运。齐闵王和孟尝君便做了这样的事情。①他们无视礼仪，而是经常把勾结、拉拢别国作为要务，那个时候，他们南能攻破楚国，西能使秦国屈服，北能打败燕国，中能攻占宋国；但等到燕国、赵国一起来进攻他们的时候，就像摧枯拉朽一样，闵王最后落了个身死国亡的下场。这便是因为他们不用心于礼仪，而把力气都只花在了权谋上呀。②

作者：好像有一点误会。不管是韩非子，还是其他法家人士，虽然都主张功利，但是并不主张欺骗百姓、勾结盟国，或是用尽权谋。特别是韩非子，他十分讨厌孟尝君那样的权臣，而且他还抨击过纵横家们的主张。您能从统治术的观点来重新说明一下吗？

荀子：虽然话有些跑题，但是大致的意思没变。我认为法家所谓的虚静是毫无根据之物。首先从担当事务说起吧。君主不是什么事情都得一肩挑，只需要负责一些身边的要事即可。君主要是善于抓重点，则百事皆可顺利处理；否则，如果君主只想着去抓一些琐碎的事务，则百事皆难以解决。君主选一个人当宰相，制定一部法度，公布一个方针，通过这种方式，便可观望着一件件堆积如山的事务得以顺利解决了。③

作者：我现在明白了。一名宰相、一部法度、一个方针，好像和一直坚持这些的法家有些相似，但又大不相同。不再检讨君主自己

---

① 齐闵王如若发现弱小国家的疏漏，便会见缝插针、毫无原则地攻打它们，从而扩张土地。他为燕国带来的伤害最深。然而，最终齐闵王遭到了燕国名将乐毅的反击，落得悲惨结局。孟尝君的封地在薛，所以被称为薛公。他是齐国的王族，其麾下养了许多食客，在齐国一直处于一人之下，万人之上的地位。齐闵王因为害怕孟尝君的势力，所以将其逐出齐国，不久之后，孟尝君就把燕国军队拉了进来，除去了齐闵王。但是他的子孙后来却遭到了齐国王室的攻击，还丢掉了封地。司马迁虽然高度评价其实力和度量，但荀子却批评孟尝君实际上是一位侵犯王权的"乱臣贼子"。

② 内容出自《荀子·王霸》。

③ 内容出自《荀子·王霸》。

处理事务的本身，而是将事务交予一名宰相。然后，用这名宰相的同时，丢掉那种监视的思想。

荀子：世俗中创立学说的人①说："君主的统治措施以周密隐蔽为有利。"这种说法是不对的。君主，好比是百姓的领唱；帝王，好比是臣下的标杆。臣民们是听着领唱来应和，看着标杆来行动的。领唱沉默，那么民众就无从应和；标杆隐蔽，那么臣下就无从行动了。臣民们不去应和、不去行动，那么君主和臣民就无法站在一起了。如果这样的话，那不就和没有君主是一样的吗？没有比这更大的不幸之事了。君主是臣民的根基。君主光明磊落，那么臣民就容易被治理；君主端正诚实，那么臣民就老实忠厚；君主公正无私，那么臣民就坦荡正直。臣民被治理得好，就容易被统一起来；老实忠厚，就容易被役使；坦荡正直，就容易被了解。臣民容易被统一，国家就会强盛；臣民容易被役使，君主就能建立功业；臣民容易被了解，君主就会清晰明辨：这便是安定得以产生的缘由。君主隐蔽不露，那么臣民就疑惑迷乱；君主阴暗险恶，那么臣民就虚伪狡诈；君主偏私不公正，那么臣民就紧密勾结。如果是这样的话，臣民就难以被统一，难以被役使，也难以被了解，这是祸乱产生的根源。所以，君主的统治措施以明朗为有利，而以阴暗为不利，以公开为有利，而以隐蔽为不利（主道利明不利幽，利宣不利周）。②

作者：老师您所说的，其意思与法家的虚静完全相反，可谓泾渭分明。上下统一是因为互相之间没有秘密，还因为都追求同一目的的缘故。不过，尽管如此，法家或术家却依旧主张君主之道应该周密才行，他们的意思是指，如果不这样的话，便给了奸臣以可乘之机。

荀子：因为周密而成功，因为泄露而失败，这对于明君来说是不

---

① 这里指韩非子。
② 内容出自《荀子·正论》。

会有的事情；因为光明磊落而成功，因为隐藏起来而失败，这对于昏君来说也是不会有的事情（昏君隐藏，明君坦荡）。所以，成为君主的人，如果讲求隐蔽周密的话，谗言便会一拥而上，直言反而会退缩下去，会导致小人靠近而君子远离。《诗经》里面说："在上位的如果不明黑白，那么在下的狐狸之类的小人就会颠倒是非，干着不可告人的勾当。（墨以为明，狐狸而苍。）"这指的便是，在上的君主如果阴险多疑，下面的人便危险了。①

作者：乱君的情况尽管十分相似，但是荀子您的分析却如此不同。我已经没有能力评判了。韩非子，不过还是有几句闲话得跟您讲讲。老师您在《说难②篇》中这么说过："凡是叫作龙的动物，可以驯服戏弄，还可以骑它，但它脖子下有一片一尺来长的逆鳞，假使有人动它的话，就一定会被龙杀死。对于君主来说，如果游说者不去触动君主的逆鳞，那么成功就指日可待了。"

韩非子：是这样的，没错。

作者：您的意思是说，游说者们必须正确地了解君主的好恶吗？老师您不是说，君主不应该展示出自己的好恶吗？那么臣子们为了不触及君主的逆鳞，是要去做深入的研究吗？老师您是要教授这些游说者们去钻研君主的好恶吗？不管怎样，如您所说，君主确实在感情上喜怒无常。但是，我感觉到了老师您自封为君主保护者的艰难之处。

会议主持人点评——君主的权限和权限行使的方法

本章虽有很多争议点，但到了最后，争议点还是集中在了关于

---

① 内容出自《荀子·解蔽》。
② 作者原文写的是"设乱"，应该是笔误。——译者注

君主权限和行使权限的方法上。法家一方的主张很明确，他们认为君主和臣子是上下服从关系，同时认为君主应该隐藏真心，并对臣子进行监视和控制。

但荀子却做了强烈的反驳，他认为隐藏、监视和控制会影响君臣上下的团结。另外，柏拉图也指出，如果将权限集中于不能担负起统治权的君主身上，则很可能国破家亡。作者在《管子》中找到了一些可以折中的东西。当然，国家的首长应该具有威势，也应该拥有自己的权限。但是，因为国家是一个巨大的组织，所以国家首长不能在个人修养上停步不前。还有，因为国家首长需要调动军队，所以其对待各类事件的态度也必须明确。《商君书》的《修权》中如此写道：

"治理国家，有三个方法。第一个叫作'法'，第二个叫作'信'，第三个叫作'权'。所谓法，是君主和臣子所共同坚守的，而所谓信，是君主和臣子所共同确立的，但是只有权势是由君主独享的。君主如果失去权，则将十分危险。（国之所以治者三，一曰法，二曰信，三曰权。法者，君臣之所共操也；信者，君臣之所共立也；权者，君之所独制也，人主失守则危。）"

这是典型的法家主张。还有《管子》的《任法》开篇就说"圣君依靠法而不依靠智慧（圣君任法而不任智）"，这和韩非子的主张类似。到底是商鞅的思想先出现，还是《管子》的记录先出现，现在的我们已无从知晓。不过，《任法》确实认为，只有抓住法律，无视私人亲疏或不起用那些未经论证的所谓"饱学之士"，国家才能变得更加强大和公平。特别是，《任法》主张绝对不允许君主将授予与剥夺生死富贵的六大权力（六柄）赋予别人，这和商鞅的观点如出一辙。以下是相关的记录：

"君主一定要牢牢把持住的六件事情，便是使人生或死、使人富或贫、使人贵或贱的权力。这六件大事是君主必须紧紧握住的。"

这说的难道不是赏罚吗？不过这还是和其所提出的君主所处位

置有很大的差距。在我看来，后世的法家和《管子》的思想还是有不同的地方。

　　"君主所处的位置是四个地方，第一个叫作'文'，第二个叫作'武'，第三个叫作'威'，第四个叫作'德'。（主之所处者四，一曰文，二曰武，三曰威，四曰德。）这四个位置便是君主所处的地方。把这些应该牢牢抓住的位置让给别人就是被剥夺权力（夺柄），把自己所处的地方让给别人就是失去位子（失位）。"

　　那么所谓"文"，即教养，又是从什么地方来的呢？难不成是君主个人修炼而来的？还是说从辅佐支持他的臣子那里来的？所谓"武"，说的应该是军队吧。军队只根据自己所听到的号令行动，那么君主的态度又如何可以不清楚，不分明呢？不听从臣子们的建言，就无法修"文"；不明白地表达自己的意思并下达命令，就说不上是"武"。压制臣子且隐藏自己的虚静，并以此作为君主的统治之术的话，好像还存在着很多不足之处。虽然不知道最近这一时期里有没有出现过那样的君主，不过商汤的祝文却传达了这样的意思。商汤认为，所谓君主，发现别人的错误后不会去强烈地指责，而是去包容那些犯错的人，并将错误的责任归咎于自己。

　　"我要是有罪的话，那不是天下万方的缘故；天下万方要是有罪的话，那罪便应由我承担。（朕躬有罪，无以万方；万方有罪，罪在朕躬。）"[①]

---

①　内容出自《论语·尧曰》。

第 2 章

法治与
"秩序、经济、战争"

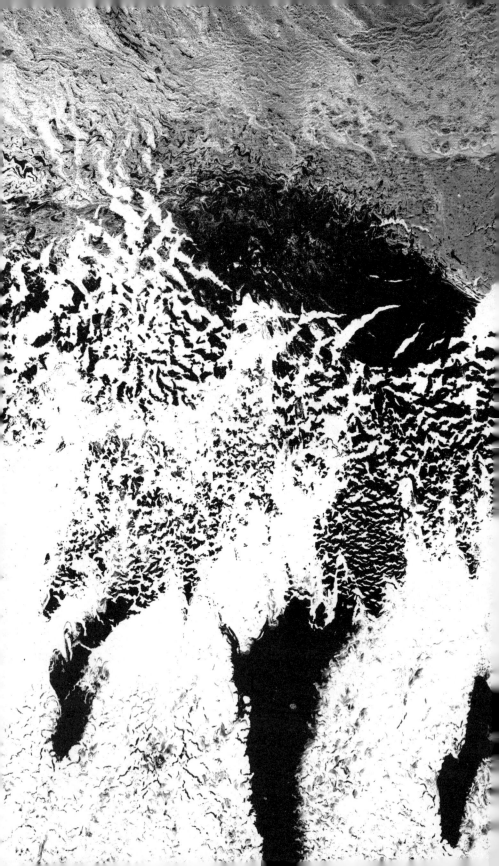

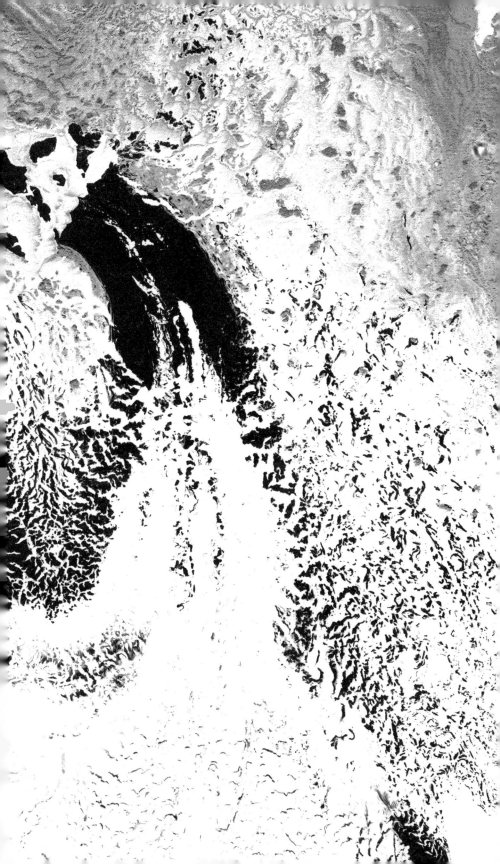

郑国宰相子产在郑国公布刑法后，晋国的叔向便寄来了书信，其中如此感叹道：“先王有道，难道是要让刑法的恐怖来使得百姓互相争斗吗？所谓法，不过是那些极端混乱的国家所不得不采取的方法罢了。”

　　子产冷冷地回信道：“您所指出的很对。但是因为我的无能，我无法看得那么远，我只是想救我现在的国家罢了。”

　　由此可以看出，春秋时代的名士们大概对法术时代的到来有些畏惧吧。不过法的公布已经成为时代的主流，不久之后，晋国也铸造了确立刑法的刑鼎。听到这个消息的孔子不禁感叹道：“先王之道还存在吗？如今小人们听到法条会去顶撞吧？贵贱的秩序也混乱了。抛开这个秩序，又如何能治理国家呢？”

　　孔子警告，如果要是以法为基准的话，便意味着上下关系间宗法秩序的崩溃。但是子产却主张法是拯救国家的手段。进入战国时代，所有国家都在变法，也就是沉浸在法律制度改革的氛围当中，而这都是为了能够在竞争中存活下来。诸子百家没有理由不跟随这一潮流。法是维持秩序的手段，同时也是利益分配的标准，所以围绕法律的当事者们之间的争斗就不得不变得十分激烈。

　　现在，我们一起走进各学派的治理学说，一起来辨析法治论、经济论和战争论吧。这些东西的核心依然是法。不管是政治秩序治理，还是运营经济，都包含有法。让我们一起看看那些将法置于中心的各学派的经世理论是如何撞击出火花的吧。

1. 法治论: 法的作用和其限度在何方

作者: 我们的讨论终于触碰到核心了, 仁治对上了法治。从现在开始, 韩非子您要辛苦了, 因为要同时和多个辩论者辩论。

法是为了谁的利益而作

作者: 在开始正式讨论之前, 先问一下柏拉图老师, 法的目的是为了谁呢?

柏拉图: 我们建立国家的目的不是增加特定阶级的幸福, 而是尽可能地增加我们共同体全体的幸福。(420b)

作者: 您说得很好。我们先将下面的问题记在心里, 那就是:"我们的法, 真的是为了共同体全体的安宁吗?"

现在讨论开始。韩非子, 一般儒家都批评法的严酷性, 不过法家却主张强法是为了保护百姓的利益。您能说明一下为什么您希望执法更加严格吗?

韩非子: 人们好像常常误解我的理论。我的主张是这样的, 农民和士兵贫困潦倒，而商人和工匠却十分富裕的话，那么这个国家就会灭亡。农民生产物资，士兵战斗于战场之上，我希望给那些付出辛苦的人以应有的回报。我并不认为法是杀人的手段，只是认为应该依法杀人。不辨析法律而故意杀人是绝对不可以的。①

作者：老师您说的意思是，现在是为了百姓在使用法。您不是说过，现在百姓的资质无法与过去相比，正因为如此才应该使用法，不是吗？

韩非子：确实如此。过去和现在的风俗很不一样，所以现在和过去的应对手段也应该不同。如果以过去宽松的政策来治理今天如此急切的社会，这就好比想驾驭一匹烈马而不用缰绳和鞭子一样。如今，儒家和墨家的理论家们都认为古圣先王们兼爱天下，将百姓视为父母，他们对此还大加赞扬。

如果君主和臣子之间的关系和父子之间的关系一样，就一定会实现安定，但如果要这样的话，就必须使父子关系中不存在混乱。不过现在来看，先王对百姓的爱比不上父母对子女的爱，而且做子女的也不一定都听父母的话，那么又如何能以爱去治理百姓呢？

作者：如果说百姓的资质不如以前，那么强制推行法律就能达到效果吗？

韩非子：百姓之中，能把义字放在心头的人很少，而轻易屈服于威势的人很多。孔子是一位仁义之士，但是其七十二名弟子中具有仁义的也仅有一位颜回而已。鲁哀公虽然是一位下等的君主，但是却没有敢不服从他的人。百姓轻易屈服于威势，所以哀公成了君主，而孔子最终成了臣子。孔子并不是没有把义字放在心中，而是因为要服从于威势罢了。如果拘泥于仁义的话，孔子是不可能向哀公臣服的。

尽管如此，现在的那些学者一边游说君主，一边却说着不要乘

---

① 内容出自《韩非子·亡征》。

上那必胜之势（威势），认为只要施行仁义便可实现王道。他们让君主一定要成为像孔子一样的人，让世界上的人都变成如孔子弟子一样的人，而这都是不可能的事情。

作者：但是，老师您不是过于小看世上之人了吧？在这个世界上，不屈服于威势并实践仁义的人也有很多呀。比如在战场上，不是也有许多为大义而牺牲的人吗？老师您曾说过齐闵王，他当时毫无对策，被燕国的乐毅一连拿下七十余座城池。可是将这些失地又都重新收回来的却正是齐国的百姓。正因为有了他们，齐国仅仅靠着剩下的两座城池就得以重整旗鼓。①

韩非子：那是因为燕国人故意那么对待齐国人的。有义之百姓要想复兴将亡之国是不易做到的。假定现在有一个资质很差的儿子，父母即使愤怒，他也不改其错；村里面的人即使责备他，他还是我行我素；老师或是年长的人即使教导他，他依然死性不改。父母愤怒、乡邻责备、师长教导，三者一起同时加在他的身上，他却始终不受感动，丝毫不肯改邪归正。直到地方上的官吏拿着武器，依法逮捕坏人的时候，他才害怕得发抖，改变了态度，纠正了错误。这难道不就是现实吗？

作者：那么请您具体谈谈国家变得混乱的原因吧。然后再听听老师您关于治乱的对策。

---

① 《战国策》中有关于齐国少年义士的记载。当时，齐国被乐毅率领的燕国大军连夺七十余座城，齐闵王被楚国将军淖齿所杀，齐国已处于亡国的边缘。楚国的军队虽然来救援齐国，但是因为战况已无力回天，反而诛杀了齐闵王。当然，其中也有齐闵王曾多次欺骗和背叛楚国的缘故。那个时候，有个曾侍奉齐闵王的年轻人叫王孙贾，他逃回了家，但他的母亲却斥责他："君主被杀害，而你却卑贱地逃回家中躲起来，这像话吗？我希望你重新将国家振兴起来。"于是，王孙贾深有所感，跑向集市，向人们怒吼道："淖齿杀了我们齐国的君主，颠覆了我们的国家。想与我一起杀掉他的人，请露出你们的右肩。"

　　然后，有四百位壮丁露出了肩膀，跟随于他，把淖齿给杀掉了。另外，当时的即墨城是齐国仅剩下的几个未被攻破的城池之一，守城者是田单，田单聚拢了百姓，并开始大反击，最终将燕国军队全部逐出齐国。

韩非子：绝对不能把爵位授予那些没有功劳却只会说漂亮话的儒学者，他们虽有文才却使法度混乱不堪；绝对不能认同那些私自佩刀进行复仇的侠客，他们虽有武艺，但也会使法度混乱不堪。

作者：他们便是一些打着文才武略的招牌，实则和国家权威唱对台戏的人吧。那么，君主或国家的高官们应该重视谁呢？

韩非子：为政者绝对不可以做自相矛盾的事情：一方面奖励那些取敌首级之人，另一方面却又提倡慈爱亲惠的行动；一方面奖励那些占领城池的人，另一方面却又相信兼爱之说；一方面在战争中准备坚固的盔甲和锋利的武器，另一方面却又觉得华丽飘逸的服饰好看；一方面依靠农民获取财富，依靠士兵抵御敌人，而另一方面却以搞学问的书生为贵。那些私下佩刀的武士尊重权高者，却使畏惧法度的百姓民不聊生，为政者若去培养这群武士，便不可能打造一个强大的国家。平时去养活这些儒者或侠客，到了动乱真正到来的时候，却使唤穿着盔甲的士兵。[①]因此，被用的人没法获得利益，没用的人却获得了利益（所利非所用，所用非所利），于是，工作的人荒废了自己的本业，侠客和儒者日益增多，社会便变得混乱起来。

作者：您说的便是法家式的为民政治。您认为比起那些对国家毫无帮助的文人和侠客，更应该保护那些为国家生产财物的农民和为国家献出生命的士兵。

韩非子：正是如此。农民如此辛苦地操劳于农活，却毫无所得，要是只靠口才就能获取利益的话，又有谁愿意去做农活呢？艰难地奔赴战场作战却同样毫无所得，要是抬高那些私下佩刀的游侠的地位，又有谁愿意在战场上豁出性命呢？

作者：老师的发言十分犀利。虽然有些不符合讨论的主题，但是老师您说的侠客，也就是墨子吧？他曾说过，首先不要攻击别人，

---

① 意思是说，没有用的儒者和侠客在平时扬扬得意、说大话，真正到了国家有难之时，站出来受苦受难的还是士兵。

在防御的时候要豁出性命。我整理出他的几句话给您听听：

"城墙的四个角都建起高高的瞭望台，使贵族、望族出身的人登上瞭望台侦查、探看敌人的动静，以及监视敌人进退和左右移动的位置，失职者处以斩刑（失候，斩）……百姓将自家房屋的木头和瓦砾、石头用于守卫城池，凡是有用的东西都要捐献出来。不听从命令的人处以斩刑（不从令者，斩）。"①

墨子反复地说，在守卫的时候要豁出性命。他原话说道："离守者三日而一徇。"就是说，离开守卫场所的人将处以极刑，死后将曝尸三天。"归敌者，父母妻子同产，皆车裂。"这话的意思是说，一个人如果逃出城外向敌人投降，其父母、妻子、孩子和兄弟都将被处以车裂之刑。好像讨论又有些偏题了，我们还是重新回到话题上来吧，我想请您具体地谈谈关于治理混乱的政策。

韩非子：君主坚持法与术这两件事情，以此稳定自己的国家便足矣。所谓王者，就是能够攻击别人的人，但是安定的国家是无法被攻击的。强者能够攻击别人，但是被有效治理的国家也是无法被攻击的。稳定和治强并不是从外面求得的，而是由端正内部获得的。现在，不在国家内部实行法与术，却在外面求取智慧，这便无法打造一个稳定且强大的国家。

作者："从外面求取"这句话有点模糊不清。您说的是外交吗？

韩非子：是的。没有力量，就去搞合纵连横，终将竹篮打水一场空。要我举个例子吗？仅维持命脉的东周背离秦国，参与到合纵之中，却仅在一年之内便灭亡了；卫国背离魏国参与到合纵之中，不到半年就灭亡了。假使周朝和卫国抛弃所谓的合纵连横的计谋，下大力气于内政，明定法律禁令，制定赏罚制度，努力使土地使用最大化，多囤积粮食，使百姓拼死去保卫城池。那么，从天下诸国的立场上来看，夺取像周朝或卫国这样的国家的土地，获取的好处会很

---

① 内容出自《墨子·备城门》。

少。而进攻这些国家吧，伤亡会很大。拥有万乘兵车的大国不敢在坚固城池之下有所行动，其他强敌也不敢对它有所觊觎。这才是绝对不会灭国的办法（此必不亡之术）。

作者：老师的法术好像与抬高攻击性战争的商鞅之法不太一样。您说的是保护自己免受无道之人伤害的意思吧，难道因为老师您出身于韩国吗？[①]韩国十分弱小，而我已经听说过老师您曾为韩国出使过其他国家，并且还为韩国国君不断地提出对策建议。您说小国如果内政安定的话，至少大国也将对小国毫无办法，这话和孟子的意见是相通的。那么，用法来治理内政，这样的方案又是应该要压制谁、抬高谁？同时鼓励什么样的事情、抑制什么样的事情呢？

韩非子：其实百姓并不是喜欢在战场上豁出性命。应该减少那些依附于权贵豪门且逃避兵役的人。这些人如果多了，士兵就会不足。还有，要压制商业和手工业，鼓励农业。如果可以用钱买到官职的话，那么有钱的商人和工匠的地位便会抬高。

作者：您说的是重农和强兵吧。那么，那些对重农和强兵构成阻碍的人，他们的行动又是怎样的呢？您能具体说说吗？

韩非子：混乱的国家，其风俗便是这样子的：所谓儒者的那些人，称颂先王之道，以仁义为借口，其仪容服饰十分盛美，其巧辩言辞十分华丽，他们总是怀疑当今的法令、动摇君主的决心；那些卖弄口才的说客——言谈者，弄虚作假，招摇撞骗，常常借助他国势力来达到个人目的，而将国家利益抛于脑后；那些配剑者——游侠，常常聚在一起，标榜气节，以求扬名，以至敢于触犯国家禁令；那些权臣的亲信——患御者，依附于权贵门阀，肆意行贿，而借助于重臣

---

① 商鞅因为主持强大秦国的政治，所以其主要立场是主张攻击。他甚至认为，如果在外不与他国作战的话，本国百姓的力量就会变得强大起来。君主可以变强，但是要让百姓变弱，只有聚集国家的力量，通过战争的消耗，才能使权力得以稳定。而韩非子本来是将亡之国——韩国的王族，所以他主张小国不要相信外交，应该为防守施展战略。

的请托，逃避从军作战的辛苦；那些工商业者，修理粗劣的器具，做出华丽的物件，囤货居奇，从农民身上牟取利益。他们是国家的五种蛀虫。

作者：您把儒者、说客、游侠、权臣的亲信以及工商业者说成是腐蚀社会的蛀虫，这种主张十分大胆呀。他们已经是社会的主导阶层，而现在老师您却认为除了生产者阶层和士兵阶层，非生产者阶层都应该被视为蛀虫。

但是，适应法律的时候，是不是得区分一下攻势和守势呢？百姓会遵循弱国的强法吗？如果不是的话，会遵循强国的弱法吗？不管怎样，贫穷且弱小的韩国与富裕且强大的齐国，这两国的条件是不同的，所以在法律上也会有不同的主张出现吧。我觉得，齐国以自身富裕为基础，希望用温和的法律去引导百姓，而韩国因为贫困，则需要用强法去束缚百姓。

现在，我们将听一听孟子的意见，然后再开启一段新的讨论。韩非子认为，主张慈爱的同时，又主张防御敌人侵入是一件矛盾的事情。在我看来，孟子的仁和法之间好像也确实存在着矛盾。所以，我问一个不该问的问题，那就是舜当了天子，任命皋陶作为管理刑法的官员，要是舜的父亲瞽叟杀了人该怎么办呢？[①]

孟子：抓捕他就好了。

作者：如果是这样的话，舜肯定做不到吧？他可是大孝子呀！

孟子：舜又怎能去阻止呢？皋陶是按所授职责来办事的呀（夫有所受之也）[②]。

---

① 这是桃应，可能是孟子弟子，为了使孟子陷入难堪，故意问的问题。瞽叟虽然生了舜这样的孝子，但其本人确实是一个劣迹斑斑的人。到处都流传着瞽叟想要杀死舜的传说与记载。而皋陶却是一位以管理刑狱公平公正而声名远扬的人物。

② 是指接受到什么东西的意思。或许指舜从先祖那儿接下的法令，或许指皋陶从舜那儿接下的东西。反正其意思就是认为杀人是一件无论如何都不可赦免的重罪。

作者： 那么舜该怎么办呢？儿子能够处罚父亲吗？

孟子： 舜应该弃如敝屣一样地抛弃整个天下，然后偷偷背着父亲逃跑，跑到远方的海边生活，逍遥快活，将天下之事通通忘掉。①

作者： 处于公家的位置上，就必须忘掉私人的事情。但是处在公家的位置上，难免有与亲伦沾边的事情发生，您的意思就是说，如果这样的事情发生，就必须离开公家的位置吧。韩非子的著作《韩非子》中就有这样的例子，我们来看看吧：

"告发偷羊的人是国家法律所定，但是如果是自己父亲做这样的事情又该如何呢？因此忠孝不能两全呀！"

作为儿子的价值观和作为公职人员的价值观，这两者存在着矛盾，而您便是如此解释的呀。

孟子： 为了百姓平安而让百姓受苦的话，百姓不会有怨言；为了百姓生活而杀死某人，即使是被杀的人也不会怨恨他的为政者。（以生道杀民，虽死不怨杀者。）②

作者： 您说的是法治的动机吧。您貌似如此批评过，"韩非子的法治难道不是过于残酷了吗？是真的要使百姓生存下去吗？"韩非子，您要反驳吗？

韩非子： 在我看来，社会上的那些愚钝的学者，都不知道治乱的实情，只是天天背古书，反而把今天的治世给搞混乱了。圣人是与此不同的。圣人能分辨是非，熟知治乱的事情。因此，在治理国家的时候，要树立明确的法律（正明法），展示严厉的刑罚（陈严刑），通过这些手段，在混乱中拯救那些生活在水深火热之中的人；解除天下的灾祸，使强者无法凌辱弱者，多数无法对少数实施暴力；老人得以颐养天年，小孩受到照料而健康成长；边境不再受侵略，君臣得以亲密无间，父子相互护养，没有在战争中身亡或被俘虏的忧患。这

---

① 内容出自《孟子·尽心》。
② 内容出自《孟子·尽心》。

难道不是极大之功绩吗？愚钝的人是不会知道这些的，他们把法治简单地看成是暴力镇压。[1]

作者： 听起来，您像是主要在攻击儒家。孟子，您从儒家的立场说一下吧。

孟子： 光是动嘴皮子来诽谤圣人，抛弃仁义，这是自暴自弃[2]的人呀！难道百姓因为没有严厉的处罚，就会生活得不好吗？梁惠王曾这么说："寡人为了治理国家而尽心竭力。河内地区一有凶年，便将人们迁往河东地区，而将粮食运往河内地区。要是河东地区到了凶年，寡人也采取相同的办法。对比邻国的为政，它们没有一个像寡人这么用心的。可是，邻国的人口并没有因为来我们这边而减少，而寡人的人口也没有增加，这是为什么呢？"

我便这样回答道："因为大王喜欢战争，所以我冒昧地用战争来打个比方吧。战鼓咚咚地敲响，正是短兵相接的时候，我们的军队却脱下战衣带着武器逃跑。有个人跑了一百步后停了下来，还有一个人跑了五十步后停了下来。可是那个跑了五十步的人却讥笑那位跑了一百步的人（以五十步笑百步），您怎么看这件事呢？"

梁惠王说："这不对呀。虽然没有跑一百步，但是依然跑了五十步呀！"

我便如此回答道：

"如此，大王便不要指望百姓能比邻国多了。农民如果不荒废其农时，所种出来的粮食就多到吃不完；要是对渔网孔眼大小有所规定的话，鱼贝也将多到吃不完；如果对树木砍伐加以限制的话，木材也

---

[1]　内容出自《韩非子·奸劫弑臣》。

[2]　内容出自《孟子·离娄》。"自暴自弃"的原文如下："不可与自我伤害的人说话，不可与自我放弃的人行动。说话不符合礼仪的人，就是自我伤害；不能坚守仁义就是自我放弃。（自暴者不可与有言也，自弃者不可与有为也。言非礼义，谓之自暴也，吾身不能居仁由义，谓之自弃也。）"如此看来，孟子所看待的仁义又是什么呢？"仁是人们安住的住宅，义是人们将走的正路。（仁，人之安宅也，义，人之正路也。）"

将用之不尽。如此一来，在世之人的生活和过世之人的追祭都将没有遗憾。这便是王道政治的开始。

"现在狗、猪吃人吃的食物而不想着去制止（狗彘食人食而不知检）①，路上有饿死的人却不知道开仓放粮（涂有饿莩而不知发）。人们要是死了，就说'这不是我的错，是因为凶年才如此的'。这和拿刀杀人后说'这不是我杀的，是刀杀的'，有什么区别呢？大王要是不把错误归咎到凶年上，天下的百姓自然都会投奔过来。"②

作者： 分发粮食给百姓的话，百姓肯定是更加忠心了。

韩非子： 世上的人把将粮食分发给穷人称之为仁，把爱惜百姓而不施以一点处罚叫作惠爱。贫穷而分给粮食，就是将赏赐给了没有功劳的人，一点都不施以处罚的话，就无法禁止暴乱之人的出现。如果不以长鞭和短鞭相威胁，不给马的嘴上套上马嚼子的话，就是造父③那样的驯马师也不可能使马得以驯服。

作者： 韩非子，您最后的比喻有些过于夸张了。套上马嚼子、挨鞭子，又何尝是马儿想要的呢？不过从另一方面来讲，我还是能理解您的说法的。因为现在是互相拼命进行战斗的时代呀。您曾问过"如果输掉战争，将会有怎样的悲惨结局呢"，我觉得您问得很有道理。老师您曾举过周朝、卫国的例子，以此说明因为没有实力而在战争中败亡的悲惨命运。法治从内可保护弱者，对外可针对别国而

---

① 这段话可以看出孟子极强的造句能力。关于"检"的解释有两个，一个同"敛"，就是收敛的意思；一个是制止的意思。比照孟子的思想来看，这两个意思都有道理，但是接下来的句子里面说到了"发"放粮食的内容，与之对应，将粮食收到国库，即"敛"这个解释更加贴切。本系列丛书的第一卷里面提到过，孔子、孟子乃至其后的荀子，其儒家的经济思想都没有超越管仲的经济思想精髓。管仲经济思想的核心就是在丰年囤积粮食，凶年开仓放粮，可谓是一种积极的财政政策。而这里孟子的意思是，在丰年有所储备、凶年进行开仓放粮的政策，如果得以有效实施，比起将百姓移来移去要好多了，梁惠王有什么可自吹的呢？

② 以上内容出自《孟子·梁惠王》。

③ 造父是传说中的一位马夫，他曾驾车带着周穆王去西方见西王母。《史记》里面记载造父是秦国王族的先祖。

保护国民的生命，您所说的便是这个吧。

有的人说，"人们所说的和平，只是一个名号罢了。实际上，所有国家都是和他国处于战争的状态之中，只是没有正式下战书而已。一旦战争失败，所有东西都会被胜者所夺走"（626a-b）。为了赢得胜利而使用严法，这并不是一件残酷的事情。不过孟子好像对这种主张有话要讲。

孟子： 难道真的是法越弱，国家就越弱吗？我反而认为恰恰相反。我们再来看看梁惠王的故事吧。梁惠王说："众所周知，晋国①曾一时为天下之强国，可到了寡人这时，其东败于齐国而长子身亡，其西为秦国夺取七百里土地，其南为楚国所辱。寡人为这些事感到非常羞耻，希望替所有的死难者报仇雪恨，寡人要怎样做才行呢？"我这样回答道："即使只有方圆百里的土地，也能成为王者。大王向百姓施以仁政，减少刑罚和税收，使百姓能够深耕除草，壮年能有闲暇时间修炼孝悌忠信，在家里侍奉父兄，在外尊敬长辈，这样，即使是制作木棍给他们，他们也能和秦国、楚国的坚甲利器相抗衡。"

作者： 不是呀。您说用木棍就能战胜受训的士兵吗？如果进行战斗的话，都会为了求生而战斗吧。将领自然是要上知天文，下知地理，除此之外，还必须能够知人善任，只有这样，才能有效地整顿阵营，才能熟悉如何聚散队伍。军人经过长时间训练从而累积自信，但是只要以自信就能向敌人冲杀吗？

孟子： 施仁政的国家，其百姓战斗的意志和暴政下的百姓是不一样的。那些施行暴政的人剥夺百姓的农时，使其土地不得耕种，父母不得奉养。父母在饥寒交迫中挣扎，兄弟妻儿四散。那些人让百

---

① 如前所述，晋国为赵、魏、韩三家所分。在三家分晋之前，晋国是中原的霸主。魏国在当时跨越黄河的秦晋大峡谷，处于西河地区，是牵制秦国的强国。但是后来不断东移，以至于迁到了大梁地区。魏国以前只是丢失土地，而到了梁惠王时期，魏国的王都不被叫作魏王了，而被叫作梁王。梁惠王回想曾经强大的晋国，认为自己是晋国的嫡统。

姓跌入万丈深渊之时，君王前去征伐，又有谁能与君王为敌呢？所以说"仁者无敌"。[1]

作者：应该具备打造强国的能力和抵御对方对自身侵夺的力量，两位老师在这个部分的意见十分一致，只是在方法上持不同观点。那么，关于制订法律的理由方面，还是听听老者之言吧。柏拉图老师，制订法律的时候，应该以何种程度思考对外战争的胜利呢？

柏拉图：最好的事情不是生病后痊愈，而是压根就不生病。制定国家法律的时候，首先就关注对外战争，这绝非优秀政治家所为。有为了与战争相关的事情，而对与和平有关的事情进行立法的，但是却没有为了和平，对与战争有关的事情进行立法的，如果是这样的话，从严格意义上来讲，这也不是立法者所为。（628d）[2]

如此，当一个打造和谐国家的人来制订法律时会怎么样呢？他会一边经营国家，一边关注对外战争吗？如果不是，他会注意国家内部所发生的战乱吗？内乱是所有国民都不希望看到的，一旦发生，都希望其赶快终结。（627e–628b）

作者：我明白老师您所说的意思了。法不是为了战争而订，而是为了更加重视内乱而订。您这是在批判韩非子呀，因为他认为应该通过法来应对战争。不过，现在可是对外战争如家常便饭般发生的战国时代呀。以法为媒介，使农耕与战争相连接的主张得到了相当不错的反响。就拿商鞅的话来说吧：

"俸禄丰厚且封地收得许多赋税，所统御的食口[3]也很多，这样的人就是让农事败亡的人呀。按照其食口的人数，对其征收重的赋

---

① 内容出自《孟子·梁惠王》。
② "为了与战争相关的事情，而对与和平有关的事情进行立法"，意思是指，为了对外战争而以法律来规定和平时期的行动。比如为了培养战争时的强大士兵，要求几岁以上的壮丁跑步应该达到什么样的程度，这都是有相关法令规定的。"为了和平，对与战争有关的事情进行立法"，意思是指为了防止内乱而以法律来确定行动规范。
③ 指只吃饭不干活的人。

税，这样，那些好吃懒做、骄奢淫逸的人就没办法获取食物了，没有食物就只好去务农。务农，则长满荒草的土地会得到开垦。（禄厚而税多，食口众者，败农者也，则以其食口之数赋而重使之，则辟淫游惰之民无所于食；无所于食，则必农；农，则草必垦矣。）"

另外，他还如此说："下达命令：除贵族的长子外，其他儿子全部都要服徭役，其后代也都要听命服徭役（均出余子之使令，以世使之）。"①

这样的时务策略对普通百姓又有什么害处呢？这样的政策很明显对百姓是有利的呀。商鞅如此来呼吁严刑主义：

"用刑罚消除刑罚，国家就能得到治理；用刑罚使刑罚变得更多，国家就会变得混乱。所以说，加重刑于轻罪的话，即使没有刑罚也能达成功绩，因此这样的国家才能强大；重罪重罚、轻罪轻罚的话，刑罚多了，事情也多了，国家会被削弱。（以刑去刑，国治；以刑致刑，国乱。故曰：行刑重轻，刑去事成，国强；重重而轻轻，刑至事生，国削。）"②

看了商鞅的见解，我想起了子产所说的话：

"火是人们所惧怕的，所以少有人去触碰它；而水是使人们觉得很轻松的东西，所以溺水而死的事很多。"

这个道理就是指严厉的处罚反而是救了百姓。

韩非子： 强法反而保护百姓。从留传下来的古语或是《春秋》中的记载来看，违背和对抗法律，做下滔天恶事的人，其原来都是些身份尊贵显赫的大臣。尽管如此，用法来对待且被施以刑罚的人却都是卑贱的人。所以一般百姓十分绝望而没有诉求的地方。③

作者： 您的意思是，不仅是战时，连在平时，法也对百姓有利。但是，看法家的主张，很难相信老师您的话。难道强法真的使百姓

---

① 内容出自《商君书·垦令》。

② 内容出自《商君书·去强》。

③ 内容出自《韩非子·备内》。

不敢有所触碰吗？我把商鞅的话概括两三句给您看一下：

"应该加重刑罚，实行连坐之刑。这样的话，使有偏激的百姓不会互相争斗，好险好强的百姓不会提请诉讼。（重刑而连其罪，则褊急之民不斗，很刚之民不讼。）"

"让百姓不能随便迁徙、搬家（使民无得擅徒）。"[1]

"国家如果让善良的人来治理奸恶的人，就一定会混乱，乃至被削弱；反过来，如果让奸恶的人治理善良的人，就一定得以安定，并不断强大。（国以善民治奸民者，必乱至削；国以奸民治善民者，必治至强。）"[2]

"如果任用善良的人来治理百姓，则百姓会爱自己的亲人；如果任命奸恶的人，百姓就会遵循法制。（用善，则民亲其亲；任奸，则民亲其制。）"[3]

这些难道不是很严酷吗？基本上，其内容都是要对百姓进行最大的驱使，并且十分严厉地处罚他们的错误。我们就来聊聊这些严刑峻法吧，首先是关于连坐制度。荀子貌似有些意见。您好像认为连坐制度不仅不是治理混乱的方法，反而是混乱的根源，是吗？

荀子：是的。在古代，刑罚不会超越其罪行，爵位，或官位，不会超越其德行。因此，舜虽然处死了鲧，但是依然将治水的重任交给鲧的儿子禹。以此类推，即使杀死哥哥，仍会任命弟弟做官。因此，善良的人受到鼓励，邪恶的人遭到阻止；即使不怎么使用刑罚，威仪也会像流水一样扩展出去，政令也会得以明确公开，教化也会如神迹般得以实现。

如今的乱世却不是这样。刑罚超出了其罪行，爵位超出了其德行，以一个家族为单位进行议罪（以族论罪），在一个家门里起用几代的人（以世举贤）。一个人如果犯了罪，其三族都得被处死，即使

---

[1] 内容出自《商君书·垦令》。

[2] 内容出自《商君书·去强》。

[3] 内容出自《商君书·说民》。

其德行如舜一样，也免不了刑罚。另外，因为先祖一个人十分贤明，子孙都被起用做官，这就好比尽管是桀纣一样的残暴之人也一定可以获得富贵的地位。如此，还能指望不会看到那混浊之世吗？[①]

作者： 荀子您反倒是把连坐制度说成是引发乱世的制度。柏拉图老师，您对连坐制度有什么样的看法呢？

柏拉图： 我觉得，不管其罪行有多大，也不能实行连坐制度。嗯，什么样的罪最大呢？暂且认为，颠覆国家的罪行算最大吧。那么要如何处罚犯了这种罪的人呢？我是这么想的：国民告发那些希望通过非法手段改变国家体制的人，并使他们受到审判，而死刑是通过投票决定的。但是父亲的耻辱和处罚是绝对不能延伸到儿子身上的，除非父亲、祖父、曾祖父都被处以死刑。（755c-d）

作者： 一个家庭除非连续三代都犯了死罪，才会怀疑其家里孩子的资质吧。

而现在即使是小罪也会被严厉处置，我们就对这个问题来进行讨论吧。在商鞅之前，法家学者们的主张好像都没有如此严酷。《管子·法法》中就这样写道："百姓没有大的过错，是因为君上不予赦免。君上如果赦免小的过失，百姓就会犯大的错误，这是因为其是由小的过失累积而成的呀。（上赦小过，则民多重罪，积之所生也。）"

这里说的就是，不要原谅小的错误，但并不是说小的错误也要用重法来处置。越是忽视小的错误，法的权威就越会崩塌，百姓就越会离心离德。所以《管子·权修》[②]中有这么一句话："法是掌管百姓生死之物。因为掌管百姓的生死，所以刑罚不能不十分慎重。"所以，"以杀死犯罪之人的名义将无罪之人致死，国家就不可能不出

---

① 内容出自《荀子·君子》。
② 《管子》是法家思想的著作。这部书如百科全书般提出了大量治国之策，其内容涵盖了儒、法、道、墨、兵等各个学派，可以说是一部融合了诸子百家观点的论集，所以很难判断其性质。不过，这本书的长处就在于其保持均衡。

现篡夺江山的乱臣贼子"。①

接着，书里说：

"使劲地下禁令，则不会有停止，使劲地颁号令，则常常不会付予实施。"所以说，"上面要是过于严苛的话，下面就不会听从；下面要是不听从，则上面会用刑罚去强制执行，如果这样的话，百姓就会图谋推翻君主（上苟则下不听，下不听而强以刑罚，则为上人者众谋矣）"。

季康子问政，曰："杀死无道之人，而让百姓跟随正道，可以吗？"孔子这样回答："一边施行政治，一边就想着杀人的方法吗？要是追求善的话，百姓自然会跟随向善。君子之德如清风一般，小人之德如杂草一般，杂草之上清风吹过的话，杂草是一定会俯首贴地的。"

这说的便是，在杀死别人之前，先端正自己。

"引用政令来实施刑法，人们虽然能免于刑罚，却并不知道羞耻；以道德来实施礼治，人们就会知道羞耻，并且变得遵守规矩。（道之以政，齐之以刑，民免而无耻；道之以德，齐之以礼，有耻且格。）"②这句话说的也是上面的意思。

我个人浅见，窃以为超过罪责所应承担的刑罚反而会对百姓造成伤害。

现在，到了整理讨论内容的时间了，下一个主题大家应该也有许多话要讲吧。请柏拉图老师做总结发言。

柏拉图：不让说服与强制相配合，而单纯地运用强制的话，是不可以的。说服所需要的正是为了使那些接受法的人们对此拥有好感，并且因为这个而更加容易接受。（722c-723b）

---

① 《商君书》将《管子·权修》改成自己书中的《修权》篇，但是其比起《管子》来，更加主张严刑峻法。也有人认为这是后人的伪作，不过本书暂且不讨论这个话题。
② 内容出自《论语·为政》。

如果用强制力去驱使和支配的话，支配层就会对被支配层心怀恐惧，他们就绝对不会允许那些变得优秀的、富裕的、强大的、勇敢的，而且具有战士风采的人自行出现。（832c–d）

谁将成为法的执行者

作者： 韩非子，您已经讲过法的目的了。您认为，严刑峻法反而对百姓有利，所以应该实施严刑峻法。下面我们将进入另一个话题，这个话题是目前法家思想家们还未能解决的问题，或者说是他们即使想解决也未能详细说清楚的一个问题。事实上，这是一个十分重要的问题，那就是：谁制订了法，由谁去执行法？

韩非子曾简单回答过，他认为是"知法之人"，但是这些人真的就能保证不歪曲那些严苛法条吗？所以之前，荀子才会说"没有君子就无法执法"。所谓君子，是指保持高度节制，且经受长期教育的一群人。法家一方想解决这个问题，却无法说服大多数人。我们还是先来听听法律专家柏拉图的意见吧。

柏拉图： 举个例子，医生是用精神治疗肉体的人，所以自己身体越是患病，越能对病情更加了解。但是判断善恶是非的法官却与此不同，法官是以自己的精神去控制别人的精神的人。所以从年轻的时候开始，他的精神就不能浸染于邪恶之中成长，为了对别人犯的罪给予直觉上的判断，自己是不会去亲身体验所有的犯罪行为的。与之相反，法官要想做出真正的公正判决，他们的心灵从很小的时候开始就什么样的坏习惯都不被允许去沾染，即使是体验也是不行的。因此，具有真正善良品质的他们，在年轻的时候十分淳朴，容易遭到坏人利用。因为他们对于邪恶到底是什么，在心理上可以说根本不理解。

所以，优秀的法官，年轻人是做不了的，只有理解了与邪恶相关知识的老人方可胜任。他们并不是从本性出发去感知邪恶，而是通过长期观察别人的行动去获知的。他们必须是这样的一群老人——

对与恶相关的事情了如指掌，但是他们自己却毫无这一方面的经验。（409a–d）

作者：您在关于法官所具有的资质上，指出了相当重要的一点。商鞅认为只有严苛的人来治理善良的人才会有效果，而您说的恰恰和他相反。老师您还认为天性善良的法官在年轻的时候，甚至会因为自己的善良本性而受到欺骗。即便如此，这并不会使他们的能力有所减少。也就是说，本性善良、接受善的教育、对别人的错误有着长期观察的经验，只有具备这几项条件的人才能判断别人的过失。但是看看法家一直以来的主张，他们没有说明到底什么样的人是法的执行者，也没有说明要成为法的守护者应该具备怎样的资质，这些问题他们都没有具体说明。有些人反而认为只有心狠手辣的人才能成为法的执行者，秩序才能被把控。如前面提到的一样，商鞅的主张就是典型的例子。

可以说，柏拉图老师的主张打破了法家的固有说法。如果照法家的固有观念来看，孔子这类人是绝对不能掌控法的。孔子家里的马厩着火了，孔子退朝回来后，只是问"人没有事吧？"，而不问其他。[①]当时，马匹可是十分贵重的财产。如此宽容之人又如何能用严法来处置他人呢？孔子在担任鲁国司寇[②]的时候，其为政也颇有成绩。柏拉图老师，法官下判决的目的是为了惩罚呢，还是为了开导？您能说说您理想中法官的样子吗？

柏拉图：谁是更好的法官呢？是将坏的兄弟都处置掉，使剩下的善良兄弟得以安定的法官吗？如果不是，那是使善良者得以安定，使次善良者得以存活、进步，获得安定的法官吗？如果不是，那是不予处置、使人们和解之后，制订法律，使人互相成为朋友的法官吗？（627e）

---

① 内容出自《论语·乡党》。
② 司寇，相当于现在的大法官。

作者： 孔子曾说过："审理诉讼之事，我如同别人一样，但我要使社会不产生诉讼。"他说的这句话的中心意思和您说的一样。柏拉图老师，您好像把法官的工作看得十分神圣。那么，他们要由谁来选拔？又要怎样来选拔呢？

柏拉图： 那我就对选拔法官之事的虔诚，谈谈我的看法吧。先是国家所有的官吏都应聚集于一个神殿中，然后，向神明起誓。接着，不仅要在各种官职上被评判为最优秀的人，还应该被同僚、市民们评价为最优秀且能最为虔诚地给出判决之人，才能成为法官，而这样的人在所有官职里面的选拔就好比是收获新的农作物一样①。不过，他们在被选拔出来之后，选拔他们的人也得站出来接受审查。（767d）

作者： 在东方，明君们也常常在祭文中祈祷刑罚能变得公正。看来这是一件十分严肃的事情呀。孔子的弟子子贡曾这样说：

"君子的过错就好比日食和月食一样，君子如果犯错，所有人都能看到，而如果君子去纠正错误，所有的人都会仰视他。（君子之过也，如日月之食焉，过也，人皆见之，更也，人皆仰之。）"②

他的话和柏拉图老师您的话的意思是相同的。法官受万人敬仰，而且他的一举一动都会成为样本，所以，在所有人之中，法官必须是最高贵之人。另外，他在执行法律的时候，也应该具备看穿每个人所处情况的差异的能力吧，不是吗？

柏拉图： 正是如此。法官区分自发的犯罪和非自发的犯罪，对前者处以更严厉的处罚。（861a）以战争的情况来举例，一个士兵拥有武装却不去抵抗敌人，他没有与勇气相随的壮美牺牲，而是选择了苟且存活，就必须要施以处罚。但是，如果不是自发的话，就要分

---

① 古代农耕社会时期，新收获的农作物十分重要。新的农作物出来的时候，要向神灵表示谢意，举行节庆活动。因为柏拉图认为法官的职责特别重大，所以他把法官选拔比喻成收获新的农作物。

② 内容出自《论语·子张》。

辨其是不是因为敌人强迫而被迫选择偷生。坏人不管什么时候都应该惩罚，但是为了让他们能够变好，就不要去处罚那些不走运的人。（944d）

作者：当然，我知道商鞅所说的奸民指的并不是社会中的恶人。即使是亲近的人，也严格适用于法律，且不为人情世故所动摇。但是韩非子也明确地讲过"善良的人不能使百姓变得善良"。用高高在上的善良之人来治理国家，这绝不是社会问题的解决之道，而这样的观点始终存在于法家的根基之中，这是我们所不能否认的。作为儒家而主张法治的荀子，其思想和商鞅及韩非子的主张正是在此点上有所不同，难道不是吗？

但是，我个人有一个疑问，真正善良的人难道就不会有讨厌别人的时候吗？我们再来看看孔子的话吧。子贡问孔子："一个人要是被村子里的人都喜欢的话，您怎么看？"孔子回答说："我不觉得是好事。"然后子贡又问："要是一个人被村子里的人都讨厌呢？"孔子答道："这不好呀。村子里面一个人要是被善良的人都喜欢，不善之人都讨厌，那才叫好呀。"善良的人也能厌恶别人，这和柏拉图所说的法官本人善良，但能够观察别人的恶是相通的。

现在，我们再看看法家一方的意见吧。韩非子，法的执行者应该具备怎样的态度呢？还有，"他"应该担负怎样的责任呢？当然，这里的"他"指的是君主。

韩非子：可使国家和社会安定的方法（安术）共有七种，把国家和社会引向危险的道路（危道）共有六种。先说一下安术吧，因为其首先与执法相关。第一，赏罚应根据是非对错进行（赏罚随是非）；第二，降下祸福应该以善恶为根据（祸福随善恶）；第三，死亡与生存都应以法度为基准（死生随法度）。

作者：您直接说说有关用人之事吧，可以吗？老师您所说的人才便是指"知法之人"，所以这和我们现在讨论的法官是有一定的关系，对吧？

韩非子：首先，人贤和不贤是实际存在的，但不能根据个人的好恶进行判断（有贤不肖而无爱恶）。然后，世上虽有愚笨和智慧之分，但是不能带入他人的批评和赞扬（有愚智而无非誉）。还有，虽有规定的尺度，却不能凭借恣意的主观想法（有尺寸而无意度）。最后，坚守信任而不要欺诈（有信而无诈）。

作者：老师您果然是把作为法律执行者的资质当作判断人才优劣的标准呀。这十分公平，摆脱了私人的利害关系，而只以公家法度为根据进行判断，并不带入个人的意见，这就是您所说的知法之人吧。现在请您说说六种危道吧。

韩非子：第一，砍削木材偏到准线以内（断削于绳之内）[①]；第二，不依据法令而随意裁决（断割于法之外）[②]；第三，陷害别人而获取自身利益（利人之所害）；第四，把别人的灾祸视为自己的快乐（乐人之所祸）；第五，破坏和威胁别人的安全（危人之所安）；第六，不亲近喜欢的人，不远离厌恶的人（所爱不亲，所恶不疏）。

作者：不愧是老师呀，像商鞅那些早期法家主张的疑难漏洞早已被您看穿了，而且您还摸索出了一条法家的活路。您所说的东西都是要求君主所必须坚持的东西，您的法规可以说对君主本人也同样适用。首先是阻止那些依据法的执行者所制订的法律被误用，不管怎样，其目的也在于要阻止君主变成暴虐的僭主。

韩非子：君主自己不能成为尧，却只要求臣子都要像伍子胥一样，这就好比希望殷商之人都变得像忠臣比干那样，这完全是心存侥幸的行为。[③]

作者：您所说的完全体现了您的观点与想法。君主不能随心所欲地治理国家，就好比木工干活时必须要用尺子量好之后才开始锯、用绳子定准后才开始削一样。不过，您曾说过，必须强硬地阻止普

---

① 其意思指不照墨线（法度）而随自己内心行事。
② 其意思指不依法律而杀人。
③ 以上均选自《韩非子·安危》。

通人拿着法去说三道四。

韩非子：是呀。

作者：但是法学专家们不是应该对法有所议论吗？如有的人所说，"使其下面的人们幸福，即用人类的东西使其健康、恪守、有力，并给予其财富、智慧、节制、正义和勇气"（631b-c）。儒家的人物里面，作为法律理论家的便是荀子了，我们来听他讲讲吧。荀子，请您就法律施行原则谈谈看法。

荀子：为了处理政事而询问别人意见的时候，如果威严过于猛烈，而不喜欢用宽容去顺应别人，那么下面的人就会因为害怕而不敢亲近，甚至还会关闭心房、隐藏真心。如此一来，大事小事都会落空；反过来，如果十分温和、宽松，过于宽容地顺从别人的话，那么奸邪的言论就会一下子涌出来，各种试探性的、不负责任的主张（尝试之设）也会蜂拥而起。如此一来，听到的事情就会因为过于繁杂而生害。

所以，如果施行法律而不予讨论和审查的话，那么法律没有涉及的部分就一定会被抛弃在一边；担当官职又不能互相沟通或对相关领域分析预测的话，那么官职所不能涉及的地方就必然会有漏洞。（故法而不议，则法之所不至者必废；职而不通，则职之所不及者必队。）因此，如果制订了法律而加以讨论，担当了官职又相互沟通，就不会有隐瞒的图谋，就不会有没被发现的善行，任何事情都不会出现过失。

作者：那么谁来讨论法？谁又来与谁相互沟通呢？

荀子：如果不是君子的话，不足与之道哉。所以，公平是听取政事的标准；中和是听取政事的准绳。（故公平者，听之衡也；中和者，听之绳也。）如果有法，就依法行事；如果没法，则遵循类似的例子行事，这就是完全听取政事之道。因此，虽有好的法律却依然有混乱之事发生，有过这样的情况；但是有君子而发生混乱的事情，却是从古至今闻所未闻的。（故有良法而乱者，有之矣；有君子而乱者，自古及今，未尝闻也。）以前有句话"安定源于君子，混乱源于小人"，说的便是这个道理呀。[1]

作者：我好像听到了总结式的发言。您的意思是说，执行法律的主体不是君主，而是君子。还有，您认为，担当法官的官员如果不依法行事，法律就无法涉及方方面面。这从正面反驳了一般法家的观点。法家代表人物商鞅严禁一般百姓或担当者，在法律制订后对法律说三道四。一句话讲，"使法的条文简短，使法的适用力增强"，这是商鞅主张的核心。但是老师您说"要对法的执行进行讨论审查，还要官吏对相关领域进行查验辨析并处理相关事务"。一般法家不让讨论法、不让官吏酌情考虑诸事，只是让官吏们消极地依法处理事务；而老师您的观点恰好与一般法家的观点相反，您强调法律的积极解释，而这个解释行为的主体就是君子。

孔子也以这种观点为其中心思想。他是这样说的：君子胸怀道德，而小人只关心土地；君子关心刑罚，而小人只关注小便宜。（君子怀德，小人怀土；君子怀刑，小人怀惠。）[2]意思就是，君子心中只有明白、清楚的刑罚制度，而不把私人人情关系放在心上。或者可以理解为，不搞私下亲近或私下施惠是因为害怕公家法度。

本章是由柏拉图老师开头的，那么也请柏拉图老师来结尾吧。老师您所著的《国家篇》和《法律篇》不断地在谈论正义，请您就从正义或正义人生的角度来谈谈法的意义吧。

柏拉图：如果我是立法者的话，我想强制国家的所有诗人和人们去宣扬正义。如果谁说"无德无能之人过得很好"或是"有益的事情与正确的事情是两码事情"的话，我就会将最接近重刑的惩罚施予他们。（662b-c）

---

① 内容出自《荀子·王制》。
② 内容出自《论语·里仁》。

2. 对战国时代经济和战争的谈论

作者：前面我们讨论了法的效果、立法者以及施行者。现在以此为基础，我们来讨论国家之大事——战争与百姓生计，即经济问题。法家的经济理论可以被整理说成是强有力的重农主义，其战争理论的核心是"以利益引导，以刑罚推动"。现在，孟子会以讨论者的身份再次登场。关于战争，墨子也是专家。当然，他们两位都反对法家理论。

经济论——自由还是管控

作者：孟子，您认为使国家富裕的核心是什么呢？请您简单阐述一下。

孟子：让农事能够顺利进行而少去索取，就可以使百姓富足。按一定时节食用，按社会行为规范使用，财物就用不完了。（食之以时，用之以礼，财不可胜用也。）举个例子吧，百姓没有水和火就无法生活，黄昏或夜晚敲人门户求取水与火，没有人不给，因为大家都拥有极多的水与火。圣人治理天下的时候，就要使百姓的粮食像水与火那么多。粮食多得像水与火，那么老百姓怎么还会不宽容、不善良呢？[1]

作者：要不您干脆具体谈谈税制和商业这两部分吧。

孟子：尊重贤明之人，任用有能力的人（尊贤使能），让杰出的人物都能找到自己的职位（俊杰在位），那么天下的士人都会非常高兴，纷纷期待涌入朝廷为官；在市场上减免税赋（廛而不征，法而不廛）[2]，那么天下的商人都会非常高兴，纷纷汇集到市场之中；不征

---

[1] 　内容出自《孟子·尽心》。

[2] 　这部分解释起来有些困难。但是从整体来看，其主要意思在于表达"不征税（不征）"。

收关税、过路费，那么天下的旅客都会蜂拥于道路之上；种庄稼只按井田制，助耕公田而不再征税（助法），那么天下的农民都会涌现于田土之上；废除居民的税赋和徭役，那么天下的百姓都会涌过来定居。如果真正能够做到这五点的话，邻国的百姓都会把君王当作父母一样仰慕，带着自家的人投奔于他。①

作者： 老师的话还是没有脱离儒家的基本思想。孔子曾说，"百姓如果多了，首先要做什么呢？应该让百姓富裕起来，然后教化他们"。另外，他还说，"领导千乘之国，要恭敬行事，施以信任，珍惜、关爱别人，召唤百姓之时要符合农时"。

召唤人们的时候不要剥夺其农耕的时机，另外，不要用税金去阻碍物资的流通，这样的说法都是一些非常普通的方法。现在我想给大家念念法家商鞅所写的有关租税政策的纲要：

"根据收获数量的多少来征税的话，则上面得以统一，下面的百姓也得以安定。（訾粟而税，则上壹而民平。）②"

这句话的意思是，如果根据收获数量多少来缴税的话，生产、上缴物品多的人就会受到优待，如此便使得农民更加勤勉。而孟子的理想与之完全相反。

孟子： 您是说根据收获数量多少来缴税吗？作为好的制度，古代有井田制，而且少征税才好呀。宋国大夫戴盈之曾这么问我："实行十分抽一的征税法，免去关卡上和市场上的征税，今年施行有些困难，先减轻一些，等到明年再废止关卡和市场的征税，您看如何？"

---

① 内容出自《孟子·公孙丑》。
② 内容出自《商君书·垦令》。荀子的经济思想可以如此概括："王者之法：等赋，政事，财万物，所以养万民也。田野什一，关市几而不征，山林泽梁以时禁发而不税。相地而衰政，理道之远近而致贡。通流财物粟米，无有滞留，使相归移也，四海之内若一家。"（《荀子·王制》）这里的"相地而衰征"和"田野什一"互相矛盾。虽然有许多相关理论，但是还没有解决这个问题。虽然有规定税率，但是在分配田地的时候，需要根据土地的等级来进行分配吗？

我便回答道："现在有一个人，每天偷邻居家一只鸡，有人对他说：'这不是君子所为之事。'他回答说：'如您所愿，那就把数量减少点，每月偷一只鸡，等到明年，我就不偷了。'如果知道不是仁义之事，就应该迅速停止，为什么还要等到明年呢？"①

作者：老师您认为必须立即减少百姓的负担，使他们有努力的动力。那我们再来看看商鞅的理论吧。商鞅的主张如下：

"国土虽然广阔，但是如果没有被开垦，便不是我们的土地。只有开垦土地、提高税金，国家才可能变得强大，不是吗？使农用地广阔，使税收增多，这是国家的责任和义务。"

商鞅还列举了诸多政策：

"应该使商人不能买谷物粮食，农民不能卖谷物粮食。如果农民不能卖谷物粮食，懒惰的人就不得不用心于农事之上。如此一来，国土便得以开垦了。（使商无得籴，农无得粜。农无得粜，则窳惰之农勉疾。）"

"必须废除旅馆。只有这样，那些奸邪虚伪、焦躁自私、私下交往且不从事农事与其他事务的人才不会四处游走。如果他们吃不上饭的话，就一定会去干农活，那么土地也就被开垦了。（废逆旅，则奸伪、躁心、私交、疑农之民不行。逆旅之民无所于食，则必农，农，则草必垦矣。）"

"国家管理山川大泽。如此一来，讨厌做农活且懒惰不堪、贪婪异常的百姓就吃不上饭了，那么他们就不得不去做农活，如此土地便得以开垦。（壹山泽，则恶农、慢惰、倍欲之民无所于食。无所于食，则必农。农，则草必垦矣。）"

"必须提高酒和肉的价格，加重其赋税，让税钱高出其本钱十倍。如此一来，商人便会减少，百姓就不会醉酒作乐，大臣们就不会荒废于享乐而纵情吃喝了。（贵酒肉之价，重其租，令十倍其朴，然则商贾少，农不能喜酣奭，大臣不为荒饱。）"

---

① 内容出自《孟子·滕文公》。

"如果加重关卡和市场的赋税，农民就会讨厌去做生意，做生意的人也会怀有疑惧之心而失去热情。（重关市之赋，则农恶商，商有疑惰之心。）如此一来，那些做生意的人便会去做农活了。"①

商鞅的主张是什么呢？实际上，他认为，应该防止百姓过于富裕，而国家仓廪却应该充盈。所以他说："国家很富裕，但是按照治理穷国的办法来治理国家的话（贫治），国家会变得更加富裕，更加富裕的国家就会变得更加强大；国家很贫穷却用治理富国的方法来治理国家（富治），国家便会更加贫穷，更加贫穷的国家会走向衰弱。（国富而贫治，曰重富，重富者强；国贫而富治，曰重贫，重贫者弱。）"②

从头到尾的不同真的就只有这些了吗？我再补充几点吧。儒家认为应该对进入山林与沼泽加以时间的限制，不对其课税；而法家却主张国家垄断。儒家主张减税，而法家却主张加税。儒家在主张重农的同时，也重视物资的流通；但是法家却主张重农抑商。商鞅政策的中心之一便是允许用谷物来换取爵位，如果向国家上缴大量的粮食，便可以免除税赋，或是获取爵位。孟子，您有什么反对意见吗？

孟子： 冉求成为季氏家臣之后，便将税金提高了两倍，孔子对此评论道："冉求不是我的弟子了，你们可以大张旗鼓地去攻击他。"③

作者： 从孔子平时的言语来看，这可是相当过激的话语呀。

孟子： 是的。由此看来，君子不行仁道，而帮助君主更加富裕，会遭到孔子的唾弃。更何况为了那样的君主去强行发动战争呢？发动战争去争夺土地，人们的尸体却覆盖了原野；发动战争去夺取城池，人们的尸体却高堆如城。这种行为就是所谓的夺地食人，其罪虽万死而不可饶恕。因此，喜欢战争的人应该被处以最高的刑罚，鼓吹合纵连横的人应该被处以仅次于最高刑罚的刑罚，让百姓去开

① 内容出自《商君书·垦令》。
② 内容出自《商君书·去强》。
③ 内容出自《论语·先进》。

垦荒芜之地，分土授田的人将被处以再次一等的刑罚。[①]

作者：您的意思是，百姓为了自己的利益去开垦土地是好事，但为了填充国家的仓库而把百姓送到荒芜地上去的行为是不该的。此时此刻，我们把目光暂时转向西方。听说柏拉图老师您有自己独到的经济观。您的国家——希腊，毗邻大海，可谓商贸繁荣吧？

柏拉图：邻接我们地域的大海，是一位每天给予我们乐趣，却又非常苦涩的邻居。虽然可以通过通商和零售业赚钱，且使得这个地域十分丰饶，但是却也使得人们产生了善变和难以获取信任的性格特点。国家内部的人们不能互相信任、互相友爱，同时对其他国家的人也是一样。（705a）

作者：柏拉图老师果然是重视农业呀。但是从事农业的人们能够获取所有需要的货物吗？

柏拉图：我觉得在经济领域中满足是必需的，我所认为的理想社会的经济也是如此。土地能养活一定数量的人，如果还有宽松盈余的话，就足够了，没有必要再在这个基础上有所增加，人口也是到这个程度就够了。我所说的程度是，其人口数可以自行阻止外人不当地侵害自己邻居，同时也能在其需要帮助遭受不当侵害的邻居时，不会变得束手无策。（737d）应该从一开始就以正确数量进行分配，使人们所获取的财产水平与多少恰到好处，使那些互相买卖财物而无视这一切的行为消失。（741b）

作者：您好像害怕拉开贫富差距。

柏拉图：不管怎样，一个国家最大的忧患便是不和与内乱，没有比这个再正确的答案了。如果不想卷入不和与内乱，就不能让国家的一部分市民极端贫穷或是极端富裕，这是我们的主张。（744d–e）应该消除对人们互相友爱会产生障碍与危害的东西。所以国家应该不要有金银，不要有手工匠人或放贷款的人，也不要让女人们出来

---

① 内容出自《孟子·离娄》。

赚钱。（743d）

过于富裕将使人们陷入奢侈和堕落之中，而相反，过于贫穷的痛苦将使他们变得毫无廉耻可言。因此，在拥有智慧的国家里，对于这一问题又有什么对策呢？首先，尽量使零售商的种类、类型保持在最小规模；然后将那些对国家无害之人分配到零售业中去；接着找出一个方法，使从事这项工作的人不要做出毫无廉耻的行为。（919c-e）

作者：基本上，您视农业为首的观点和法家很类似，但是您也与孟子一样，主张不要进行人为的土地开垦。"合适的程度"十分重要呀。不管怎样，和孔子所说的"比起不富，我更担心不均"的主张相似。那么，您如何看待工业领域呢？

柏拉图：在我看来，应该让任何一名自国民①都不要去涉足匠人们的技术领域，因为没有一个人可以彻底地从事两项业务或技术。（746d-e）

作者：受益匪浅。现在到了该总结的时候了。众所周知，商鞅是一位将自己的政策实际实施并取得成果的人。但是，可以看出，商鞅认为应该抑制商业、重视农业，减少百姓欢乐，比如酒宴等，而填充国库的观点，不得不说是相当极端的。正因为如此，荀子才会说"秦国虽然成为强国且仓廪充实，但是百姓的生活却了无生趣"。我还听过另一个十分有意思却有些极端的主张。《管子·侈靡》中有这样一段话：

"不要堵住产出丹砂②的洞口，使商贾不去休息而活跃于四方。

---

① 所谓自国民，相当于中国的士大夫阶层。柏拉图的理想国度中，本国自由民只能从事保卫国家的工作与农业活动，而只让外国人去从事工业。希腊拥有大量来自邻国的流动人口，其海岸殖民驻地也很多。

② 一种贵重的矿物质，被用作染料、药材，甚至还被当作炼丹的材料。在古代，矿物染料十分稀少、珍贵，所以价值极高。比如，在今天并非奇物的青金石在古代亚洲众地区中却拥有着比黄金更贵重的流通价值。这些贵重的矿物质都是和一般老百姓生活没有什么关系的奢侈品。

让富人消费，让穷人产出。（富者靡之，贫者为之。）这样，百姓便可安居乐业，百业便可兴盛，老百姓便有饭吃。"

这难道不是另外的一个极端吗？粮食已经很多，不过只强调农活的话，百姓的生活是无法过得滋润的。但是，如果鼓励一个连获取每日所需食粮都很困难的穷国去生产奢侈品，那么饿肚子的人将会更多吧。

法家和儒家的经济理论，其最大差异的体现便在于，儒家理论主要在以坐拥海洋和平原而富甲天下的齐国发展，而法家理论在多丘陵、多战乱的赵、魏、韩三国与处于盆地的秦国发展。与实际情况相符而非仅与理念相符的理论才是好的经济理论。

还有，儒家的经济思想并没有超越《管子》。同时，其虽有施予恩惠的一面，却好像不太提那些比较小的恩惠。郑国的子产曾用自己的马车载人们过河，孟子听说这个故事后说道："虽是恩惠之事，却是不知治国理政之举。如果建起一座桥的话，百姓就能无忧无虑地过河了。如果君子能够公平地施行政治，那么即使在他外出的时候让人们避开到一边也没什么大不了的（君子平其政，行辟人可也）。怎能一个人一个人地运载过去呢？因此，为政者要想施以小恩小惠去讨好每一个人，即使每天这么做也是不够的。"[1]

实际上，经济是不可能用一两句话就能说清楚的。有一些方法在一些时候有效果，而在另一些时候却能产生反作用。

战争论——使用军队之人的资格

作者：下面将讨论决定生死的大事——战争。《论语·颜渊》中有这样的故事，子贡询问政治，孔子如此对答：

"食物充足，军事能力也足够，百姓也信任，这样就好了。"

"不得不从三者中去掉一个的话，应该先去掉哪一个呢？"

---

[1] 内容出自《孟子·离娄》。

"先去掉军事能力吧。"

"如果还必须去掉一个的话，应该去掉哪一个呢？"

"去掉食粮。自古以来，人们都是会死的。但是如果没有百姓的信任的话，国家是无法立足的（民无信不立）。"

在孔子看来，军事能力虽是统治的基础之一，但是与百姓对政府的信任问题，或是与他们之间和睦的问题相比，则显得不那么重要了。《老子》[①]里面也有相关的句子：

"用道来辅佐君主的人，不以军事能力向天下示威。只要达到目的就好了，而不使用武力。（以道佐人主者，不欲以兵强于天下，善者果而已，不以取强。）君子平时以左边为贵，但是用兵打仗的时候却以右为贵。所以说，兵器不是吉祥的器物，在不得不使用的时候，最好是使其锋利、速战速决，所以不要美化用兵动武的行为。如果美化军事，就好比是在享受杀人，美化杀人的行为是不可能得意于天下的。自古以来，喜事中以左为贵，丧事中以右为贵。正因为如此，偏将位于左边，上将位于右边，他们用置办丧事的方式来处理军事。所以，杀死许多人要以悲伤去对待，在战争中取胜也要以丧礼来处理。"

法家不惜发动战争已是众所周知的事情。强国的法家——商鞅、吴起等，为了培养突击敢死队而失去了精神，而弱国的法家——韩非子等，却是无条件处死那些临阵脱逃的人，对士卒进行威胁。下面我们一起来简单听听与战争相关的法家主张，还有对战争危害以及停战方法的相关讨论吧。我再给大家概括一下商鞅的主张：

"治理国家之人要让百姓只能拥有一条途径去获取官职和爵位，那就是从事农业和参加战争，除此之外别无他法（不以农战，则无官爵）。百姓要是从事农业生产的话，就会变得淳朴，易于召唤。"[②]

① 这里指郭店出土的《老子》版本。
② 内容出自《商君书·农战》。

简单地说，在战争的使用上，淳朴的农民可以说是最佳人选。

"军队要是敢于做敌人不敢做的行动，就会变得强大；如果敢于做敌人所羞耻而不能忍受的事情，则会变得有利。君主以多变为贵，国家以少变为贵。（兵行敌所不敢行，强；事与敌所羞为，利。主贵多变，国贵少变。）[1]"

这里的意思是指，战争中要不择手段。

"国家虽然很强，但是不去打仗的话，毒害就会滋生于内部，礼乐和如虱子般的官吏就会出现，而国家就必定会被削弱；如果走出去打仗的话，毒害就会转移到敌国身上，礼乐和如虱子般的官吏就不会出现，国家就一定会得以变强。（国强而不战，毒输于内，礼乐虱官生，必削；国遂战，毒输于敌，国无礼乐虱官，必强。）"[2]

这可是颠覆战争相关常识、大胆且可怕的看法呀。其意思是，将百姓的力量转化到战争中去，从而强化、巩固自身的统治权。其认为战争本身可以变为治理国家的一种手段。

除此之外，还有以下的主张：如"百姓要是囤积粮食的话，就让他办宴席""在没有战争的情况下，应该使其通过捐献粮食来获取爵位"，甚至认为"如果使百姓看待战争犹如饿狼看见肉一般的话（如饿狼之见肉），百姓就大有所用了"。

"有力量，打仗还是问题吗？为了在战争中获胜，采取骗术又算什么大不了的事呢？如果在战争中不消耗盈余，百姓就会变得怠惰。将敌人首级与赏金挂钩，如此便可使百姓纷纷将目标指向敌人的脖子。"这些主张光是听听就觉得毛骨悚然，不过，现实就是如此发展的。实际上，在战国时代，唯有秦国长驱制胜，所谓六国，都各怀心思，都希望自己不要变成秦国首先攻击的对象，而急切地看着秦国的眼色。现在我们将走进战争论的探讨。首先请出的是最强烈的

---

[1] 少变是指有法的规定，多变是指权谋术。换句话说，就是"下面的百姓要纯真质朴，而上面的统治者要狡猾机敏。"

[2] 内容出自《商君书·去强》。

反战主义者——墨子。

老师您把那些攻击别国的行为，看成是比偷窃别人家畜还要恶劣的行径，您还批判说这是损人利己的行为。如果理解老师您的兼爱主张的话，不要首先攻击别人的"非攻"主张就自然浮现于心头。将别国看成是自己的国家，就不会去选择攻击了。但是现在是战国时代呀。我要是没有力量，别人就会侵入；我要是没有行动，别人就会先占领据点对我进行威胁。虽然我也对不攻击别人的前提设定持肯定的态度，但是，还是不能不考虑当前的损失和利益呀。老师您是守城的专家，您的观点与商鞅相反，认为攻击性战争反而在事实上是一种损失，那么您的根据是什么呢？您能说说攻击战的实际损失吗？

墨子：我先说说古今战争的实际情况吧。[1]看看如今那些王公大人和天下诸侯所采取的行动吧。他们一定会用勇猛的战士（爪牙之士）来整顿队伍，率领乘坐战船与战车的队伍（卒伍），给士兵配备坚固的盔甲与锋利的兵器，然后去讨伐那些无罪的国家。他们越过国境线，获取谷物，砍伐树木，摧毁城郭，填满壕沟；他们大肆斩杀家畜，烧毁别人的祠堂，杀戮万民，使其身首分离，推倒老弱之人，掠夺贵重物品；使士兵们在战斗中扭打、呐喊。

"用死亡来遵照命令为最上，大量杀敌为次之，负伤则为再次之。离开队伍逃跑要自承后果，这样做的人即使是处以死罪也无可饶恕（罪死无赦）"。

他们用这些话来镇住军士们。

作者："杀戮万民、扳倒老弱"，从这些话中，我如切身般感受到了战争的惨状，指挥官们的威胁也犹如在耳边萦绕。他们并不是因为喜欢战争，而是因为法律不得不参加战争。

墨子：现在请想一下出兵的事情吧。冬天出兵则寒气逼人，夏天

---

[1] 下面墨子所说的话主要概括自《墨子·非攻》。

率军则暑气逼人，春天出兵，则荒废了播种耕地、培植树木的生计，秋天出兵则荒废了秋收。即使只荒废一个季节，也会令百姓毫无收获，饿死的人便会不计其数。

打仗时要用战车、刀枪、弓箭、盾牌、旗帜、帐篷这些东西，又有多少是用完就带回来的呢？所骑坐的牛马又有多少死去的？又有多少人拖着瘦骨嶙峋的躯体而回呢？征途遥远，又有多少百姓因为粮食不足而远死他乡？同时，不能经受风餐露宿而倒下的人又何其之多呢？在战场上战死的人多如牛毛，许多时候甚至落得个全军覆没的下场。所以，鬼神们因此丧失后代祭祀的，也多到不可胜数（鬼神之丧其主后，亦不可胜数。）这里指年轻士兵的死去意味着许多家庭的绝后。

作者：那么，荒废国家政事、抢夺百姓所用之物、伤害百姓利益，这些事情如此严重，但是为什么还要攻击别人呢？有些人这么说："我从胜利中获取名声，为了得到别人的利益才这么做。"真的是这样吗？[1]

墨子：现在我们就假定在战争中获胜，来看看利害得失吧。假如去攻击一个四周为三里的内城和七里的外郭。他们可以十分轻松痛快地拿下城池吗？不去动员精锐士卒，不去杀人就能获取城池吗？死得多的话有一万人，少的话也要牺牲三千人才能占领一个三里的内城和七里的外郭。如果是万乘之国的话，其空城数以千计而无法全部住满，土地数以万计[2]而无法全部开垦。因此，实际情况是土地有剩余，而百姓不足。现在把百姓都杀死，使上下都陷入深深的焦虑之中，而去夺取空空荡荡的城池，这便是抛弃不足的东西——百姓，而重视盈余的东西——土地。所以这种方式的政治不是国家所要用力之处。

---

① 墨子本来是采用自问自答的形式，这里换成作者问、墨子答的形式。
② 这里没有说土地的具体单位，"数以万计"就是形容土地十分辽阔。

作者：老师的话十分有道理。不过，战争不断发生，而有些国家通过战争日益壮大。而且在老师您说过的上古明君时代，不也发生过战争吗？那些诽谤您的人这么说："你墨子说攻击征讨是一件不义之事。但原来尧曾征伐有苗（三苗），汤王曾征伐夏桀，而武王曾征伐商纣。这些人都是圣主明君，那么他们为什么还要这么做呢？"他们还说："楚国、越国、齐国、晋国，它们过去都只有区区数百里之地，然后发家，现在却四分天下，请问其原因又是什么呢？"

墨子：我是这样回答的："圣主明君们攻打暴君不能叫作征伐，而是诛伐。"

三苗发生大乱之时，太阳在晚上出现，连续四天下着血雨，沼泽池塘中出现了龙。五谷相互转变，百姓因为恐惧而发抖。所以尧诛伐三苗是为了让天下安定。夏桀和商纣统治的时候也一样。因为他们的残暴，所有奇怪的征兆都出现了，汤王和武王直接听命于上天的号令，诛伐那疯狂之人。这些都和今天的战争是不同的。

好，现在来说说楚国、越国、齐国、晋国的事情吧。过去天子册封的诸侯超过一万人。但是不断的兼并使得现在这四个国家傲立群雄。这就好比医生给了一万多人治病的药，而最后只有其中四个人被治好了。（此譬犹医之药万有余人，而四人愈也。）

作者：老师您说了现在兼并战争的坏处。但是，在天下四分五裂的状态下，不得不进行战争这一点，您却没有提。为了使天下消除战争的战争，那说的便是为了统一而进行的战争吧。这部分是老师您没有大篇幅展开讨论的。

老师，节用是您思想的一根基柱。您主张抛弃没用的东西，增加有用的东西。而在有用的东西中，最有用的便是人了。您能就人口和战争的关联性谈一谈吗？

墨子：想想吧：大人物们不再去收集珠宝类物品或是珍奇异兽，而是去制造衣服、房屋、盾牌、盔甲、五种兵器，以及船只和马车等等的话，这些东西就能增加到两倍了。实际上，这并非什么困难的事情。那么什么样的东西要提升两倍是十分困难的呢？只有人口。不过，要是施行正确的政治，人口也能增长到两倍。古代圣主制订法令并予以公布："男人的年龄到了二十岁，必须得娶媳妇；女人到了十五岁的话，必须得嫁人。（丈夫年二十，毋敢不处家；女子年十五，毋敢不事人。）"

这便是圣主之法，人口增长之道。

作者：要想生小孩，就必须得使家庭安定，还必须好好地养育孩子，不是吗？今天战争中最受伤害的人是谁呢？不正是小孩子吗！

墨子：是的。但是，现如今的王公大人们反其道而行之，使用减少人口之法的也不少。他们苛刻地对待百姓，夺取大量的财物，使百姓所用财物不足，冻死、饿死之人不计其数。另外，大人们还带着军队去攻打邻国，长的话数年之久，短的话也要几个月的时间。因此，男女互相不能见面，这便是减少人口之法呀。许多士兵睡不安稳、不能按时归队，而染病死去的士兵和那些带着武器攻城、在平原上交战死去的士兵也是不计其数。这些不正是当今为政者使用的减少人口之法吗？

作者：听了老师您的话，简单地说，您认为战争扼杀了天下最宝贵的人命，是一件十分可恶的事情。还有，您认为人口本身就是一种国力。那么现在一起听听儒家中荀子的看法吧。荀子可能是儒家里面讨论战争本质最多的人了。

荀子，您好像提携了不少法家弟子呀。韩非子不也曾是您的弟子吗？虽然如此，老师您却反对法家式的战争。先谈谈您的基本看法吧。王者不会打仗吗？

荀子：即便是孔子门下的五岁稚童，也不会去讨论春秋五霸。王者和霸者是不一样的。王者极其贤明却也能拯救愚笨之人，极其强大却也能容纳弱小之人，如果打仗则一定会让敌人陷于危机之中。尽管如此，王者却耻于发动战争，他们毅然实行文治，将其德行治理展示于天下，即使是暴虐的国家也会被感化，如果有挑起灾难的人，便施以诛伐，不过诛伐的情况实在是很少发生的。

周文王有四次诛伐，周武王有两次，周公在完成一次诛伐后，一直到周成王都没有再行一次诛伐。所以，又怎么会道不可行呢？周文王以四方不过百里的土地统一天下；相反，桀纣失道，即便拥有天下的威势，也难逃如匹夫般死去的命运。[①]

作者： 这与墨子的意见有一些相似之处。王者虽然强大，但不会发动无故的战争。现在请您具体说说反对战争的理由。不仅说说霸者和王者的话题，也谈谈强者的故事吧。

荀子： 自古以来，王者夺取人民，霸者夺取友国，强者夺取土地。下面说说使用武力夺取别人土地的坏处吧。

使用武力的人（强者）攻击别国，肯定会与坚守城池、勇敢对抗的军士相冲突。当然，他们希望尽力去战胜这些军士。如此一来，就肯定会对别国百姓造成巨大的伤害，别国之人也就会憎恨他，并希望天天与之战斗。而且战争也会为强者自己国家的百姓带来巨大伤害，而他自己的百姓也会憎恨他，甚至于不想为他去参与战斗。

别国的百姓每日都想与之战斗，而本国的百姓却不想为之作战，这便是强者反倒成为弱者的理由呀。虽然得到了土地，百姓却离开了，自己弄得满身疲惫却少有功绩。需要坚守的地方太多，而坚守的百姓却反而减少了，这便是强国削弱、变小的原因呀。诸侯们表面上装得很亲热，实际上虎视眈眈地想要报复，于是危机的时刻再次到来。所以真正知道变强方法之人（士兵）是不会为变强而出力的，而是听从王命，保存自己的实力、正心修德。由于保全了实力，诸侯们不能使之弱小；因为修德，诸侯不能分割他的土地而将其吞并。如今天下没有王者和霸者，如果遵照这一方法的话，就会百战百胜，这便是强大之法呀。[②]

---

① 内容出自《荀子·仲尼》。
② 内容出自《荀子·王制》。

作者： 老师您谈到了富国与强兵的根本。今天许多人认为正是因为战争，国家才变得强大，但是老师您却主张战争最终不会使国家强大，而是会使国家弱小。现在我们进行总结，我想问的是：儒家所说的兵法，其核心是什么呢？①

荀子： 其核心便是，使用军队出外打仗的根本，在于与百姓合为一体（凡用兵攻战之本，在乎壹民②）。弓与箭不能搭配的话，即使是天下第一的神箭手也无法崭露头角；牵拉马车的六匹骏马如果不合，即使是天下第一的神驾手造父再世也跑不了多远；士与民要是不能亲近相随，即使是商汤周武也不一定能打赢战争。所以，让百姓紧紧相随的人便是善于用兵之人。用兵的核心唯有使百姓相随而已。

作者： 老师，您是说孙武、吴起也是因为有了让百姓相随的方法才取胜的吗？难道他们不是因为重视势和利，采取了使敌人难以预料的虚实战略才得以百战百胜的吗？

荀子： 并不是这样的呀。我所说的是天子的军队呀，也就是王者的军队。如你所说，重视权谋与势力，进行攻击、抢夺，然后变化无常、诡变多诈，这些说的都是诸侯的军队。

天子的军队是不能够有欺骗的。只有怠慢之军、疲惫之军、君臣上下关系松散且无德之军才会去欺骗吧。所以夏桀的军队如果欺骗夏桀的话，可以在骗术的熟练与拙劣之中期待侥幸。但是如果夏桀的军队去欺骗尧的军队的话，就好比以卵击石、以指挠沸、飞蛾扑火。为了如同仇敌般的君主，却去伤害犹如父母的邻国君主，又有谁愿意出力呢？

作者： 不战而胜，说的便是这样的情形呀。老师您说的话，让那些重视权谋和势力的万千兵书瞬间黯然失色。不过，秦国历经四代，一直取胜，其士兵天下无敌的传闻四起，在诸侯间可谓是威风凛凛。

① 这是临武君在赵国孝成王面前问荀子的问题。
② "壹民"经常被翻译成"使百姓成为一体"，但是如果看后文的话，其意思应该是指君主和百姓合为一体。

他们并没有行仁义之事，而是根据情况不同行事罢了，不是吗？ [1]

荀子： 我说的不是在战场上要有随机应变的战斗技术。所谓仁义，是修理政治的方法。政治得以修正，百姓就会亲近君主、喜爱君主，愿意为之牺牲。所以，在军事事务中，将帅之事可谓次要之事。秦国虽四代皆胜，但还是提心吊胆地害怕天下团结起来蹂躏自己，这就是人们所说的末世之军。

秦国自商鞅变法以来，百姓生活紧迫，国家召唤百姓也十分粗暴苛刻，用威势使其害怕，用紧迫使其紧张。然后让天下的百姓熟悉奖赏，用刑罚逼迫他们，以至到了最后一个窘境，那就是想要获取利益只能通过战争这一手段，而别无他法。假使士兵斩获五个人的首级，就让其获得奖赏可以养活自己的五个家人。如此一来，秦国便在长时间里一直在战争中取胜。但是，士兵只为了奖赏或者贪图利益去作战，这完全是零杂工、小商贩的行为（佣徒鬻卖之道也）。

作者： 虽说如此，但不是也有效果吗？

荀子： 人们看着报酬来行事，假如讲得通的话，那么同理，他们如果认为一件事对自己有害的话，就不会去做了。所以，奖赏、刑罚、威势、欺诈这些东西是不可能让人们尽全力去冒死拼杀的。做君主的人在对待下面百姓的时候，如果不是用礼仪忠信，而是将百姓推到奖赏、刑罚、威势、欺诈的窘境之中去获取功绩，那么当大敌当前之时，让他们去守岌岌可危的城池则必然会失败；如果让他们去和敌人交战对拼的话，他们就必然会逃走；如果辛劳且痛苦的话，那么必然人心涣散。而且，在这样的情况之下，下面的百姓反而会起来压制上面的君主。所以，奖赏、刑罚、威势、欺诈这些东西都是打零工、小商贩的行事方法，不可能使大众和谐共处，也不可能使国家繁荣昌盛。因此，以前的人们觉得这样的行事方法十分可耻。

---

[1] 这是李斯提的问题。接下来的答案不仅仅是对李斯问题的解答，还包含了相同主旨的其他语句。

作者：老师您的话有一些启示录的感觉。您虽然无法亲眼看见，但是仅仅几十年后，这些事情都成为现实。①老师您虽没有说，但是却已经论证了攻击和防守在道理上的差别。挑起战争去抢夺东西和土地，国家当然不会如立于磐石之上那么稳固了。

荀子：兼并别国反而十分容易，而使之安定下来，则出奇地困难。齐国虽然吞并了宋国，却未能坚守住，而被魏国所夺；赵国虽然不费吹灰之力，拿下了一个四方百里且有城郭的上党，但是却未能守住，最终为秦国所夺②。国家应该以礼来坚守士，以公平政治去坚守百姓。用礼，则可使士服从于君主；用公平政治，则可使百姓安定，这便是"大的坚守（大凝）"。用此方法，于内守卫则国土牢不可破，于外出征则异常强大；下达号令则行动，下达禁令则停止，由此，王者的事业便完成了。③

作者：真是受教了呀。老师您说的是正义的军队吧。孔子曾说："如果善良之人教导百姓七年，也可以带着他们去打仗了。（善人教民七年，亦可以即戎矣。）"他还说："如果不教导百姓就带着百姓去打仗，就等同于抛弃了百姓。（以不教民战，是谓弃之。）"④他所说的和老师您的话有异曲同工之妙呀。

我们再来看看孟子的意见吧。孟子，在齐宣王和燕国作战五十

---

① 荀子曾预言，秦国在实现统一之后会马上出现一个崩溃的过程。果然，秦国统一仅仅十几年后，六国的百姓无法接受秦国严苛的暴政而纷纷揭竿起义，战国时代秦国本土的百姓也积极响应。

② 公元前286年，齐国趁宋国内乱灭掉了宋国，但是后来宋国的土地又被魏国给夺走了。过了二十六年，也就是公元前260年，秦国攻打韩国，阻断了其进入上党的道路，企图掌控太行山南部。那个时候，韩国上党的太守希望引来赵国军队，所以并未投降秦国，而是将土地献给赵国。由此，赵国得以介入战争，却最终战败。根据《史记》记载，有足足四十万的赵国将士被杀害，而正因为如此，赵国国力几乎消亡殆尽。荀子批评那些趁别国内乱而介入的不当行动和期望不劳而获的态度。荀子想要表达的意思是，他们所获之物转眼之间就归了别人。

③ 内容出自《荀子·议兵》。

④ 内容出自《论语·子路》。

日之后，齐国将燕国军队全部逐出，那时您说："取之，若天下百姓高兴，就取走吧。以前也有这样做的人，那个人是周武王。取之，若天下百姓都不高兴，那就不取。以前也有这样做的人，那就是周武王呀。"王者之军应该去区分取与不取之时吗？

孟子：是的。天时不如地利，地利不如人和。

作者：我理解荀子和孟子两位老师的话了。打仗就必须要先营造出获胜的条件，此后方能与敌作战。聚集士兵，如果只是让他们以斗志和欲望取胜的话，即使赢了也会有受伤和埋怨吧。《管子·幼官》中曾这样写道："指明必胜的道理，则慈爱之人也会拿出勇气（明必胜，则慈者勇）；使兵器锐利无比，则愚钝的人也会变得贤明（器无方，则愚者智）；攻打没有防守的地方，则笨拙的人也会变得精明（攻不守，则拙者巧），这便是道理所在。"

虽然说的并非关于仁义而是实际利益，但是却入木三分，因为他并不是说只靠强法去召唤百姓。

现在，我想请柏拉图老师说说西方的事。柏拉图老师，中国的法家和儒家主要就守卫备防进行了讨论。法家的立场是打造厚厚的城墙，并以强兵坚守；而儒家则站在了法家的对立面，认为并不要什么铜墙铁壁，而是应该上下一心，用人来构筑一道真正的城墙。老师您对守卫时城墙的作用有什么样的看法呢？

柏拉图：我并不信任城墙。用高高的城墙围着都城，也不是什么好的事情，对健康也不利，还容易使住在城里的人养成柔弱的习性。他们不去正面迎敌，而是往城内跑；不去日夜守卫，而是寄期望于城墙的保护。（778e–779a）

作者：我知道了。老师您曾说过侵略战争并不是正义的。但是在遭受侵略的时候，特别是强大的敌人联合起来侵入的时候，该怎么办呢？孟子说只要内部团结就好，但是小国与比本国军队多两倍、三倍的敌人作战的话，这办法可行吗？

柏拉图：有些观点我表示赞同，我觉得需要这样的理想。我们应该熟练作战的技术。如果受到来自两方的侵略，我们就向两国中的一国派遣使臣，直接告诉他们："与你国不同的是，我们并不需要金银。我们并不允许拥有这些东西。所以你们国家如果站在我们这边来战斗的话，就能拥有众多国家所享有的金银了。"

听了这些话，又有哪个国家会待之如肥美柔弱的羊羔？又有哪个国家会去和勇猛精瘦的警犬[①]作战呢？（422d）

作者：可见这是对小国生存之道的洞察之语呀。虽然自己强大，但是仍需要外交。不过孟子他十分强调仁义，我个人觉得，仁义虽能使国家富裕，但是我却担心这不能使人成为勇猛精瘦的警犬，而是变成肥美柔弱的羊羔。当然，羊在保卫自己的时候也会十分勇猛。

最后，我想就作战的规则提问，然后再进行整理。如今在秦国，如果斩下五个敌人的首级就能养活五口人。秦国勇士们的勇猛不输别人，他们把敌人首级标上价钱，您对此有什么看法呢？

柏拉图：这样的报酬果真能唤起斗志吗？我有一个比取首级领奖更温和一点的例子，但其本质是相同的。

胜利之后，将敌人身上除武装以外的东西抢走，这样的行动正确吗？如果这样的行动正确，那么胆小鬼们就不会去追赶还有战斗能力的敌人，而是去掠夺那些还没来得及逃走的敌方战士。事实上，过去有非常多的军队因为这样的掠夺习惯而最终败亡。[②]

为什么呢？掠夺尸体的行为是多么低劣与卑贱呀，而且那些尸体早已是一堆没有斗志的躯壳，却仍被当作敌人看待，这不是和妇

---

① 警犬，在这里指国家的守卫者。

② 柏拉图并没有说是哪场具体的战斗。历史上，在胜利后因为掠夺而失败的军队确实不计其数。据说成吉思汗（Chingiz Khan）的军队在急进或撤退的时候，会将军需品或贵重物品抛掉，在敌人捡拾这些东西而疏于防范之时再进行攻击，并常常大胜。还有一个比较近的例子，万历朝鲜战争的时候，明朝援军曾因为专注于取倭寇首级，而没能正常地应付战斗。

孺一般小家子气吗？这难道不像一条狗，不敢对向它扔石头的人靠近，反而对着扔过来的石头狂吠一样吗？（469c-e）

作者： 当然，秦国的战士并不曾那么卑鄙，不过他们从尸体上取走最重要的东西——首级，却是事实。我还是无法得出结论，因为战国时代，用实际利益来引导战斗的人确实胜率更高。秦国真的很强大吗？还是说因为三家分晋而使的秦国得了福呢？实际上秦国对于那些背叛了它的人来讲，真的犹如一条扑过来的恶犬吗？不管什么时候遇见强大的对方，即使不战也可能露出尾巴吧？"仁义之师十分勇敢"，这句话是否经得起验证，还有待时日。

我认为，如果相信荀子的理论，就还有反转的可能性。看看法家的褒奖规则，其虽有效果却又有反作用。抓住胜利、提升攻势之时，其效果很大，但是当再没有可攻击的地方，或是本国法律之手触及不到的时候，国家就会迅速地崩溃，难道不是吗？胜利的目的如果仅仅是利益的话，就会更加受到对方的憎恶。当然，这一切都非荀子亲眼所见。

攻势可提升十倍，而守势却一败涂地，有许多军队与国家在历史中都是如此。波斯不就是这样吗？所以我有一个问题，国家要扩张到怎样的程度才算好呢？

柏拉图： 以我看来，只有其步伐符合国家的统一性，国家的发展成长就能够被允许，除此之外则不可。（423b）

作者： 吃得太饱的话，便难以消化。柏拉图老师您的话有道家之风。那么，占领那些文化和统治理念都不一样的国家时，其占领速度会有所限制吗？以现有的基准去治理扩张的领土，可以吗？或者迅速成长才成为迅速解体的肥料吗？这所有的问题都交给历史去解答吧。①本章讨论到此结束。

---

① 在讲述战国时代部分的《春秋战国·第七卷·战国七雄》中，将对这些问题一一解答。

会议主持人点评——弓拉到底，则弓弦断

人们常常认为秦国一统六国是因为实施了严刑峻法，但是也认为秦国如此之快地分崩瓦解，同样是因为实施了严刑峻法，这话说得十分有道理。法就好比是一种武装。顶着弓箭射杀的危险，本应活捉敌将之时，却没有装备最好的武装而直接冲进阵地，这样的行为完全就是有勇无谋呀。但是，对于那些穿越山林、跨越高峰、渡过沼泽的远征军来说，要是全身穿上甲胄，带着沉重的刀枪去赶路的话，可能半道上就得全部倒下了。

法家集大成者韩非子为我们展示了典型的法家政治观。他只以法为标准，所以他把那些善于论辩之人说成是口舌之徒，把行仁义之人说成是无用之辈，还把那些不轻易出山的隐士讲成是徒有虚名之人。这都是因为他认为要用强法才能使国家强大。韩非子因为出身于小国王族之家，所以其着急的心理更是展露无遗。

不过，从本质上来讲，人们是讨厌遭到压制的，而最大的压制便是战争了。墨子曾这么说："现在，那些王公大夫想在成为王者之后，使诸侯们归顺于他，但是如果没有道德与仁义的话，将来又靠怎样的手段来实现这一点呢？难道一定得用威胁使其害怕，用威势进行强迫吗？到最后，百姓只有死路一条。百姓期待生存，厌恶死亡，但是他们期待的生活却无法到来，相反，却只有厌恶的死亡接踵而至。所以自古以来，使用那种方法是不可能成为天下的王者的，也不可能使诸侯归顺。他们这些人怎么就不明白推崇贤明之人就是政治根基这个道理呢？"①

墨子认为严刑峻法和人类天性是不能并存的，所以他觉得使用严刑峻法便不可能成为王者。但是，现实中，秦国确实最终统一了天下。所以就有必要区分得天下与治天下时的政治了，这里孔子曾

---

① 内容出自《墨子·尚贤》。

有相关论述。大体上，他认为强法在攻击作战的时候十分有用，但是在防卫守城的时候却有缺陷。孔子认为要想长久维持统治，为政者就必须具备善良、宽容（仁）和通过完整人格实现的庄严（庄），以及为了动员百姓而实施的合理制度（礼）①。

　　柏拉图更进一步地将法与真善美相结合，他的思想算得上是将人类天性作为政治基准的墨子思想，和追求长久繁荣的孔子思想的结合体。柏拉图这么说："快乐、正义、优良，还有美好，不要使其分割，这样的主张至少在使人想过上健康、正常生活的层面上具有说服力。"（663a）②

　　再转到孔子，来一起探讨他关于法和伦理的问题。他认为，法是不可能脱离人情世故的。我们一起来看看孔子和叶公的对话吧。

　　叶公曾这样跟孔子说："在我们村里，有一个叫作直躬的人③，他

---

① 通过智力得到的东西，如果不能用仁义去守卫，即使得到了，也一定会失去。（知及之，仁不能守之，虽得之，必失之。）用智力得到，也用仁义去守卫，但是不赋予其庄严的话，百姓会对其不敬。（知及之，仁能守之，不庄以莅之，则民不敬。）用智力得到，用仁义守卫，并且赋予其庄严，即便如此，如果不按礼仪行动的话，还是有缺陷的。（知及之，仁能守之，庄以莅之，动之不以礼，未善也。）（《论语·卫灵公》）

② 真善美不作分散地融合，可以说成是中庸吗？柏拉图在《法律篇》和《理想国》中无数次地强调中庸。根据他的意思，人类所拥有的最善之政治体制便是处于专制与自由的中间形态："如此进行的选举是选择了一人专制体制和民主体制的中间，国家的体制应该常常保持在中间。因为奴隶和主人是绝不可能成为朋友的。"（757a）

③ "直躬"，可以看作是名字，很是特别；也可以认为是一个非特定名词，指正直的人。本系列书中的第五本里面，就有叶公这个人物的故事，他经营国政的能力十分卓越，而且是有名的大孝子。他的母亲和弟弟同时被困在吴国，后来弟弟丢下母亲独自逃亡回国，这使得叶公从此再也不和他见面。这个故事被记录在《左传》之中。看起来，叶公并不是一个会告发自己父亲罪行的人。楚国曾经爆发过白公胜之乱，白公胜是一个即使拼上性命也要将自己说的话付诸实践的人。而平定此次楚国之乱的便是叶公。他在事件爆发之前看到白公胜，就如此批评他的人品："处事周全是为信，坚随仁义是为勇，非得维护自己说的话就谈不上是信义，故意去冒险也说不上是勇敢。"不管怎样，叶公（本名沈诸梁）可能是故意试探孔子才问了这么一个问题。

的父亲偷了羊，他便上堂作证检举。"

于是，孔子这么回应："在我们乡党①中，正直的人是与之不同的。父亲为了儿子隐瞒（父为子隐），儿子为了父亲也隐瞒（子为父隐），所谓正直，便在其中呀。"②

荀子把儒家和法家综合了起来，可以说做了和柏拉图一样的工作。荀子认可法的作用，但同时也同意法的有限。荀子认为法律应该坚守秩序，如果不是到了不能坚守人类本性的地步，就绝对不能使用法律。

荀子还认为，如果依据公法，就不用顾忌杀人。而孔子却认为施政应该避免杀人。相比之下，荀子的观点和法家更加贴近。③不过，他主张在施政的时候，应从仁义出发，然后再慢慢地施以刑罚。

"马儿受惊而狂奋不已的话，那么坐在车里面的君子就会不安稳；庶民百姓要是为政治而受惊的话，君子的地位也就不安稳。马儿受惊的话，只有让其安静下来；百姓要是受惊，只有施以恩惠给他们。选用贤良之人，提拔正直敦厚之人，复兴孝道，收养孤儿寡妇，帮助贫苦之人，如此的话，老百姓就安于政治了。"④

---

① 所谓乡党，就是指自己村里面的人。
② 内容出自《论语·子路》。
③ 对于贤明的人，不依等级顺序来选用；对于愚笨无能之人，不等片刻而立即罢免；对于元凶首恶，不需教育而立马诛杀；对于普通平民，不靠政令而靠教化。即使是王公大夫的子孙，如果不能施行礼义，也要把他们贬为庶民；即使是庶民的子孙，如果学问渊博，身心行为端正，施行礼义，也要把他们归入卿相、士大夫之列。因此，对于那些散布邪恶的言论、干坏事的人，就要让他们落入法网，安排他们去工作，教育他们，然后静待他们转变（职而教之）。用奖赏去激励他们、用刑罚去惩处他们，如果他们安心工作就留用，不安心工作就流放出去；对所有的残疾人，官府要收留并养活他们，给予合适的工作，要让官府用心解决他们的问题而不抛弃他们；对那些用才能和行动反对现行制度的人，必须坚决处死，决不赦免。这便是如天之德，这便是王者之政。（《荀子·王制》）
④ 内容出自《荀子·王制》。

荀子还把自己的主张具体化，如下：

"初次承担任务、面对百姓的时候，要用道义和变通来应付，要待之以宽容，多存饶恕之心；并且要用恭敬的态度站在他们面前，这是政治的第一步；然后，经分析判断后去辅助他们，这是政治的中间阶段；接着，提拔该提之人，罢免该罢之人，诛杀该杀之人，奖赏该奖之人，这便是政治的最后一步。（临事接民，而以义变应，宽裕而多容，恭敬以先之①，政之始也。然后中和察断以辅之，政之隆也。然后进退诛赏之，政之终也。②）"

按照他的话讲，如果颠倒顺序，从一开始就使用强法的话，百姓不仅不会跟随，反而还会错误地使用法律。如果错误地使用法律，怨恨就会升起，上下便难以团结一心。③孔子说，"不去教导就杀掉他们，这可以说是一种残忍的行为（不教而杀，谓之虐）；不提醒其注意便要其成功，这是一件残暴的事情（不戒视成，谓之暴）；迟缓地下达命令却又追赶期限，这便是作恶呀（慢令致期，谓之贼）。"④这可以说是大一统的秦王朝最终没落的预言。原因如下：第一，崤山以东的百姓发动了反秦的起义，这是因为不熟悉秦法之人，却被迫一律按照秦法来行事，因此他们站了出来。第二，因为秦朝不考虑战时的情况如何，只根据胜负与否来论赏罚，所以将军们如果遇到战况不利的情况，与其回国受罚，不如投降，倒戈回击。带领秦朝

---

① 这里的"先之"有先导的意思，也有把其放在前面的意思。我们这里采用后者。
② 内容出自《荀子·致士》。
③ 下面《论语》中出现的两句话，可以说是荀子所主张施行的政治秩序的原型："君子在获取信任后才会驱使他的百姓，没有信任就去驱使百姓，则会使自己十分痛苦。（君子信而后劳其民，未信，则以为厉己也。）"（《论语·子张》）
　　"驱使百姓的时候要像举办一场大的祭祀活动一样小心，自己不想要的事情，就不要把它放到别人的身上。（使民如承大祭，己所不欲，勿施于人。）"（《论语·颜渊》）
④ 内容出自《论语·尧曰》。

主力部队平叛的章邯也正是因为这个原因投降了项羽的农民军。最后，使秦朝没落的农民起义到底是如何产生的呢？因为雨季，陈胜、吴广无法如期完成任务，被当场判罚去边疆做苦役，因此便揭竿而起了。没赶上时间就得被处以刑罚，这就是当时的法律，正因为如此，即使是去边疆做苦役也无法准时到达，还是死路一条，于是起义便爆发了。

所以，运用法律之时，必须让其符合人类本性，对顺序和强度有所调节。在这个层面上，《管子》扮演着儒家和法家的平衡者角色。《管子》认为君主应该使用法家之术，警惕那些拉帮结派的大臣。这些大臣"聚集全国的士，让他们成为自己的私党，利用公道谋取私利（行公道以为私惠），在君主面前互相推崇，在百姓面前互相赞扬"。这些都是削弱君主权力，破坏国家的做法，所以是国家的危险。

不过，普通百姓不会首先去顶撞严刑峻法。

"圣主明君在教导百姓的时候，要用仁义去使其各就其位（以仁错之）①，用廉耻来驱使他们（以耻使之），帮助其做好事情，不过，一旦成功后就可以停止（修其能，致其所成而止）。"所以说，"坚决而安定，肃静而得治，平安而尊贵，有举措而不朝令夕改，这便是圣主明君之道呀。（绝而定，静而治，安而尊，举措而不变者，圣王之道也。）焉能以刑峻法适用于普通百姓？"②

连水沟都跳不过去的人肯定是一个傻子。不过，要说越过泰山，却是至今也没有人做到过。

---

① "错"的本意是模糊，其本身也有放置的意思，所以这里解释为"使其找到自己的位置"。
② 内容出自《管子·法禁》。

第 3 章

战国时代的阶级
斗争——墨子与
荀子的礼仪之争

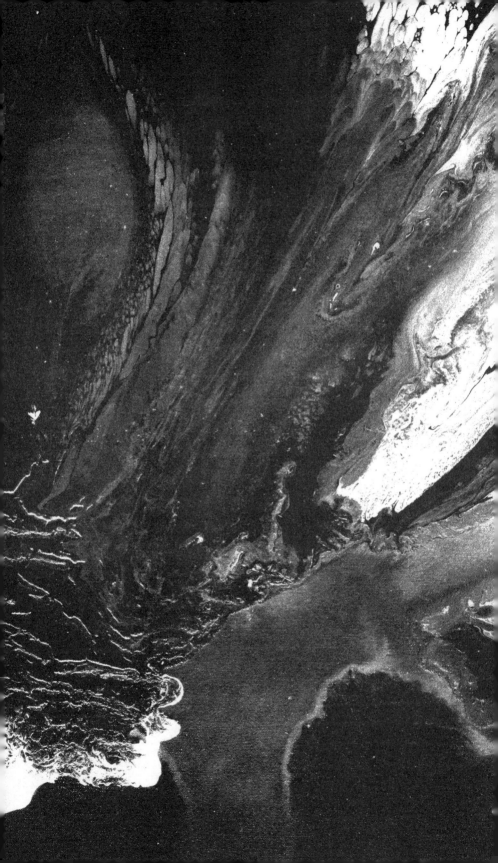

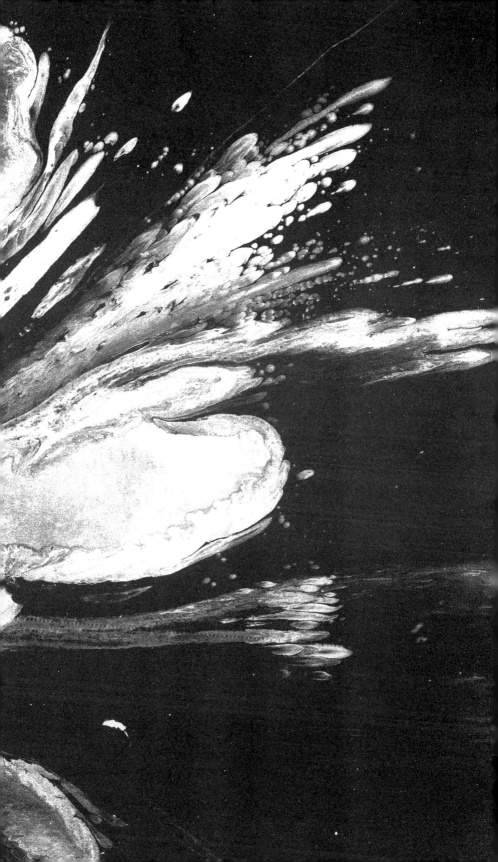

礼的本质是什么？仪的本质又是什么？说到礼的本质，也许大家会产生这样的误会，认为它和韩国朝鲜时代的礼讼论争一样，是一种与现实相去甚远、陈旧迂腐的高谈阔论。但战国时代有关礼的论争却是对历史与现实情况的直接反映。礼的论争一般会遭遇到一些比较尖锐的整体性社会问题，而且这些问题都是围绕礼来展开的，比如"应如何看待以君主为中心的身份制度""各阶层之间的财物应如何进行分配""各阶层之间的义务和权利是具备相互性还是单一性"，以及"礼节作为统治的根本原理，其意义何在"等。如果进行公式化的描述，以墨子为首的改革派说保守派"口中所说的礼不过是固化差别与剥削的手段罢了"，以荀子为首的保守派则反驳说"如果没有礼的存在，秩序便会倒塌，而秩序的倒塌则会给普通百姓带来十分严重的伤害"。这虽然是来自朴素的古代表达，但它完全不逊色于今天进步派和保守派之间的论争。因此，礼的论争，简而言之就是阶级斗争。

荀子谈及的是礼的含义，而墨子却以存在的本质来回应他的问题。孔子区分出义与利，墨子则以义的本质回应。从历史的角度来看，礼是以防止混乱的名义被创造出来的，却逐渐变成了固化差别的一种手段。墨子敏锐地洞见到了礼所具备的阶级含义，因此，这一次是最保守的身份论者——荀子与最具革命性的平等论者——墨子之间的一场碰撞。今天，虽然是这两位老师在道德本质的基础上所进行的一次对决，但主人公还应该是墨子。尽管他具备一些特定时代的倾向，但墨子的思想一直流动在中国社会的底层，代表了底层人们的需求和声音。

　　墨子是谁呢？我在这里不做说明，大家直接听听他说的话，会更加直观。孔子主张"君子喻于义，小人喻于利"[①]，而与孔子形成对比，墨子是这样说的："义，利也。"[②]

　　墨子就是这样的人。相反，与在前面章节中登场的辩论家孟子相比，荀子是个更加具有逻辑性的人。他主张只有差别的存在才能使人类实现共存。

---

① 　内容出自《论语·里仁》。
② 　内容出自《墨子·经说》。

1. 礼数的本质：秩序的钥匙抑或差别的束缚

作者：孔子说"恢复周礼"，荀子则主张学问止于礼[①]。如果从周朝的全盛期出发去考虑，那么其含义应该是主张恢复那个时代的秩序吧。

墨子，也许您并不愿意，但我们还是从孔子开始聊吧。子张问孔子："是否可以知道十世以后的事？"孔子回答："商朝继承了夏朝的礼仪制度，所增加和减少的内容是可以知道的；周朝又继承了商朝的礼仪制度，所添加和废除的内容也是可以知道的。将来还有继承周朝礼仪制度的，即使是一百世以后的情况，也是可以知道的。"由此可见，孔子一直把礼看作是历史的一大主题。因此，他为了向世人展示"何为礼"，才完成了《春秋》一书。而孔子为《春秋》一书所确立的执笔原则就是"述而不作"，这基本上是他对这种尊重前人制度的态度所给出的总体评价。

---

① 书为《礼》或《周礼》。

墨子: 儒子说:"君子循而不作"①。

我一定会这样回答:从前,羿制造了弓箭,仔做出了铠甲,奚仲创造了马车,巧垂发明了船只。那么,是否就可以说,如今仿照从前这些方法制作弓箭、处理皮革、制作马车的人都是君子,而最早发明创造出这些物品的羿、仔和奚仲等人就是小人呢?

况且,现在我们因循的这些东西必然是某些前人所创造出来的,如果把那些全新方式的倡导者称作小人的话,那么今天还在因循这些的我们岂非也都成了小人。(且其所循,人必或作之;然则其所循,皆小人道也。)②

作者: 那么一言以蔽之,您是说,所谓儒家,都是固守过去的一群人。您确信,无论技术还是思想,都是靠着历史进步而实现发展的。您也许是由于出身的原因,往往会比较崇尚今天现实中所呈现出的效果,或者说是实质。那么我很想问一下老师您的实质性出发点又是什么呢?

墨子: 君子作战,阵势固然重要,但必然以勇敢为本;办丧事,礼仪固然重要,但必然以哀痛为本;做官,才识固然重要,但必然以德行为本。所以,若立本不牢,则难以使枝节繁盛;若身边的人都不能亲近,就难以招徕远方之民;若亲戚尚不能使之归附,就不必去想接纳外人;若做一件事情都有始无终,就不必奢求从事多项事业;若对一件事物尚且搞不明白,就不必追求广见博闻。所以,先王治理天下,必定要先明察左右,而后才招徕远人。③

行动的基准到底是人还是天

作者: 墨子曾经说过,需要被重视的是根本,而不是那些细枝

---

① 与"述而不作"的意思相同。"述"是描述之意,也有模仿、效仿之意。模仿、效仿是指不做修改,原样叙述。
② 内容出自《墨子·非儒》。
③ 内容出自《墨子·修身》。

末节。首先，我想问一下什么是礼的根本。而要开始讨论这个内容，我想首先应该有一个基准。那么，什么才能成为礼的基准呢？下面从荀子开始发言吧。

荀子： 礼有三大根本，天地为生命的根本，祖先为人类的根本，老师是治理的根本。如果没有天地，则不可能有众生；没有祖先，则不可能有人类；没有君主和老师，又哪里来的所谓治国呢？这三者中缺少任意其一，人类就会失去安定。而礼是上奉天，下供地，讲求尊重先祖，敬重君主与老师。所以，这三者也正是礼的三大根本（是礼之三本也）。

作者： 荀子主张治国的根本一直都是礼，礼又是以天地、祖先、君主和老师为根本的。墨子，您怎么看呢？您同意荀子提出的基准吗？

墨子： 好，什么可以看作是治国的法道呢？是不是所有人都以父母的行为作为法道就可以了呢？这世界上为人父母的人很多，但是其中真正贤明的人凤毛麟角。那么，把父母奉为法道的做法，等同于把不贤的存在当作法道，可谓是不贤之法。既然是不贤之法，那就不能称之为法吧。

那么，所有人都把老师的学问奉为法道又如何呢？天下为别人传道授业解惑的人众多，而真正贤明的却少之又少。也就是说，以老师为法道等同于以不贤的存在作为法道。那么以君主为法道呢？普天之下行君主之事的人很多，但真正贤明的却很少。所以，父母、老师、君主，这三者都不能作为治国的法道。对于法道，我是这样说的："以天为法就是最好的（莫若法天）。"

天道的运转恢宏广阔且毫无私心（天之行广而无私），它的恩施深厚而不卖弄炫耀（其施厚而不德），其光亮久远而不衰。[1]

作者： 您把荀子所说的礼的根本内容全部否定了，也是对儒家所

---

[1] 内容出自《墨子·法仪》。

说的君师父一体观点的反驳。您的意思是说，顺应天意使其向有利方向发展，充满爱的人就会得到老天的垂爱，而妨碍别人的人就会受到老天的惩罚。也就是说，构成儒家基准的先祖或君王和老师都不过是在谬误中显露出来的人类罢了，并不足以成为儒家所说的礼的基准。荀子，您对此有何看法呢？

荀子： 天道与人道是不同的，比如，过了祈雨祭，不该下的雨就会洒落下来吗？这个世界如果治理得当就安定，反之则会混乱，这些也全凭天意吗？

天道运行是遵循一定法则的，它不为圣君尧而存在，也不会因为暴君桀而灭亡。（天行有常，不为尧存，不为桀亡。）天上自有既定的道，地下自有其既定的数，而君子自有其既定的规矩。（天有常道矣，地有常数矣，君子有常体矣。）①天道的运行与人无关，而人也只要做人应该做的事情即可。那么能否将天道之事与人之事结合起来想呢？②

作者： 墨子认为，拥有一定局限的老师或父母无法成为法道的基准，而应该以天道作为基准；荀子则认为，由于天道与人道不同，因此人只要遵循人道就可以了。既然墨子提到了本质内容，我们也来听一下荀子的具体礼法理论吧。

礼节是粉饰门面还是去伪存真

作者： 礼节是什么？为什么要有礼节？礼节是从何而来的呢？

荀子： 人的欲望是与生俱来的，既然有欲望，所以当欲望无法得到满足时，就不得不继续追寻和争取。既然去追寻和争取，如果没

---

① 从上下文来看，所谓道、数、体分别是指天、地和人类运动的基准。古希腊时代，人们曾经试图用数来展现天体的运动。特别是所谓的体，它被赋予了"根本、范例、道理"等含义，在《诗经》《尚书》《淮南子》等著作中一般也都被用作"根本、范例、道理"来讲。

② 内容出自《荀子·天论》。

有法度和限度，就不可避免地会出现争执，争执一起就会使人陷入一种混乱的状态，而混乱便会导致结局无法收拾。先王圣主因为不喜欢这种混乱状态，就用礼节（高低贵贱）进行区分（故制礼义以分之），由此来培养人的欲望（以养人之欲），满足人们所追寻的东西（给人之求）。如此，欲望就不会让事物陷入无法收拾的地步，事物也不会屈从于欲望，两者形成相互支撑、共同成长的关系。而礼节正是由此而诞生出来的（使欲必不穷于物，物必不屈于欲。两者相持而长，是礼之所起也）[1]。

因此，所谓礼节，是培养出来的，美味的食物是用来调养嘴巴的（养口），香气是用来调养鼻子的（养鼻），雕刻和图案是用来调养眼睛的（养目），好听的音乐是用来调养耳朵的（养耳），而好的房间和座位是用来调养身体的（养体）。

作者："所谓礼节，表面看是抑制，本质却是培养""礼节是使欲望与事物，也就是使财富实现平衡的状态"，这些表达都是十分含蓄的。礼节来自于培养，针对这一含义，我们再来听听其他人的意见吧，比如有人认为克制欲望就是培养欲望，这句话乍看起来是自相矛盾的。

荀子：君子喜欢在得到已经培养好的东西之后对它加以区别分类（好其别）。区别分类指的是什么呢？就是贵贱有等级，长幼有次序，贫富有轻重。

天子所用的画着龙、飘着九条穗儿的旗帜是为了培养信义（信），装饰和道具是为了培养威严（威），马匹一定要驯服之后再骑，这是为了安全（安）。

谁知道作为臣子为守节操而将自己置于死地反而是养生之路？（孰知夫出死要节之所以养生也？）谁知道先投入钱财是保养财富之

---

[1] 既得不到欲望本身所要的那么多，也不是欲望本身想要多少就能得到多少，而这个时候就是欲望得到"适当"节制的状态。

道？（孰知夫出费用之所以养财也？）谁知道恭敬和谦让是保住安逸的方法？（孰知夫恭敬辞让之所以养安也？）谁知道礼仪和条理是用来调养情操的？（孰知夫礼义文理之所以养情也？）

所以，如果人只为真实而活，就一定会死；如果要用真实来获取利益，就一定会遭受损失；如果把偷懒当作是安逸的状态，就一定会面临岌岌可危的情势；如果认为满足自己的性情是一种享受的话，就一定会走向灭亡。因此，如果人能遵守礼仪，和它保持一致，那么就能性情与礼仪同时兼得；而放任性情且任其发展，则两者都会失去。所以，儒家是要让人们能同时拥有这两者的，而如果遵循墨子的主张，则会同时失去这两者。这就是儒家与墨家的区别。①

作者：现在荀子的态度很强硬，他认为，依据墨子的理论，会同时失去性情和礼仪。差别只是礼仪的表象，差别本身就是秩序的意思。孔子说，"战胜自己，回归礼仪，这就是仁（克己复礼为仁），早一天战胜自己回归礼仪，天下就都归于仁了。所以，施行仁义不在于别人，而恰恰在于自己。"②这个道理也是通的。荀子您的意思就是说，通过礼仪反而可以归于本性。在听墨子的反驳意见之前，我们想先听您说一下个人适应礼仪的过程。

荀子：干、越、夷、貉等部落的儿子们刚生下来时哭声虽然相似，但长大以后习性却各自不同。这正是因为所接受的教育不同。（干、越、夷、貉之子，生而同声，长而异俗，教使之然也。）

学问从何而始，又在何而终呢？其方法就是从《诗经》和《书》开始，读到《礼》即结束；其含义就是从成为书生开始，到成为圣人为止。《书》是正史的纲纪，《诗经》是正确的声音所到达之处（中声之所止）。《礼》是法的大原则，是许多群体的纲纪。（礼者，法之大分，群类之纲纪也。）因此，学问到达礼而方止。

---

① 内容出自《荀子·礼论》。
② 内容出自《论语·颜渊》。

如果想要探寻先王的智慧，寻求仁义的根本，礼仪才是到达真实的捷径。（将原先王，本仁义，则礼正其经纬蹊径也。）[1]

作者： 老师您认为，礼仪的本质是差别，而人类是在礼仪中实现完善的。那么墨子的主张到底是什么，以至于导致荀子一直在不停地非议呢？

墨子： 荀子说礼仪是保养生命的，同时也有差别化的意思。现在，我把过去的事和今天做一个对比，说一下荀子所主张的观点中的问题所在。

从前的百姓在还不懂得如何修建房屋时，只能在丘陵上挖出一个洞穴用于居住和生活，所以经常会被湿气伤到身体。因此，先圣最先搭建出了房屋，房屋可以避免湿气的侵袭，墙壁可以在一定程度上遮挡大风，而屋顶可以防止雨雪的侵袭。

而现在的君主们修建宫殿的方法却完全与此不同，必定是盘剥百姓，从百姓手中抢夺维持生计的财产，然后用这些抢来的东西去修建和装饰他们无比辉煌雄伟的宫殿楼阁。既然君主这样做了，下面的臣子们便也纷纷效仿，于是整个国家如同进入了凶年一般，完全没有能力去顾及寡妇和孤儿，导致国库亏空、民不聊生、生灵涂炭。

那些不为抵御严寒和酷暑、完全不轻便、只是毫无用处地一味强调奢华和色彩的衣服，那些即使坏掉也永远吃不完的山珍海味，还有那些既不轻便结实、又毫无意义地加以繁复雕刻和装饰的大车和大船，都是同样的道理。正因为这些百无一用的东西的存在，剥夺了百姓的时间和气力，导致他们挨饿受冻。

作者： 老师在刚才的发言中指出了一些礼仪在现实生活中所展现出来的弊端，即礼仪成为当权者们满足自己无限私欲的手段，帮助他们垄断了大部分财富，另外，荀子所说的"保养百姓生命"的效用也完全没有发挥出来。反而是百姓由于这些执政者粉饰门面的需

---

[1] 内容出自《荀子·劝学》。

求而身陷衣食不保的境地，进而变得性情奸猾。由此可见，墨子对于礼仪的观点与儒家是完全不同的。儒家认为，即使为张罗仪式而消费掉一定的财富，也仍然可以确保百姓衣食无忧。相反，墨子则认为，礼仪作为非实质性的存在，只是粉饰门面，或者说是一种盘剥的手段。

墨子：再举个更极端的例子吧。看一下现在世界上那些还没有找到另一半的人吧。自古以来，天地之间，四海之内，天与地的情、阴与阳的调和从来都没有消失过，这是至诚之人也无法改变的事实。

诚然，上世的某些至诚圣王也曾经有过私下使唤的女人，但还保持在无伤大雅的程度。如此，百姓就没有怨恨，没有被锁在宫阙之内的女人，宫阙之外也没有找不到老婆的男人，自然天下百姓的数量就会越来越多。

但是今天的君主增加私下使唤的人，以至于在国土广大的国家里，关在深宫之内的女人会有上千名，而国土狭小的国家也会有几百名。如此一来，普天之下找不到老婆的男人比比皆是，而被锁在宫阙之内没有丈夫的女人也会数不胜数。这些人全部都失去了与人相爱的机会，天下的人口自然就会随之减少，如果君主真心希望百姓的数量能够增加，就得减少私下使唤的女人的数量。

作者：我非常肯定老师您对于男女自然交合所持的极致尊重的态度。如果不能确实地遵循阴阳的法则，那么势必会出现很多被迫成为单身汉或老姑娘的善男信女。君主如果开了先河，下面的臣子就会仿效，而最后，整个国家就会出现女人数量不够的情况。君主们打着讲究礼仪、礼节的旗号，而召唤诸多女人服侍，这实际上是一种危害天下的行为。这当然也不符合人的礼貌和宗旨。

墨子：简言之，吃、穿、住、行，以及在使唤人这些方面，圣人倡导节俭和节制（俭节），而小人则无节制地挥霍（淫佚）。[1]

---

[1]　内容出自《墨子·辞过》。

作者：老师，您的话听起来是在说，战国时代，那些奢侈的君主和统治阶层实际上都是一群被贪欲吞噬的小人之辈。荀子，墨子认为今天所说的礼仪，实质上是一种奢侈浪费的行为，另外，礼仪不仅不能保养生命，而且会杀害生命。当权者们与普通百姓的生活有着天壤之别，这真的是理所当然的吗？

荀子：上下必须有所区别。一般来说，高贵就成为天子，富有就坐拥天下，只要是人，都会渴望拥有这些。但是，如果所有人都只着眼于满足自己的私欲，那就不会被时代大趋势所接纳；而如果一门心思地想变成富人，也终将无法承受那些贵重财物。因此，先王才会创造出礼仪来进行区别划分（故先王案为之制礼义以分之）。分出贵贱等级，保持长幼有序，区分智慧贤明之人与愚蠢粗鄙之辈，以及分辨能力出众者与无能之辈。只有这样，才能把所有人都放到适当的位置上，然后区分出俸禄的厚薄多少，这才是确保很多人能够同时和谐共存与共生的方法。所以，善良的人处在上位，农夫全心全意地耕种田地，商人开动脑筋使货物流通运转起来，各种工人竭尽全力打造器物家什，从士大夫上至公侯，每个人都会竭尽仁厚贤能去完成自己的工作，如果能实现这些，则可以称之为极致的公平（至平）了。[①]

作者：好。老师您强调了分别与自律，以及欲望的调整和协调。自律与协调是柏拉图老师特别着重强调的品德，那么柏拉图老师，您对此有什么看法呢？

柏拉图：所谓自律，准确地说，是一种秩序，是对某种欲望或快乐的状态的控制。所以，人们经常用"自己要做自己的主人"等话语来表达这种自律。（430e）

自律的确是和谐的一种。勇气和智慧分别可以使我们变得勇敢和贤明，但它们只能在特定领域里才能发挥作用。而自律则不同，

---

① 内容出自《荀子·荣辱》。

它与所有领域都息息相关。自律打造出一种和谐，这是最强者、最弱者以及处于他们之间位置的人之间的平衡。而脑力或体力，数字或金钱等，所有这些方方面面都适用于自律。因此，我们可以这样理解自律，针对谁来统治和管理这个问题，无论是至高无上的国家还是地位显赫的个人，自律能够在优秀者和极差者之间打造出一种自然的、全体一致性的协议状态。（432a）

作者：柏拉图老师区分出优等和劣等，并主张两者之间的一种协调，而这一点正好与荀子的观点不谋而合。老师您所说的自律的表现形态，用汉字来解释就是"礼仪"，所谓"克己复礼"，就是"克制自己，回归礼仪"的意思，和自律的意思完全一样。那么，作为社会的统治者，其接受评判的标准就应该是自律，也就是礼仪了。可是，荀子主张人与人之间因为有了礼仪才开始产生差别化，我感觉这似乎和您的观点没有什么明显差别。

好，我再来分析一下荀子的观点。老师主张的核心内容是差别，实际上就是公平，对吧？那么有的人，即使你把天下当作俸禄捧给他，他也觉得不够；而有些人，即使你只给他一份看门的工作，他也不会觉得有任何不被重视的感觉。因为每个人都是依据自己的能力去做相应的事情。

荀子：是的。人，之所以为人的理由是什么呢？就是懂得辨别。辨别与分配——各自分担确定工作——相比并没有什么更大的东西，分配与礼仪相比也没有什么更大的东西，礼仪与从前的圣王相比也没有什么更大的地方。如果圣王有一百位，那我应该追随谁呢？我一定会说跟随后王——时间上最接近自己的圣王。如果想探寻圣王的足迹，就应该从后王开始。如果抛开距离今天最近的后王，而去探讨上古时代，这相当于抛弃了自己的君主，而去侍奉别人的君主。五帝时期之前的事流传至今的很少，很多都不得而知，但是周朝的事却被非常详尽地记述传承了下来。一定要先了解近期的东西，才能去推定和演绎很久以前的事情。①

作者： 针对墨子强调的将上古时代的圣王作为参照标本的主张，您刚刚给予了有力的反驳。而且您已经多次强调了差别这个概念。差别是秩序的源泉，但也是一种首尾一致的论理。

差别是秩序的基础还是混乱的开端

作者： 墨子，您能否从混乱和治乱的观点出发，为我们说明一下我和他人，或者说上和下的区分呢？您在前面的章节中给大家的感觉是您对差别化基本持否定态度。

墨子： 大家可以仔细观察一下，一般混乱会发生在什么地方？那就是人与人之间不相爱的地方（起不相爱）。身为臣子和儿子，不能对君主尽忠、不能对父亲尽孝，这就是所谓的"混乱"。儿子不爱自己的父亲，通过残害父亲来获取自己的利益；弟弟不爱哥哥，通过伤害哥哥来使自身受益；臣子不爱自己的君主，通过伤害君主来实现自己的利益。

反之亦然，父亲、哥哥和君主残害自己的儿子、兄弟和臣子，以此获取自己的利益，这也是一种混乱。发生偷盗的事情，士大夫们轻视别人的家庭，诸侯攻打其他国家，这些都是出自相同的缘由，都是心里只有自己的家庭、家族和国家，而不懂得去爱别人，所以才会做出这种伤害别人，从中获取自身利益的事来。

作者： 儿子应当对父亲毕恭毕敬，大家都是这么说的，但是老师您刚才说，反过来，父亲对儿子也有同样的义务。这样一来，父亲和儿子之间就不是差别化的关系，而是相互关爱的关系了。那么，您是否可以给大家讲一下解决这种混乱状态的良策呢？

---

① 内容出自《荀子·非相》。墨子主要谈论的是上古时代的圣王，这虽然是出于他的理想倾向，但同时也是为避开儒家对他的攻击。墨子曾经苛评儒家是"乞讨为生的丧家乞丐"，这是由于儒家是周礼方面的专家。荀子对墨子的这种态度是认可的，所以才会这样说。

墨子：如果每个人都能把别人的国家当作自己的国家来看待，把别人的家庭看作自己的家庭来爱护，把别人的身体当作自己的身体来珍惜，天下就不会再有灾难和混乱出现。但是，如今天下的正人君子（士君子）都说"这一点实现起来非常困难"，这是因为只有他们不知道相互关爱这件事的好处，也不明白其中的缘由。

作者：像爱护自己一样爱护别人，这听起来的确不是一件容易的事。

墨子：这真的是完全不可能实现的事情吗？那种攻城略地，在旷野里杀身成仁之后扬名天下的事，其实是老百姓都讨厌的事情。即使是这样，如果君主很喜欢，那么将士和普通百姓也能做到。但是，如果是这样就说我们没办法做出相互关爱、相互受益的事情吗？其实能够去关爱别人的人也会被别人所关爱，而厌恶别人的人也终将被别人所厌恶。

举个例子说明一下。从前，晋文公很喜欢穿着朴素的儒生，于是他的臣子纷纷效仿。楚灵王很喜欢腰肢纤细的书生，于是大臣们每天只进一餐，系紧腰带，过了一段时间之后，竟然有因节食而饿死的人。越王勾践喜欢勇气过人的书生，他曾经为了教导这些书生而做过一个试验，用火将一艘船点燃，然后大喊"我们越国的宝贝都在这艘船上"，然后自己边击鼓边鼓励书生们跳进大火里抢救宝贝，书生们听到越王的话，纷纷硬着头皮跳进火海里，因此丧生的人超过了百人。

每日只进一餐且穿着粗陋，或者牺牲自己的身体，只是为了扬名立万，这些对天下的百姓来说是十分为难的事情。但是因为君主喜欢，所以百姓也就只有勉为其难而行之了。

作者：老师的意思就是如果你我都能摒弃差别化，相互关爱的话，就没有理由互相攻击和互相伤害了，但是"相爱"和"不伤害"看起来像是同义词呀。如此，怎么做才能实现互相关爱呢？这才是问题的关键所在。老师您认为，如果上面开始带头，以身示范用相互关爱来替代相互伤害，那么下面的人也就没有理由不跟从和效仿了，而且您还说先王们都曾经亲身实践过，但我们仍旧没办法感同身受。况且，又有哪个位高权重之人，会喜欢粗陋的衣服和食物呢？所以，天下的书生们一直在不断攻击老师您提出的主张，即用一体化代替差别化的观点。他们是这样说的："这样固然好，但是到底要如何来运用这种方法呢？"

墨子：我明白，但是我想我会这样回答："如果真是无法得以运用的东西，我也不会抱以希望了。但如果真是个好方法，那又有什么不该加以运用的理由呢？"

我来举个例子。现在有两个书生，一个书生主张差别化（执别），另外一个书生主张一体化。主张差别化的书生这样说："怎样才能像对待我自己的身体一样珍视朋友的身体呢？如何将朋友的父母视作自己的父母呢？"

另外一个书生这样回答道："我听说，普天之下的高人书生都会视朋友的身体如自己的身体，视朋友的父母如自己的亲生父母。"

主张差别化的书生即使看到朋友快要饿死了，也不会给他吃的东西；即使看到朋友在寒风中瑟瑟发抖，也不会给他披上一件衣服；即使发现朋友身患重病，也不会伸出援助之手帮他一把。但是，主张一体化的书生却把发生在朋友身上的不幸，看作是自己遭遇到的不幸。

那么我现在要提问了，身披铠甲、头戴盔帽出战迎敌的战士，或者是跋山涉水出使巴、越、齐、荆的大夫，他们都是无法预判未来的人，那么他们该把自己的妻儿和父母托付给谁呢？

作者：如果是我，当然会托付给和自己相互关爱的朋友。

墨子：是吧？即使是天底下最愚蠢的臭小子，或是家庭妇女，都会毫不犹豫地选择托付给予自己相互关爱的朋友。即使是批判一体化是错误的人，也会把自己的亲人托付给倡导一体化的人，其实他们所说的和所做的是完全相反的。

那么君主会有不同的情况吗？现在有两位君主，主张差别化的君主说："我怎么能将万民的身体当作我自己的身体一样去珍视呢？这与天下的实际情况太不相符了。所谓人生这种遥遥无期的存在，如同四马大车挤过一道墙缝一样，是一件无可奈何的事。"但是，主张一体化的君主却是这样说的："我听说，普天之下的明君都是优先考虑万民的身体，然后才会照顾到自己的身体。"

所以，主张差别化的君主任凭他的全体百姓饥寒交迫、衣不遮体、病入膏肓，甚至濒临死亡也无动于衷。但是主张一体化的君主会给饥肠辘辘的百姓送上食物，会为衣不遮体的百姓披上衣服，会照顾被病痛折磨的百姓，会为不幸死去的百姓举行葬礼并使之入土为安。

斗胆问一下，如果今年传染病肆虐，百姓尽管做出了各种努力和挣扎，但还是无可挽回地陷入了饥寒交迫的境地，而且被扔在水沟里濒死的人早已不计其数。面对这种状况，你会选择这两位君主中的哪一位呢？无论是天下最愚钝的男人或女人，还是一直对一体化持批判态度的人，都会毫无疑问地选择主张一体化的君主吧。

作者： 就算是这样，全天下的书生中，仍旧不断有人站出来批判老师主张相互关爱的观点，他们是这样说的："兼爱是仁善和正义的（兼即仁矣义矣），但是这种做法要如何去实施呢？如果要对一体化这个概念做一个类比，那么相当于夹着泰山跳过长江和黄河（挈泰山以超江河）。一体化的概念确实期望实现这样的目的，但是又有什么实现它的方法呢？"

墨子： 我会这样回答："挈泰山以超江河的人，自古以来就没有过，但是兼相爱和交相利是先辈的六大圣王①亲身践行过的事情。"②

作者： 老师所言一向十分谨慎，但在我们听来，您的意思是指，

---

① 此处指尧、舜、禹、汤、文王、武王。
② 以上内容出自《墨子·兼爱》。

其实从前的圣王所实践过的事情并不是在揭示礼仪，也就是说，他们不是为了表达差别化，而是在施与关爱。但是，现在又有了另外一个疑问，您说过造成混乱的原因是人们相互之间没有关爱，可这不是一个意思吗？混乱应该只是相互之间没有关爱的一种状态吧。我们先把发言权暂时转交给荀子。

荀子：年轻人奉养年纪大的人，贫贱之人侍奉富贵之人（贱侍贵），愚钝之人侍奉贤明之人，这些都是普天之下适用的义（天下之通义也）。有些人，他的威严不能在他人之上，但同时他又认为威严在他人之下是一种羞耻，这其实是所有奸猾之人的共同心理。（有人也，执不在人上，而羞为人下，是奸人之心也。）一边无法跳脱奸诈之人的用心，无法摆脱他们那种行为模式，一边又觊觎享有君子或圣人的名衔，这种妄想就好比趴在地上的人想舔到天，想救上吊的人却去拉他的脚。如此，其游说势必会失败，越用力，就会距离原本的目标越远。所以，君子该弯腰时就要弯腰，该挺直脊背时就要挺直脊背。[1]

作者：墨子提出了反驳，其认为父子或君臣之间的关系并非有等级之分，而是相互关爱的关系。韩非子把跳脱"恰当"身份的行为比喻成"催促正在死去的人快点死"，这种比喻让人忍不住打寒噤，因为他把主张排斥差别化的墨家人士比喻成了杀人犯。不过，荀子您怎么看？不管是职位还是能力，如果不能认可它们的差异性，就彻底没有办法实现世界和平吗？

荀子：是的。如果职位分工相同，则不会有等级差别；如果权势均等，则无法实现统一；大家的权势全部都相同的话，则无法实现地位高的人对地位低的人的役使。（分均则不偏，势齐则不壹，众齐则不使。）就像天与地永远都有区别一样，上与下也会有等级差别，贤明的君王在创建一个朝代的时候就已经建立起了这样的制度。如果

---

① 内容出自《荀子·仲尼》。

142

双方都是权贵，则无法实现相互之间的侍奉关系；如果双方都贫贱，则彼此都无法役使对方。所以，这是既定的法则。权势与地位相同，所期望的和所讨厌的东西便都一样，但财物又不充盈，则势必会导致争端的出现。一旦出现争端，就很容易陷入混乱状态，一旦陷入混乱状态，就会变得更加贫穷。先王正是因为讨厌这种混乱状态，才创造出礼仪，并对职务进行划分（故制礼义以分之），使得贫富贵贱有别，从而使大家实现共生的目标。这就是治理天下的根本所在。《书》中所说的"单纯的整齐其实并不是真的整齐（维齐非齐）"正是对这一观点的支撑。[1]

坚守礼仪的义务：墨子的相互主义 VS 荀子的差别主义

作者： 墨子，荀子以善恶论为依据，否定了您的现实论观点，并且认为兼爱是非现实性的。他所说的天下普遍意义上的义（天下之通义也），某种程度上让人感觉是阶层差别，是一种永远无法改变的宿命论。比如，农夫能轻而易举地学会书生们擅长的事情吗？他们能背诵《诗》和《书》并熟知礼仪吗？中国的汉字是多么难学的东西啊！老师多次阐述要举荐贤明之人并加以重用，这些话听起来完全不适用于农夫呀！而且让人感觉差别化就像宿命一样不可抗拒。

墨子： 运用差别化能不能获取民心？这恐怕只有在财富积累充盈时才能实现。下面我给大家讲一下受到百姓爱戴的君主应具备的基本态度。

一般来说，五谷是百姓供奉君主的方式，也是君主自我供养的手段。（凡五谷者，民之所仰也，君之所以为养也。）因此，如果百姓不再供奉君主，则君主们无法自我供养，百姓吃不上饭，则无法奉养君主。这样一来，人们就不得不在吃饭这件事情上下功夫，不得不在耕种这件事情上付出努力，同时在使用物品这件事情上不得

---

① 内容出自《荀子·王制》。

不有所节制，并保持自律。

五谷全部收割完成，君主的餐桌上就能端上五味齐全的美味菜肴。只要有一种没有收割，那么官员们的俸禄就会减少五分之一，少收割两种，就会减少五分之二，据此推算的话，如果五谷全部没有收成，那么官员们就彻底没有了俸禄，也就只能吃官府仓库里的粮食了。这样一来，国家进入凶年，陷入饥荒的话，君主就只好把自己的锦衣玉食减少五分之三，抛弃掉所有大型乐器，而士子们不能走进学堂，君主也不能再制作新的朝服了。

作者： 您的意思是说，由于百姓作为一种奉养君主的存在，因此君主也应该对百姓遵循"礼仪"。君主应该对百姓的痛苦感同身受（兼爱），要懂得节省和珍惜（节用），依据年份的吉凶来决定俸禄的多少，而这些可以看作是老师您自身理想的一种体现。

统治者所给予的礼仪不应是那种敷衍轻率的，而应当是作为对百姓奉养的一种回馈，同时，还应该展现出一种由上而下的礼数，那便是与百姓同甘共苦的真正体现。看来您看重的不是上下的差别，而是上下的统一，而且您认为这是克服混乱状态的一种方法。

墨子： 是的。每逢风调雨顺的年份，百姓善良仁义，但如果赶上凶年，百姓就会变得吝啬而顽固。难道说只要农民们肯努力就一直会是丰收年吗？从前也有过洪水，有过干旱。禹帝时，洪水连续七年不退，汤王时代，干旱曾经持续了五年。不过，是什么原因使得那时没有发生饥荒呢？其原因在于他们按照农时进行耕种，并且在保养自身方面坚持朴素（其力时急而自养俭也），生产上做到细致周到，而使用上做到节制节约罢了（其生财密其用之节也）。

作者： 老师您十分排斥矫揉造作的东西，那么，与造作形成对比的是实质，也就是一个安定的国家应当具备的实质，对此您有什么要说的吗？

墨子： 粮食是一个国家的宝贝，军队是一个国家的利爪，城池则是自我守护的一种方法（食者，国之宝也；兵者，国之爪也；城者，所以自守也），这三者是一个国家必备的三样工具。所以我要说，君主倾尽国库所有给无功者以巨大的赏赐，给他们置备马拉的大车、衣裘和稀奇古怪之物，让仆人们辛苦地为他们盖起宏伟的宫殿，让他们享受美妙的旋律，死后赏赐他们上好的布衣服、皮衣服和厚重的棺椁，这些无功者活着的时候享受亭台楼阁，死后埋进奢侈的坟墓，而百姓在外面受苦，国库也变得空空如也。这样的国家，遇到敌人侵扰势必溃败，百姓遭遇凶年饥荒也势必难逃死亡的命运。[①]

作者： 老师您完全避开了礼仪这个词，而用实质取而代之。您认为华丽的乐曲、粉饰的马车、刺绣的衣裳，这些都可以称为破坏实质存在的邪恶。其实这些东西都是用来凸显差别化的，因此您应该会否定儒家所说的差别化的礼仪吧。荀子，下面轮到您进行反驳了。

荀子： 从前的先王们把自己的子民分成不同的等级。于是，有些人变得很漂亮，有些人变得很丑陋；有些人被宽厚相待，有些人被刻薄盘剥；有些人过着舒适享乐的生活，有些人却辛苦地硬撑着。这其实并非是为享受毫无用处的华丽和奢侈，而是为了揭示仁的文饰——装饰或仪式，制定出仁的秩序——上下的秩序（将以明人之文，通人之顺也）。因此，雕琢寓所或家，或是任何家什器物和在衣服或官服上描画色彩图案不过是为了区分出身份贵贱，而不是为了更美的视觉效果；制作各种打击乐器、管乐器、弦乐器，仅仅是为了区分出吉凶、合欢和安定，并无其他意义的赋予；大兴土木修建宫殿和高台也是单纯为了躲避湿气和酷暑，并可以积累德行和区分轻重，除此之外别无他意。

君主遍尝各色美食，穿尽锦衣华服，聚敛无数财富，登上王位一统天下，不是为享受这些奢侈，而是真心想要统一天下，平定诸侯国之乱（一天下治万变），并利用所有资源去养护自己的万千子民（财万物养万民）。

---

① 内容出自《墨子·七患》。

所以，百姓为他供奉了精美的雕刻和刺绣的衣服，只为培养他的德行。因此，如果高坐庙堂之上的是一个善良的人，那百姓会将他供奉为神明一般的存在，会像对待自己亲生父母一样侍奉他，甚至为他付出生命都在所不惜。为什么会这样呢？理由无他，只因这位君主适合坐在高位上，因为他是一个非常美好的人，因为他的存在，百姓可以得到更多，还可以获取到更多的利益。

作者：礼仪是养育下层人们生活的捷径，那么为实现这个目的而增加领导阶层的威严，又有什么问题呢？而且，您说领导阶层与平民阶层分别有着不同的生活方式，这不是为了满足个人对奢侈的渴求，而是为了揭示秩序的存在。照这样说，秩序便是一种相互帮衬的行为体现，或者可以说成是一种社会契约吧。

荀子：所以应当这样说："君子靠德行，而小人靠劳力。"

劳力是受德行役使的，百姓的力气要在君子施以德行后，方能展现出它的效果。（君子以德，小人以力，力者德之役也，百姓之力，待之而后功。）百姓和平地聚集在一起，获得安定，获得财物，这些都是等到君子施以德行之后，才有可能实现的。

作者：您说的好像是脑力劳动和体力劳动的分工关系，君子其实就是将百姓的力量组合凝聚起来的指挥者。

上下和睦的必备品德

作者：那么，荀子您认为今天的君主，或者说君子和百姓之间是一种相互帮衬的关系吗？

荀子：今天的世界已经不是这样了。为了聚敛更多的财富，他们抢夺百姓的财物，制定各种苛捐杂税，夺去百姓的食物，加重市集的赋税，使得百姓①的生计变得难以维持。或者抓住百姓的弱点，

---

① 此处意指首先是商人，其次是指由于沉重的苛捐杂税而备受价格上涨折磨的农民。

引诱其上当受骗，看准机会（掎挈伺诈①）玩弄权术，把他们搞得疲敝颓废。

作者：这样看来，墨子的主张不是也有一定道理吗？因为在今天，大量的财富集中在上层阶级手中，百姓的生活实际上是日益疲敝的。而那些处于日益疲敝的位置上的人，是否还应该默默固守自己的位置呢？

荀子：不能因为这样，就说全部趋同的做法是正确的解决方案，那样的话，世界就会变成一个大战场。使天下百姓富足的方法，就是明确划分其职责本分（兼足天下之道在明分）②。在田地里拔草、施肥，这些都是农夫和普通百姓该做的事；遵守农时，动员百姓努力耕作而立功受奖，促使百姓变得勤劳，是将帅们该负责的事；而协调四季，使天下五谷丰登，这是上天该做的事。做到这些的同时，还要做到兼覆、兼爱和兼制，这样即使发生歉收、干旱或是洪水这样的灾难，百姓也不会存在着沦落到饥寒交迫境地的担忧，这也正是圣君和贤相应做的事。

作者：老师的意思是说，除了做到兼爱，还应当同时做到兼制，这才是一个统治者应当承担的角色？

荀子：墨子为天下苍生，担忧这样那样的不足，考虑得非常细致。而他所谓的不足并非普天下共同的忧患，而是他个人的担忧，这是一种计算错误。

今天，你看到地里长出五谷，只要用心栽培呵护，它就可以从一棵小苗发展成许多株、许多盆，甚至一年可以收获两次；而各种蔬

---

① 此处并不明确，但大体意思是因暴露出弱点而陷入困境。"掎挈"的意思是从后面抓住腿向下拉，同时从前面（抱住头）向上揿；"伺诈"的意思则是偷窥到掉进陷阱的机会。掎角之势是指抓住鹿的角和腿，加以限制的意思。所以两者意思是相同的。这里可以解释为已经做好了充分调查，只是等待合适机会的行为。

② 在接下来的段落中，荀子为继续攻击墨子的兼爱和节用观点，采用了墨子的语言。荀子的意思是自己站出来揭示出真正的兼爱和节用的含义。

菜，只要好好栽种拾掇，也能长成一片绿地①；牲畜或飞禽、水里游来游去的鱼儿，只要按时节进行繁殖，数量也会大幅增加。天地在孕育万物时，其实准备了足够养育人类，且有富余量的资源，而人所穿的和用的也是一样。因此，老是担心这样那样的不足，这不是普天下所共同担忧的事情，而是墨子个人的隐忧罢了。

作者： 那么，老师所认为的天下共同的忧患是什么呢？

荀子： 普天之下共同的忧患就是混乱状态所造成的伤害。（天下之共患，乱伤之也。）要不要一起来看看是哪些人导致了天下混乱呢？在我个人看来，墨子主张的"非乐"——批判和反对音乐，就会使天下混乱，节用则会使天下贫穷。

墨子如果大到拥有整个天下，或者小到统治一个国家，一定会谨慎节制，穿破旧的衣服，吃粗粝的食物，每天忧心忡忡，连音乐都会被他批判和废除。如果真是这样，百姓的身体会日渐消瘦，而身体消瘦就会导致百姓做事情的欲望越来越少，欲望变少也就无法实施奖赏。另外，如果是墨子来治理天下或某一个国家的话，他一定会减少仆从，削减官职数量，如此一来，管理阶层的人会因忙于完成各种事务而受尽苦累，这也会导致百姓被迫出来一起辛苦做事。

这样的治理方式是无法树立威信的。没有威信可言，就无法实施奖惩措施。没有了奖励机制，则无法得到贤明之士并加以善用，而如果没有了惩罚措施，则无法阻止、驱逐愚钝之辈。长此以往，万物皆不能得到恰当的对待和处置，也无法适应万事的变化，向上失了天时，向下失了地利，中间则失了人和，整个天下将处于一种水深火热的状态之中。这时的墨子尽管身着粗布衣裳，腰间系着草绳，每日只以绿豆汤果腹，又如何能满足得了全天下呢？此时，整个天下就像是已经被砍倒的树干，连根拔起，早已是回天乏术了。

---

① 此处的意思是指种在沼泽边上的蔬菜，由于数量众多，多到可以用沼泽作为单位去计算了。

作者: 那您的意思是说，君主享用的东西一旦和百姓相同，则会失了威信，所以君主和百姓所做的事情一定要严格地区分开来。

荀子: 是的，先王和圣人并没有像墨子一样来治理国家。一般来说，贵为人上之人的君主，如果没有很好地装扮，不能实现富有的话，就无法管理他的子民。一定要在弹奏乐器回荡耳畔，装饰雕刻与花纹呈现眼前，各种美味充满嘴巴之后，才能设立官职，制定严苛的刑法，并以此来治理百姓。通过赏罚分明的机制任用贤能之士，赢得天时、地利与人和，只有这样才能使物质丰富得如满溢的黄河或大海之水，财富多到堆积如山，到那时还有什么不足可忧虑的呢？

君主把自己本该完成的事情抛在一边，只顾埋头供养和抚慰百姓，寒冷的冬天只有稀粥入口，炎热的夏季只有黄瓜和大麦饭果腹，这种只为赚得一时英名的做法其实是一种偷盗。①

作者: 您这样说未免有些言过其实了。我不认为墨子是为了自己的名声而忍受那样的苦难。而且，财富堆积如山的情况，在最近的历史里也没有出现过吧？只要是凶年，总会伴随着饥荒，这也是不争的事实呀。墨子，您主张的是用兼爱和节用替代差别化，用相同②来替代上下的对立，对吗？可是荀子却说这种方法反而是将树木连根拔起、彻底毁坏的方式。

墨子: 前面我曾经说过，天下人为了避免出现混乱的状况，找来全天下最善良仁爱的人，拥立他为天子，而其他统治者也是遵循相似的过程被甄选出来的。

作者: 是的。最开始老师讲过天下人自发地找到那个最善良仁爱之人，并拥立为天子，这是只有老帅您提出的独特主张。不得不说，既然被认定为全天下最善良仁爱之人，自然也具备威信。

墨子: 如果统治者现在完全做好准备的话，天子将给全天下的百姓颁布政令。

---

① 以上内容出自《荀子·富国》。

② 此处意指重视上下合一。

"无论是善举还是恶行，只要看到的都要报告上来。只要是上面认为是对的，你们也要认为是对的，上面认为是错误的，你们也必须认为是错误的（上之所是必皆是之，所非必皆非之）。上面做错了什么事，直接抓起来关进牢房，下面有仁爱之士也必当被举荐出来。同时，是非与上面一致又不向下拉帮结伙之人（上同而下不比者），能受到上面君王奖赏的同时，也能受到下面百姓的称赞。"

依据此方式执行的人便可获得褒奖和名誉，而采取相反做法的人则会受到批判和惩罚。身为全天下最善良仁爱之人的天子都会这样去做，那么身为一个大邑镇中最贤良方正之人的镇长，也会对下面的人颁布同样的命令，小城镇的里长也会效仿这种做法，这便使得天下上下步调一致了。

作者：老师说的是，通过上下的相互疏通来实现统一化。身处上面的统治者最害怕的事，莫过于下面的百姓团结一致起来反抗他的命令或者发动政变吧。您所说观点的宗旨在于通过实现和谐统一这个方法，使人们彼此之间不再区分高低上下，是这样吧？

墨子：是的。我们要不要拿战争来做一个例子进行说明呢？一支军队出兵讨伐并能取得最后胜利，其原因究竟是什么呢？这个原因只有一个，那就是要谋求统治者的想法和下面参与战争之人的想法相一致（尚同为政者）。

作者：那么，今天大家无法实现一致的原因又是什么呢？

墨子：从前，人们拥立首领，授予他爵位，让他尽享荣华富贵，做这些都不是为了让他单纯地占有和享受这个位置，而是让他为天下苍生除去祸害、获得利益（为万民与利除害），为了让他帮助那些贫穷孤苦的人变得生活富裕（富贵贫寡），为了化危险为安定，为了将混乱平定下去（安危治乱）。从前那些先王的政治的确就是这样的。①

----

① 整体来说，墨子的分析与今天针对民主政治开端的分析存在着相当多的相似点。

但是，如今的王公贵族们，他们的政治策略却与此相反。这些人的政治都是有所偏重的，如果是同门父兄或相识已久的朋友，就会被安置在心腹位置，被当作是领导层。百姓其实也知道那些统治者的用人之道不当，所以，百姓只能制定出一套自己的道理和法则，将实情隐藏起来，不再谋求与统治阶层意志的一致。上下之间由此开始产生分歧，奖赏和名誉无法再劝谏大家向善，刑罚也无法再阻止那些残暴恶毒的行为。这是为什么呢？

如果上下的意志无法取得一致，那么，对于上面给予褒奖的人，百姓反而会批判和反感他（上之所赏则众之所非）；对于上面给予惩罚的人，百姓反而会称赞和喜欢他（上之所罚则众之所誉）。作为百姓的领导者，肩负治理国家的责任，如果他不能通过奖赏和名誉劝人为善，又不能通过刑罚来惩戒恶人，那么就像我曾经说过的，大家不就等于又回到那个刚刚有百姓而没有领导者的时代了吗？

作者： 那老师的意思是说，今天的统治者们并不谋求上下的统一和一致，反而是在固化上下之间的差别化，他们由此费尽心机地谋求自己的利益。那么，那些高高在上的当权者们役使百姓的要诀，用一句话来概括又是什么呢？

墨子： 要想使百姓都能崇尚上下一体的精神和做法，就一定要做到热爱自己的子民。[①]如果没有竭尽全力去爱护他们，就无法实现对他们的役使。（爱民不疾，民无可使。）一定是先有关爱才能实现役使（必疾爱而使之），给予信任才能维系住他们（致信而持之），用富裕的物质生活在前面吸引他们（富贵以道其前），用明白无误的

---

① "使百姓都能崇尚上下一体的精神和做法（凡使民尚同者）"之后，紧接"如果没有竭尽全力去爱护他们，就无法实现对他们的役使（爱民不疾，民无可使）"这句话，后面又衔接"一定是先有关爱（必疾爱）"，从语序和意思来看，前两句话中间应该是遗漏了"一定要竭尽全力去爱护百姓（必疾爱民）"这句话。之所以如此说，是因为墨子经常接着上面的话开始下面一句，这是他的一个习惯。

惩罚措施在后面来鞭策落后的人（明罚以率其后）。^①

作者：我先来做一个整理性的发言吧。墨子认为，要先让百姓富裕起来，再谈法律法制，这与儒家的百姓观相似，而与法家的观点相冲突。墨子强调爱和团结，并以此分别替代礼仪和差别，这一点上，墨子的观点与荀子相悖，但与孟子的观点存在互通之处。孟子在不知不觉中似乎也接受了与荀子形成差异的爱和礼仪的概念。我们的讨论似乎有些向外发散了，但我不准备直接让孟子参与进来，而是先尝试摘录《孟子》中的一段来进行说明吧。

齐宣王有一天看到一个人牵着一头牛在走，这个人想要得到牛血，以便涂抹在新造的大钟上。这头牛似乎也知道自己是在一步步走向死亡，所以十分害怕，不停地颤抖。看到这一幕，齐宣王大喊一声："放开那头牛！"

那个牵牛的人这样问道："您会废止在大钟上涂血的礼仪吗？"

齐宣王回答道："礼仪怎么可以废止？不过可以把牛换成羊。"

这种回答难道不是五十步笑百步的道理吗？孟子身上虽然也存在一些迂腐守旧之处，但有时候还是可以看到有很大的变通性。这一次，孟子的回答就大不相同。

"那样的心肠足以成为王者。（是心足以王矣。）百姓也许会说大王是因为珍惜那头牛而做出这样的事情，但我却知道大王是因为杀掉那头牛于心不忍才会这样做的。"

"是啊，虽然寡人的国家很小，但寡人还不至于会那么在意一头牛的有无吧？寡人只是看到无辜的生命颤抖着走向死亡的样子实在于心不忍，所以才会那样做。"

"如果你是因为不忍心看无辜的牛被杀死，那又为什么选择用羊来代替牛呢？"

宣王微笑着这样回答："寡人也不知道自己当时到底是怎么想的，

---

① 内容出自《墨子·尚同》。

也不是因为可惜财物才会把牛换成羊……但百姓却只认为寡人是出于爱惜财物才会这么做。"

孟子是这样回答的:"大王也没有必要因此而觉得伤心,这其实就是大王的善心,区别仅仅在于大王当时看到的是一头牛,而不是一只羊,仅此而已。"

齐宣王听了孟子的话,方才宽了心,这时孟子又继续说道:"假设有一个人对大王这么说:'我能举起三千斤重的东西,但我举不起一片鸟羽;我可以用肉眼看到秋天鸟兽身上新长出的细毛(秋毫),但我却看不到堆满整整一车的柴火。'大王会相信他说的话吗?"

"寡人当然不会相信。"

"如今,大王的恩德已经惠及到人类之外的飞禽走兽身上,可偏偏这功德无法对百姓产生影响,这又是什么缘由呢?其实,说无法举起一片羽毛是因为没有用力,说看不到满车的柴火是因为没有用眼睛去看。而百姓没有受到保护,是由于没有恩德施予在他们的身上。因此,大王之所以无法成为王者,不是因为大王不能做(不能者),而是因为大王没有做(不为者)。"

"不作为和不能做这两者又有什么不同呢?"

"大王可以尝试要求别人把泰山夹在胳膊下面越过北海(挟泰山以超北海),如果他回答说'我做不到',那就是真的没办法做到;但是大王要求别人为上了年纪的老人按揉四肢,如果他说'我做不到',就不是真的没办法做到,而是不愿意做。大王成为王者这件事,并不属于挟泰山以超北海的那一类,而是和为上年纪的老人按揉四肢相同类型的事情。从赡养孝敬自己的长辈出发而尊敬别人家的老人,从抚养照顾自家小孩做起,同样珍视别人家的孩子(老吾老以及人之老,幼吾幼以及人之幼),如果能做到这样,大王治理天下就可以像在股掌之间玩弄东西那么简单了。"①

　　孟子的这种礼法理论与荀子的礼法理论反映出的态度是相当不同的，而孟子类比时所举的例子又与墨子十分相似。可见，墨子的兼爱与孟子的爱民其实是相通的。孔子也曾在子贡要解救敬神仪式上所要使用的羊时，说过这样的话："端木赐，你如此爱惜羊吗？我更珍视这个仪式。"

　　荀子一向是无视孟子而推崇孔子思想的，如此重视礼仪的老师应该不会因为一时对那头羊产生了恻隐之心就改变礼法仪式吧。孟子提出的"与民同乐"（与民偕乐）的主张则非常明确地表达了他的礼法理论，但它既不是墨子所主张的平等，也不是荀子所提出的差别化，而是非常明确地立足于恻隐之心。类似的故事还有很多。

　　齐宣王曾向孟子提过这样一个问题："寡人的猎场（囿）方圆只有四十里，但百姓却觉得很大，这是为什么呢？"

　　孟子是这样回答的："文王的猎场方圆七十里，但是他允许割草砍树的人进去，也允许捕猎山鸡和兔子的人进去，所以这片猎场是他和百姓所共有共享的（与民同之）。我一到达大王的国家的边境，最先询问的就是国家最大的禁忌（大禁）是什么，然后才敢进来。我听说在郊外，城门之内方圆四十里都是大王的狩猎场，外人猎杀这里的鹿便等同于杀人之罪。那么，这就和国家中央方圆四十里都是限制通行区一样，百姓觉得这个面积大，这不是很正常的反应吗？"②

　　这也是孟子与荀子不同态度的体现。

　　让我们再换一个话题吧，今天的统治者把百姓看作是微不足道的存在，这似乎让人觉得有些过分。墨子，接下来能否请您针对当今王公贵族们的政治现状给出一些点评呢？

────────────

① 内容出自《孟子·梁惠王》。
② 内容出自《孟子·梁惠王》。

墨子：儒家的亲属优先主义是对差别化的一种固化

墨子：今天的王公贵族对待骨肉至亲的态度便是无条件地提拔任用，而这些人毫无例外地都出身于清一色的富贵人家，他们衣着光鲜亮丽，而国家在任用官吏时也会对他们青睐有加。只要是王公贵族的亲戚，管他是瘫子、哑巴还是聋子，即便是残暴如桀纣一样的人，也照样提拔任用。如此一来，贤明之人不会因为贤明而得到奖赏，暴虐之人也不会因为暴虐而受到惩罚。最后，百姓就会选择放弃，他们不会再有行善的想法，也不会努力，更不会相互安慰，于是，堆积的财物即使烂掉、坏掉也不会分给没有财物的人，有用的道理即使藏起来也不会分享、传授给他人。那么，混乱的出现就是理所当然的了。①

作者：您一定对这种差别被逐渐固化的情况感到非常焦虑和不安吧。那么，对于今天仅靠血缘来任用官吏的做法，荀子也持有相同的看法吗？

荀子：是的。作为一位君主，不应区分与自己亲近的人或疏远的人，或者区分高贵的人或低贱的人，而是应当提拔任用诚实而有能力（诚能）的人。只有这样，才能再次迎来王者的时代。②

作者：首先，我把谈话限定在儒家理论的范围内，这个问题其实应该在于，能否克制住只想任用亲近之人的欲望，这是一种十分现实的欲望。例如，周武王曾经这样说过：

"周朝有一个很大的福气，就是善良的人很多。虽然我有很多十分亲近的亲戚，但他们不如仁善之人，如果百姓有什么做得不对的话，那错误全部在我一人。（周有大赉，善人是富，虽有周亲，不如仁人，百姓有过，在予一人。）"（《论语·尧曰》）

---

① 内容出自《墨子·尚贤》。
② 内容出自《荀子·王霸》。

武王招纳贤才，为抑制自己任用亲近之人的欲望做出了很多努力。但是，周公将儿子伯禽派往其封地鲁国时，是这么和儿子说的：

"君子不会抛弃他的亲戚，也不会让大臣们抱怨自己得不到重用，那些共事已久的人，如果没有大的过失，也不要放弃他们，不要对任何一个人求全责备。（君子不施其亲，不使大臣怨乎不以，故旧无大故则不弃也，无求备于一人。）"①

这样看来，儒家的思想中似乎一直存在着亲属优先主义向内渗入的危险。而在周公说这话的那个时候，还是个君主权限受到制约的时期，所以很容易会想到任用自己的亲属或旧友部下来保障君主的权力。对于我来说，我没有把握断言能够通过儒家理论克服亲属优先主义的意识危害。而关于这一问题的判断分析，进行大量讨论的专家不是儒家的，而是法家的那些代表人物。

现在要再对柏拉图老师提问了。主张任用有能力的贤明之士，这种理想主义的论点固然存在，但试图通过亲属关系和血缘来垄断官位的欲望也是随处可见的吧？

柏拉图：当然，希腊也存在着这样的情况。当与统治权密切相关的官职成为争夺的对象时，胜者就会垄断这个国家所有事务的管辖权，并且让失败的当事者无法获得任何权力，连同失败者的子孙后代也无法分得一丁点权限，只能在当权者的监视下生活。如果有一个人突然爬到了某个官位上，也生怕别人记着从前的那些坏事，从而挑起一些叛乱事端。这些在今天，无疑既不是为了国家的体制，也不是为国家的整体利益而制定出来的，这些可以说，并不是一个国家正确的法律法规。当法律只适用于一部分人的时候，这些人应该被称作"党徒"，而不是所谓的"市民"，而他们口中称之为正确的东西，其实也是毫无意义的。

我之所以把今天称作统治者的人当作是面向法律的服务人员，

---

① 内容出自《论语·微子》。

并不是为了要给他们更换一个头衔和名号，而是由于整个国家的福祉与灾祸最主要的还是取决于他们所提供的这种服务。（715b-d）

作者：的确是这样的。所谓的差别，非常容易被固化。不管是谁，都希望自己可支配的生活能够无限延长，因为他们讨厌回到自己被他人支配的命运中去。这样看来，墨子所说的问题也并非是杞人忧天，因为现实就是如此。

墨家的贤明之人 VS 儒家的知礼之辈

作者：现在我要再次提问了。墨子说，只有贤明之士才能变得富有，才能成为真正的领导者，而在贤明的基础上，不对士大夫或农工商者的身份进行区分。那么，他们各自在自己的位置上，应该如何做才能变得更加贤明呢？

墨子：如今，天下的正人君子们都希望能跻身富贵之乡，而讨厌在贫穷潦倒中苦苦挣扎。那么，怎样做才能实现这个目标呢？首要的就是要变得贤明。那要怎么做才能变得贤明呢？有力气的人会马上行动起来，去帮助那些没有力气的人（有力者疾以助人）；拥有财富的人竭尽全力与其他人分享自己的财富（有财者勉以分人）；得道之人勤于劝勉和教诲其他人（有道者劝以教人）。这样一来，饥肠辘辘的人有饭吃，瑟瑟发抖的人有衣服穿，混乱不堪的人也会变得清醒、有序。[1]

作者：您的意思是说，所谓的贤明，其实并不局限于知识这一个方面，凭借财富和力量也是可以变得贤明的。先不说士大夫们，在聚敛财富方面，应该说商人或工匠远比农民具备更多的优势。但是，很多人怀疑这些人能否成为统治一个国家的领导者。他们提出疑问：国家的守护者要如何更好地调配整个国家的资源？如何持续守护好国家？难道思考和执行这些相应的工作不是一门需要专业能力技巧

---

① 内容出自《墨子·尚贤》。

的特殊学问吗？关于这一点，我们再来问一下柏拉图老师的想法。

柏拉图： 掌握了木工手艺的知识，就可以说具备了足够的智慧和出色的判断力吗？当然不是，这些知识只有在做木工活儿时才能起到作用。（428c）天性身为商人或匠人的人，他们通过自己的财富或大众的支持，以及自身力量或其他类似的东西获得帮助，想要跻身军人阶层；或者是军人想跻进根本不适合自己的负责立法的法律服务阶层；又或者某个特定的人想要同时做很多件事情。在我看来，这种形式的相互交换和干涉，其实是一种对国家的破坏。（434b）

作者： 原来您也并不同意墨子所主张的观点，即贤明与身份无关。樊迟曾向孔子讨教耕种田地的方法，孔子是这样说的："我不如那些上了年纪的农夫。"

紧接着又这样批评他道："樊迟，你原来是个小人啊。如果居于上位的人注重礼仪，那百姓就不敢做出任何不敬之事；如果居于上位的人注重道义，则百姓就不敢有所不服；如果居于上位的人推崇信义，则百姓就不敢不以真心相待。如果是这样的话，天下的百姓就都会背着自己尚在襁褓中的孩子来归服，何必自己种庄稼呢？"

樊迟当时是想向孔子学习提高农业生产力的本领，然后以此增加大众的福祉。但即使是这样，他还是受到了孔子的批评。下面这句话也包含了相似的含义。

"所谓老百姓，只能让他们按照被吩咐的去做，但是不能让他们知道为什么要这样做。（民可使由之，不可使知之。）"①

墨子是土木方面的专家，不知道他听到这句话会不会觉得有些遗憾。但是，至少到目前为止，不管在东方还是在西方，认为从事体力劳动的人不适合成为一个国家的统治者的这种想法，似乎还是很普遍的。无论如何，人的技能和职业似乎是依据天性来确定的，而士大夫们的这种观念则更为根深蒂固。孔子认为小人只重利益，

---

① 内容出自《论语·泰伯》。

君子追求大义，不也是同样的道理吗？

前面我们对差别的固化进行了一系列讨论，统治阶层经常会宣扬宿命论，以此作为固化差别的一种方法。[①]老师曾经说过，上天自会给予奖赏或惩罚，也就是说要相信天命，您说桀和纣在实施暴政时，上天就给汤王和武王下令，要他们改变这个世界。老师刚刚提到天命，这个天命和宿命有什么区别呢？老师您是不相信宿命的吧？

墨子：先从小事开始说起吧。如果现在大家听到有人主张说人都是有既定宿命的，那么，上面的领导层也就不会殚精竭虑地操心于政治了，而下面的人也不会卖力工作去维持营生了。上面如果不再殚精竭虑地操心政治，那么国家政务就会变得一片混乱；而下面如果不再努力工作去维持生计，那么物资就会减少和不足。如此一来，这个国家又靠什么支撑下去呢？

从大的方面来讲。当初是汤王站出来平定了被桀搞得一片混乱的天下，而被纣毁掉的江山则由武王重新整顿打点。就是说，即使天下和百姓没有任何变化，上层的政治变动也会导致百姓根据上层的调整而被教化。汤王和武王一出现就天下太平，而桀和纣统治国家时就一片混乱。治世和乱世明明全部维系于统治阶层所颁发的政令上，还何谈宿命一说呢？

作者：老师似乎是把变化的征兆和宿命区分开了，您的意思应该

---

① 虽然，荀子主张根据能力来选拔人才，但出身为农民的人，由于官僚制度的存在，他们很难被选拔起用。而且，脑力劳动和体力劳动的区分与将人分成支配层和被支配层的做法并无大的差异。儒家的理论中，不知不觉地加入了天职是无法被改变的宿命论。古印度的法典之一《摩奴法典》中区分了司祭、军人、生产者和奴婢以下的贱民，其核心含义就是，如无极特殊的情况，他们各自的出生身份是无法被改变的。而出于独占职位的欲望，统治层创造出了这种叫宿命论的理论。

中国貌似也出现了宿命论，但并没有像印度那样被固化，之所以出现这种思想上的差异，作为思想家的墨子应该起了很大的作用。本文在此询问的是墨子针对"潜藏的"宿命论的态度。

是说，上天可以给人们提供一些征兆，但真正改变世界的还是人本身吧。那么，主张宿命论的人，他们的用意何在呢？

墨子： 如果当今天下的正人君子都真心希望为天下谋福利，实现趋利避害的目的，那就应该强烈地批判那些主张宿命论的人所说的话。所谓宿命，都是暴君们创造出来的，是身陷窘境的人编的借口，而绝非仁义之词。①

作者： 老师主张不分士农工商，任人唯贤，而且一定要上下一心，齐心协力，所以这种职务分工是天生注定的宿命论的说法，您当然是没有办法接受的。我们理解您所要表达的意思，无论是谁，只要奋发图强，都能成为有才能的贤人。②

现在让我们来整理一下有关礼仪本质的内容。墨子和荀子将在下一章节中继续展开讨论，因此，我们在此先整理一下先贤孔子对礼仪的主张。《论语》这部著作的表达非常含蓄，有时会表达出和荀子相似的意见，有时也会说出和墨子相似的话，还有些句子似乎纯粹是为了减少大家的烦恼而作。在此，我们将孔子的话做一个整理和总结。《论语》中，有孔子批判季氏的内容。当时季氏所在的家族趁着鲁国统治阶层空虚，钻了权力的空子，掌握了鲁国的政权。

"居然看到有人在（季氏）院子里跳起八佾舞，这成何体统？"

八佾原本是大夫这个级别所不能欣赏的舞③。孔子很明确地揭示出礼仪的本质是差别化，但是，这话听起来和荀子主张的"人格是在礼仪中得到完善的"似乎又有些不同。这样的例子很容易找到。

有人向孔子询问有关禘礼祭祀的内容，孔子当时就给予了答复。禘礼祭祀是一种天子的祭祀，所以说应该按照与其身份对应的礼法

---

① 内容出自《墨子·非命》。

② 遗憾的是，在《墨子》中并没有很多针对宿命论的具体对话内容，而且他所说的宿命的含义也比较模糊。如果考虑到当时时代的局限性，墨子在批判宿命的同时，似乎也在批判阶层的差别化。

③ 依据周礼中的内容，天子、诸侯、卿大夫等不同身份的人，在酒宴上可以欣赏的舞蹈级别是有规定的，八佾是只有天子才能够欣赏的舞蹈。

来进行。

"我不知道，如果真有懂得这个祭祀的人，那他应该就和站在高处俯瞰整片江山的人是一样的了（或问禘之说，子曰不知也，知其说者之于天下也）。"

那可能像把东西放在手掌里一样容易，孔子边说边指了指自己的手掌（其如示诸斯乎，指其掌）。

但是孔子接下来又说了下面这句话。

"人之为人，如果不能做到善良，那礼仪又有什么用？音乐又有什么用呢？（人而不仁，如礼何？人而不仁，如乐何？）"

难道善良不是先于礼仪与音乐的本性吗？孔子曾说过，所谓仁，就是关爱其他人，墨子说，仁的本体是关爱，似乎都是在强调先于礼仪而存在的是一颗仁爱之心。而下面的说法则更加折中。林放曾询问过礼仪的根本（礼之本）究竟是什么，当时孔子是这样回答的：

"你的问题问得很大嘛。比起奢侈，礼仪更提倡的是俭朴，而悲伤时，与其把所有情绪都隐藏起来，不如干脆一次伤心到彻底，方才是好。"

这句话的意思不就是说，所谓礼仪，不是差别化的粉饰，反而是彰显仁爱的标志吗？接下来，孔子又说了这样一段话：

"先进者行礼乐时与野人无异，而后进者行礼乐时与君子相同。如果让我从这两者中挑选其一的话，我会选择先进者的方式。（先进于礼乐，野人也；后进于礼乐，君子也。如用之，则吾从先进。）"①

孔子的话如此多变，让我完全摸不着头脑。因此，现在我们举出一些能够理解的例子来继续我们的讨论吧。荀子，孔子经常会评论子产和管仲，请您从礼仪的角度出发，也对子产和管仲做一个评价吧。

荀子： 郑国的子产是一位非常得民心的人（取民者），却没有办

---

① 内容出自《论语·先进》。

法成为一个行使政令之人（为政者）；管仲虽然懂得行使政令之法，却无法练就礼仪之道。然而，只有深谙礼仪之道，才能成为王者，只有懂得行使政令才能使国家变得强大，赢得百姓爱戴就能使国家获得安定，相反，只顾征收苛捐杂税，国家就会走向灭亡。[①]

作者：但是，不是应当对由上而下行使的礼仪和由下而上行使的礼仪加以区分吗？孔子是这样评价子产的：

"子产具备了君子的四德，为人非常谦卑恭顺（恭），侍奉上位者恭敬有礼（敬），对待百姓常施恩惠（惠），役使他人时仁义公正（义）。"[②]

子产颁布了刑法，并要求郑国所有人都必须遵守。当时，所有有声望的君子全都批评他，孔子也不例外。但是，子产最终却得到了孔子的称赞。这是怎么回事呢？先不论恩泽与仁义，单说恭敬不就是礼仪的根本所在吗？《论语·雍也》中提到了孔子与其弟子仲弓的一段对话，仲弓是这样向孔子提问的："子桑伯子是一个什么样的人呢？"

孔子的回答是："这个人还不错，办事很简要而不烦琐（可也，简）。"

仲弓又问孔子："平时的行为恭敬，在外行事简约不扰民，这样不就可以了吗（居敬而行简，以临其民，不亦可乎）？居心俭朴，行事简约，这样会不会太过简约了呢？"

对此，孔子回答说："雍说得对呀。"这是怎么回事呢？所谓礼仪，就是一种夸张的存在吗？仲弓的意思就是说，自身行事严格、虔敬，对普通百姓来说就是一种简约。也许子桑伯子看起来是一个履行自己官职本分的人，而孔子对于礼仪似乎抱持着一种比较灵活的看法。这难道不是说，上面的领导者可以严苛地对待礼仪，下面的百姓可以宽松一些地对待礼仪吗？据此，我们是不是可以理解孔

---

① 内容出自《荀子·王制》。
② 内容出自《论语·公治长》。

子评价子产的那句话了呢？向下要做到施恩义，向上要做到恭敬，也就是说，要做到礼节周全。下面这段话听起来也是相似的含义。

"佩戴用麻线制作的冠冕（麻冕）是一种礼法，但今天采用丝线制作冠冕，这样节俭些，我也赞成这些人的做法；在朝堂之上拜见君主之前应先在堂下行礼，然后上朝堂再行礼，此为礼法，而现在却是直接在堂上行礼，这是倨傲的表现。即使和大多数人的行事方式相违背，我也要坚持先在堂下行礼的方式。"[1]

这样说的意思难道不是要让下面制作冠冕的匠人更方便、简单，而对上面的君主要严格且恭敬地侍奉的意思吗？在进入下一个议题之前，让我们再多看一句孔子老师说过的话吧。

"如果一个人朴实（质）多过文采（文），则未免显得粗野，而文采若压过朴实，则未免让人觉得华而不实。只有兼备文采与朴实之人方可称之为君子。（文质彬彬，然后君子。）"[2]

在我看来，这句话的意思是在说，自身应做到遵循礼仪，但对下面的人则应采取更加宽容的态度。

2. 音乐的本质：教化的手段还是混乱的苗头

作者： 下面我们就在礼仪的具体形式中展开有关音乐的讨论吧。近来，提起音乐，很多人认为它属于艺术范畴，或者是娱乐领域。但是在古代，音乐却不是任何人都可以随意享受到的东西，并且，即便是统治阶层，在欣赏音乐的时候也要遵守严格的既定形式。因为，这些由铜制成的乐器需要投入大量的劳动力才能完成，而且绝不是一般能力能够胜任的工作，另外，当演奏音乐并跟随音乐起

---

① 内容出自《论语·子罕》。
② 内容出自《论语·雍也》。

舞时，需要同时启用舞者和乐工，如果没有一定的权力地位，这些根本是无法实现的。因此，音乐绝不是单纯的娱乐手段，而是一种权力的象征，是一种极其精致的礼仪形态。当然，人根据地位不同，所能享受的音乐种类也是有限定的。如果对比今天的情况，那么天子可以同时调派几个管弦乐合奏团和芭蕾舞团来表演，而诸侯只可以同时指派一支管弦乐团和一支芭蕾舞团，士大夫则只能在重奏或独奏的基础上加上一些群舞或独舞而已。主张音乐本身是一种错误的墨子，提出了所谓的"非乐理论"，这个理论在当时引起了巨大的社会反响。自认为是孔门弟子的孟子和荀子对此拍案而起，进行了反击，他们有这样的反应再正常不过了。让我们先一起简单回顾一下音乐在儒家学说中所占据的位置，然后再开始讨论吧。

孔子说过："从学习《诗》开始，把礼作为立身的根基，掌握音乐使所学得以完成。（兴于《诗》，立于礼，成于乐。）"[1] 这句话只要是读书人都知道。这里所说的音乐不是一种单纯享乐的东西，而是一种统治手段，是统治中不可或缺的存在。音乐通过一种绝妙的途径影响着政治变化。景公向孔子询问政治，孔子当时是这样回答的：

"君王要有君王的样子，臣子要有臣子的样子，父亲要有父亲的样子，儿子要有儿子的样子。（君君，臣臣，父父，子子。）"[2]

政治就是在如此正确地区分名分之中开始的。让我们继续听（孔子的话）：

"名分不正确，则说出的话就不顺当合理（名不正，则言不顺）；说出的话如果不顺当合理，事情就无法做成（言不顺，则事不成）；如果事情无法做成，则礼乐就无法兴盛；若礼乐无法兴盛，则刑罚就无法适中（事不成，则礼乐不兴；礼乐不兴，则刑罚不中）；如果刑罚不能适中，百姓就会手足无措，惶惶不可终日。[3]

---

① 内容出自《论语·泰伯》。
② 内容出自《论语·颜渊》。
③ 内容出自《论语·子路》。

其他部分理解起来都比较容易，但"如果事情无法做成，则礼乐就无法兴盛；若礼乐无法兴盛，则刑罚就无法适中"这句话有必要再分析一下。

名分上如果站不住脚，则无法用语言来说服别人；如果无法用语言来说服别人，那么也就无法成事；如果事情办不成，也就没有可享受的东西，更没有享乐的财力，礼乐的制度也就无从兴盛了。下面是最重要的部分，在执行法律的人无法被礼乐所教化，而受到法律制裁的人也无法被礼乐所教化的情况下，如果还硬要执行法律，则只会使无辜的人受到伤害，却无法分辨出真正的犯罪之人。

正因如此，在孔子的政治理论中，礼乐才能成为法律的根本所在。荀子老师曾经说过，法律的执行者就是君子，这些君子如果想真正地依法办事，则一定要兼备礼和乐两者。

墨子：音乐是无效的浪费

作者：墨子，您对荀子的见解是持反对态度的，那么对于音乐作为一种统治手段且具有功效的说法，您也持反对态度吗？

墨子：善良的人在想到天下时，他的眼睛里看到的是美丽的，耳朵听到的是开心的，嘴里尝到的是甜蜜的，身体感觉是舒服的，这样，他就不会从百姓手中抢夺吃的和穿的财物。[①]但是，我之所以说音乐不好，不是因为大钟与鼓、琴与瑟、竽与笙的声音听起来不悦耳，而是因为音乐这种东西，向上考察你会发现它与圣王们的处事之道不符，向下则与万民的利益不和。

如今的王公贵族反而认为制作乐器是为了国家的利益，但这些东西不是舀一瓢水，再加上点泥土就能制作出来的，大钟和鼓、琴瑟和竽笙，这些乐器必定是盘剥百姓才能制作得出来。马车用于陆地，船只航行在水里，如果乐器也像马车和船只一样，我绝对不会

①　以下论述是以《墨子·非乐》为依据的。

抨击和批判制作乐器这件事。但是这些乐器做出来又能带来什么实质性利益呢？

对于百姓来说，一般有三大忧虑：第一是饥肠辘辘却吃不上饭，第二是寒风瑟瑟却没有衣服穿，第三就是劳累辛苦却得不到休息。但是，百姓如果为了那些王公贵族，只是一味地敲钟，击鼓，拨动琴瑟，吹响竽笙，举着斧头和盾牌跳舞，那么他们吃穿所用的东西又从哪里来呢？

现在的世道就是大国欺负小国，大家族压迫小家族，强者胁迫弱者，多数残忍地对待少数，圆滑世故的人欺骗老实愚钝之人，地位高贵的人无比傲慢地对待贫贱之辈，敌人的侵略和各种偷盗行为同时发生，我们都无法阻止这些事情的发生和发展。而且，如果我们击鼓鸣钟，拨动琴瑟，吹起竽笙，手持斧头和盾牌翩翩起舞，就可以平定天下的这些混乱了吗？

作者：您的意思是说，乐器在实际生活中其实是没有任何用处的，而音乐也没办法阻挡住敌人的入侵。换句话说，别说儒家倡导的音乐有助于教化个人了，就说音乐的存在本身就是一种奢侈和浪费，它与百姓的生活没有任何关系，反而使他们的生活更加颓废，从而助长了天下的混乱状态而已。

墨子：浪费不只是发生在制作乐器本身的过程中，现在的王公贵族们会把一口大钟挂在一座巨大的楼台上，但如果不敲它，它又能带来什么愉悦呢？而如果一定要去敲它，那么老人和小孩子肯定是没办法完成这个工作的，必须要四肢健全发达、耳目清晰的年轻人才能去敲这口钟。庄稼汉如果都去敲钟了，那么农活就被荒废了；如果妇女们都去敲钟了，那织布缝衣的工作就没人去做了。这样一来，只为了王公贵族能享受音乐，百姓连创造自己吃穿所用的物资的时机都不得不放弃了。

从前，齐国有个叫康公的人，他声称要复兴音乐和舞蹈，并下决心要好好装扮那些跳舞的人。他如此说道："吃的和喝的东西不够好，那么脸色就不好看；如果衣服穿得不漂亮，则身体和举止都不像样。"因此一定要给乐舞之人吃小米和肉，给他们穿绣花的华美衣服。他们永远不用从事那些制造吃穿物资的工作，而是依附于别人过活。如果是我，我会这样说："如今王公贵族们夺走百姓的吃穿物资，去满足自己对音乐的享受，这就和上面说到的行为一样严重。"

而且，如果全国上下都沉迷于音乐，那就会错过所有的时机；统治者如果沉迷于音乐，就会忘记黎明即起、日理万机的勤勉；如果农民沉迷于音乐，就无法把精力集中在自己的农活上——日出而作、日落而息；妇人如果沉迷于音乐，就会连织布缝衣的时间都没有了。全国上下如此沉迷于音乐，这个国家就会变得混乱而贫穷。

作者：老师的意思是说，原本在王公贵族享受音乐时就要投入大量的人力，而在跳舞和演奏乐器时还要投入更多劳动力，这样一来，百姓就要承受双倍的折磨。荀子，您现在可以说说您的不同看法了，音乐对于人类来说到底是不是个无用的东西呢？

荀子：音乐是促使百姓和睦的工具

荀子：自古以来，音乐就是供人享受愉悦的东西，是人生来就绝对无法避开的东西（夫乐者乐也，人情之所必不免也）①。对人来说，愉悦感是不可或缺的，人如果愉悦，就一定会发出声音，会通过做动作表现出来。对于人来说，不能没有享受和愉悦，但是即使再开心也不能忘形，即使忘形了也要加以引导，如果不加以引导的话，混乱就在所难免了（形而不为道②，则不能无乱）。先王圣主正是因为讨厌这种混乱，于是创作了《雅》《颂》的音乐来引领大家，这个声音足以使人愉悦，但不会致人放浪。

作者：您的意思是说，音乐，是人类最自然的一种情感表达，如

---

① 以下论述是以《荀子·乐论》为依据的。
② 这里的"道"解释为"引导"。

果很好地加以利用，便可以起到引导百姓的作用。但是，墨子却坚持认为音乐是个不好的东西，墨子是这样说的："音乐被圣王们称为邪物和无法令人愉悦的东西，儒家竟然如此正面地评价音乐，这种行为本身就是邪恶的。"

荀子：我不这么认为。音乐是圣人们非常享受的东西，它可以使百姓的心地变得善良，可以深入人的内心感化人，还可以矫正一些民间陋习。因此，先王们利用礼仪和音乐来引导百姓，使他们和睦、和谐。对于百姓来说，他们有喜欢和讨厌这两种感情，但如果音乐不与喜悦和愤怒对应，就会变得混乱起来。先王由于憎恶这种混乱，于是修身养性，正确地发挥音乐的作用，这才使得天下都归顺于他。

身着孝服，痛哭呻吟的声音使人心里悲伤；身披铠甲，戴上头盔，在队伍中高声歌唱使人悲伤欲绝（歌于行伍，使人之心伤）①；妖艳的容貌和郑国、卫国的音乐会使人心生淫荡；身着礼服，边跳《韶》舞边唱起《武》歌，这样的声音会使人心生庄严。所以，君子的耳朵里听不到淫荡的靡靡之音，眼睛里看不到惑人的女色，口中也不会说出难听的话。

作者：荀子认为音乐可以改变人的心情，所以如果可以善用，就可以达到教化世人的目的。下面的问题是问墨子的。有人也许会这样问您：

"据传，从前的诸侯听政久了，感觉疲劳，就会听一听音乐进行休息；大夫们工作累了，则会吹奏笛子、拨动瑟弦来放松自己；农夫们也会在劳作后，唱唱歌来休息放松一下。老师您说过去的圣王们不享受音乐，这就相当于把马匹拴在车上不松开，拉着弓不放开手。而作为一个有血有肉的人，这难道不是无论如何也不能做到的事

---

① 由于各版本都写成"伤（使受伤）"，因此此处译为"悲伤"，但有些别扭。李云九翻译的《荀子》（韩吉设，2006）中标注为"惕"，解释为"激动人心"，意思似乎更贴切一些。无论如何，荀子是在谈论音乐的功效。

情吗？"[1]

墨子： 我的意思并不是彻底否定音乐，而是提倡尽量将其极简化。过去，尧舜从住在茅草屋里时就坚持行礼问安，而他们也会欣赏音乐。商朝的汤王在诛灭夏朝的桀王，一统天下后，可谓大功告成，他认为已无后患，因此开始根据古乐创作音乐，创作出叫《护》的乐曲，并修改了《九招》（同《九韶》）。周朝的武王在杀掉商朝的桀王，自己称王之后，根据先王的音乐创作了被称作《象》的乐曲。周成王根据先王的音乐创作了被称为《驺虞》的音乐。自此，音乐变得日益繁盛和复杂。但是，成王在治理天下方面远不及武王，武王又赶不上汤王，汤王则落后于尧舜帝。由此可见，音乐并非是用来治理天下的手段（乐非所以治天下也）。[2]

作者： 老师的意思原来是说"圣王们虽然也涉猎音乐，但都程度极浅，所以几乎可以看作是没有涉猎（圣王有乐而少，此亦无也）[3]"。您说您并不是完全否定音乐，对于这个观点，我们已经理解了。看来，老师对于任何事物，都喜欢适合其本质的东西。老师您将音乐限制在其最朴素的范畴里，音乐就只是音乐，它不是治理天下的手段或方法，而且绝对不能允许它给百姓的生活带来任何不利。

相反，无论东方还是西方，那些优秀的哲学家似乎都喜欢把关注点放在音乐的效用上。孔子评价《韶》时说，"美丽到达极致，善良也到达了极致"，评价《武》时说，"美丽虽已到达极致，但善良并未到达极致"。《韶》被称作是舜帝的音乐，《武》则被称为武王的音乐。是不是真的可以通过音乐来了解他们的政治生活呢？

---

① 此处引用的是一个叫程繁的人向墨子提出的问题。
② 以上内容出自《墨子·三辩》。
③ 前面几句话的意思有些不通，只有最后一句是通的。但明确的是墨子并不是完全否定音乐。尧舜的音乐虽然极其简单，但政治作为却非常出色，而从后代庆祝成功和剪除后患的意义上来说，不断增加的音乐并没有起到什么作用。

据说，吴国的季札出访鲁国后曾经给出过这样的评价。他欣赏《武》的舞蹈时说道，"非常美，周朝的兴盛时期应该就是这样的"，而欣赏了《韶箾》舞后评价道，"真是一种极致的美德，非常宏大，就好像没有天空覆盖不了的，也没有大地盛放不下的，就算再伟大的美德也无法出其右了"。①

孔子游历齐国时，初次听到《韶》这部乐曲后，三个月完全吃不出肉的味道，他曾这样说：

"完全没有想到音乐还可以达到这样的境界。"②

这句话难道不是在说，不管其他人如何，孔子自己还是深刻感受到音乐的政治价值了吗？而且孔子下面这句话也表达了他作为音乐家和政治家的那种深深的自信。

"我从卫国回到鲁国之后，才把音乐进行了整理，《雅》和《颂》分别找到了自己本应归属的位置。"③

柏拉图：音乐应满足于最小化

作者：其实在音乐方面，我是个门外汉。但是，我们很容易就能找到那些主张给音乐赋予政治色彩的哲学家的强烈需求。我知道柏拉图老师在音乐方面的造诣也很深厚，特别是听说您非常重视音乐发挥的积极作用。

柏拉图：是的。对于我们来说，那些哀悼歌和叹息歌完全没有存在的必要。即使是女人，只要是温良贤淑之辈都会拒绝这种音乐的，更何况男人呢？

而且我的主张是这样的，醉酒、软弱和懒惰对于一个国家的守护者来说，是完全不该有的三种特质。那么与醉酒歌相呼应的那些冗长的音乐也是没有必要存在的，因为这些东西会有损军人的形象。

---

① 出自《左传·襄公二十九年》。
② 出自《论语·述而》。
③ 出自《论语·子罕》。

作者： 那您希望留下什么样的音乐呢？

柏拉图： 我不是音乐曲调（旋法）的专家。但是，我个人十分希望留下这样一种曲调，那就是与将投身战争等危险事业中的男子汉的声音和语调相配的那种调子，这些男子汉虽然身陷不幸的境遇，弄得满身伤口，甚至濒临死亡，又或者面对其他一些灾祸，不过他们仍旧保持着坚毅。

我希望保留的还有另一种音乐调式，那是表达人们在和平年代从事一些非暴力工作时的音乐，比如说服对方接受自己的邀约，或者向诸神祈祷和祈福，又或者是在责备、教训邻居时使用的。当然，在接受他人的邀约、指导或劝说时，以及抛弃自满、保留温和心境时也能使用。该调式还可表达一种态度，即使出现违背常理的结果也能欣然接受。

我所希望留下的便是这两种音乐调式，一种是严肃的，一种是开心的。

作者： 您只需要留下这两种音乐调式吗？

柏拉图： 是的。只要能留下这两种音乐调式，我们就不再需要数不胜数的和弦与大跨度的和音了。

作者： 那是当然的。

柏拉图： 那样一来，我们也就不再需要制作多弦乐器或者体现大跨度和音效果的乐器了，比如多弦竖琴或其他类似的乐器，从而我们也就不需要制作它们的匠人了。

作者： 是啊，那就都不需要了。

柏拉图： 好。笛子是音域最广的乐器，其实那些用来实现大跨度和音效果的乐器不过就是对笛子的一种模仿吧？不需要这些和音乐器之后，城市里只需要留下里拉琴和吉他，乡村里则只需要留下几

种管乐器就足够了。（398c-399d）[1]

作者：柏拉图老师，您将音乐的功能分为两种，一种是非常时期用来培养作战能力的，另外一种是和平时期用来培养社会性的。还有，您认为，那些复杂的乐器完全没有存在的必要，应该可以把您的观点理解为是处于墨子和荀子之间的折中见解。那么，到底什么才是达到均衡的节制呢？柏拉图老师您排斥过度复杂的乐器和过度享乐的音乐。

柏拉图：我是赞成音乐教育的。对旋律和调式的感知能够使我们律动起来，从而翩翩起舞。所以，也可以说，在教育中位列第一的就是音乐教育吧。（654a）男人们总说，女人天生就被赋予了色彩和音乐元素，或者说，大家并没有花心思去琢磨如何将自由民的曲调和舞蹈与奴隶和非自由民的节奏相搭配，并且把野兽、人、乐器的声音以及各种噪音全部结合成一种统一的合成体。这件事直到现在也没有人去完成。（669c-d）

作者：您对朴素的强调和墨子是相同的，但您认为音乐不是一种融合，而必须作为一种区别的标志，这一点又和荀子的观点非常接近。但是，战国时代中国的现实却和老师所说的情况完全相反。每个大夫都有一口钟和一面鼓，但钟的体积和重量仅靠一个壮汉是拿不动的，鼓要好几张牛皮来缝制，而那些穿着绣花衣服、翩翩起舞的女人可以挤满整整一个院子。难道没有一个方法能把墨子和荀子的观点折中吗？当然，尽管两位也许都很难接受，但孟子所说的话似乎为我们理出了一些头绪。我把那段对话原样抄录过来给大家看一下，齐宣王曾对孟子说过这样的话。

"寡人没有能力去欣赏先王的韵律，只能喜欢一些比较世俗的音乐。"

---

[1] 这是苏格拉底和在音乐方面颇具造诣的格劳孔（Glaucon）之间的对话。说话者虽然是苏格拉底，但其实表达的是柏拉图的意见。

孟子听了这话以后，说道："大王如果能真正喜欢音乐，齐国必将繁荣昌盛了。其实今天的音乐也是从过去的音乐中衍生出来的。（今之乐，犹古之乐也。）"对此，齐宣王征求了孟子的意见。对于孟子提出的"您是喜欢独自欣赏音乐，还是与其他人一起享受音乐？"这个问题，齐宣王给出的回答是："大家一起欣赏会比较好。"孟子又问道："那您是喜欢和少数几个人一起听，还是喜欢同时和很多人一起听呢？"齐王答道："我喜欢和很多人一起欣赏。"

对此，孟子说了下面这段话：

"既然大王开口了，我就说说我对音乐的拙见吧。大王您边击鼓边鸣钟，以此享受音乐，但百姓却在下面互相小声议论着：'怎么咱们的君主喜欢击鼓玩耍，而咱们就要陷入如此悲惨的境地呢？父亲和儿子相互见不到面，兄弟和妻儿四散分离。'他们这样想没有别的原因，就是因为大王没有和百姓共享那份愉悦（不与民同乐也）。"[1]

虽然有人说孟子过于迂腐守旧，但他有时候还是会说出这种一针见血的真知灼见。下面我们将进入一个更加深入的话题。说到音乐，一般主题都是"如何欣赏"，但下面我们要谈论的却是"我们要如何悲伤"这一更加深刻的主题。

3. 葬礼的本质：为生者而节制 VS 为死者而用心

作者：墨子，虽然说非乐礼论演变成了一种争论，但还是没办法完全和节葬礼论相比吧？据我所知，您因此还遭受了来自孟子毫无根据的责难。听说，荀子为了反驳老师您的理论，已经完全投身于相关研究中。但是，您的主张在儒家范围内也不是完全没有激起反响。孔门弟子子游曾经这样说过："居丧，充分体现出悲哀之情就可

---

[1] 内容出自《孟子·梁惠王》。

以了（丧致乎哀而止）。"①

我们先来听一下您的想法，尝试着把握您的核心观点。我们都知道，您对于儒家的葬礼文化一直持毫不隐晦的批判态度，那您这种态度的依据何在呢？

墨子：过度的葬礼不是孝道

墨子： 作为一名孝子应该怎么做呢？如果父亲很贫穷，就应该做让他变得富有的事情；家里人口少的话，就要做能使人丁兴旺的事情；如果因为人太多而十分混乱的话，就要做平定这些混乱的事情。如今，尧、舜、禹这三位圣王都已不在人世，天下已经失了仁义，后代的君子们都认为丧礼办得隆重（厚葬），丧期无限延长（久丧）就是仁、义、孝，但我反而持相反的看法。如此大办丧礼、延长丧期，就能转穷为富、变少为多、转危为安吗？如果并非如此，那么这种做法就既不是仁义之事，也不是孝子应该做的事。

作者： 您的意思是说，孝道的本质在于更好地侍奉生者，而不是把死者的丧事办得很隆重。

墨子： 我们可以按照主张厚葬和延长丧期的做法来试想一下。王公贵族们如果遭遇丧事，棺椁一定要多层的，墓穴一定要挖得尽量深，寿衣和被子一定要多多益善，花纹和刺绣一定要华丽，而坟墓一定要修建得雄伟巍峨。若是按照这样的方式行事的话，平民百姓或者贫贱之人死了，其家庭就会面临破产的危机，而诸侯死时，就会清空仓库，金玉裹身，还会随葬很多锅碗瓢盆、马匹、马车和武器，其他曾经属于死者的器物也会一起下葬。那么，送走一个死者就和搬空一次家毫无差别了。甚至天子与诸侯死去时往往会让很多人陪葬，多则几百人，少的也要几十人。

那么办丧事通常又是怎样的呢？夸张地失声痛哭，穿着破旧的

---

① 内容出自《论语·子张》。

衣服，住在简陋的窝棚里，故意把身体搞得分外消瘦。如果是地位很高的士人办丧礼，据说亲属一定要被人搀扶才能站起身来，一定要拄着拐杖才能走路，而且这样的阵势要持续三年之久。

如果全国都按这样的方法办丧事，那谁还会有时间和精力去做正经事呢？王公贵族们如果采用这种方式，肯定没办法一早出门去参加朝会，不得不一直工作到很晚；农夫们如果按照这种方式发丧，就没办法按照农时进行耕种；手工业者如果这样办丧事，就没办法做出我们使用的车、船和各种器物；妇人们如果也照此行事，则不可能有时间去抽丝、纺纱和织布了。

君主的服丧期为三年，父母的服丧期为三年，夫人和长子的服丧期也是三年，叔父和兄弟，以及次子以下的服丧期为一年，这种做法是很伤身体的，因为服丧期间要忍受酷暑和严寒，很多按期居丧的人最后都患上了疾病，因此而死的人也不计其数。另外，服丧期间对于男女之事的禁止也会造成很大的不良影响。男女之事被禁止的话，人口又怎么能增加呢？长此以往，无论社会上层还是社会下层，都无法完成自己的事，政治就会陷入一片混乱，最终只能导致国家越来越贫穷。

这些绝不是圣王的治理之道。比如，从前尧帝前往北方教化八狄部族，结果死在了路上，于是就在蛩山南侧举行葬礼。衣服和被子一共就三套，木棺仅用葛根缠绕捆绑起来，简单地埋入地下，人们虽哭了丧，却并没有修建坟墓。

作者： 如果老师这样说的话，那些主张厚葬并延长丧期的人一定会反驳说："厚葬与久丧如果不是圣王之道，那又如何解释为什么中国的君子们至今仍延续着这一做法，并且一直紧抓住不放呢？"

墨子： 那么，我会这样回答他："这只是因为大家习惯性地把它当成一种久远的习俗而传承至今罢了。"

从前，越国东边有一个叫辄沐的小国。在这个国家里，长子出生之后会被父母撕碎吃掉，美其名曰"为弟弟好"；在那个国家，父亲死了，母亲会被赶出家门，冠冕堂皇的理由是"无法和鬼魂的妻子共住在同一屋檐下"。这些对居于上位的人来说，被作为一种政令来颁布；而对下层的民众来说，则是一种风俗，一直被大家固守。难道这是一种仁义之道吗？这不过是大家习惯性地把它们当成一种维系多年的习俗，然后将其保留下来而已。

楚国南边有一个叫啖人国的地方，在这个国家里，父母或亲戚死去的话，要等到他们的尸体腐烂之后，把骨头抽出来再埋葬，只有这样做才叫作孝子；秦朝西边有个叫义渠国的地方，在那里，父母或亲戚死去时，要堆起木柴进行火化，烟雾升起就表示死者升天了，只有这样做才能被认定是孝子。这些习俗怎么可能真正成为仁义之道呢？充其量不过是作为一种习俗，不断地传承和延续下去罢了。现在，中国君子所行的葬礼过于厚重，而相比之下，那三个国家所行的葬礼则过于薄待了。

作者：那老师觉得哪一种程度才是最恰当的呢？

墨子：我是这样制定葬礼之法的：

"棺椁只要入地三尺就足够让尸骨腐烂了；寿衣也只要三套就足够让尸骨腐烂了；墓穴挖到向下不会有水渗进来，向上不会有腐臭的味道发散出去就可以了；坟墓只要让别人大概知道这里有个墓就足够了。失声痛哭过后，回去要继续自己的工作，维持生计，然后坚持按时祭祀死者，这就是对父母最极致的孝道了。"

这种方法兼顾了生者和死者双方的利益（不失死生之利者）。①

作者：老师的意思是说，不要因为繁重的葬礼导致生者遭受到任何损失和伤害，同时，您还反对以葬礼来给人赋予等级观念的做法，因为您只说"棺椁入地深度三尺，寿衣准备三套"，并没有言及任何有关身份等级的内容。在我们正式听取荀子老师的反驳前，似乎有一个误会需要先澄清。孟子在批判墨子时，有时似乎存在一些夸张

---

① 内容出自《墨子·节葬》。

的说法。我给大家看一段《孟子·滕文公》中的，这原来是孟子评价夷之①的，对于夷之认为关爱是没有等级之分这一说法，孟子是这样反问的："您觉得哥哥对弟弟好和哥哥对邻居家的孩子好，是一回事吗？"

而对于薄葬，孟子又是这样主张的："也许在很久以前，人们并不埋葬死去的父母，只是在父母去世后，把他们随便丢在一个山沟里。直到有一天，一个人经过他丢掉父母尸体的地方，发现狐狸和狼在啃食自己父母的尸首，苍蝇和蚊子成群地围在尸体上吸血。他看到这个情景不禁额头冒汗，赶紧将头转向一边，当成自己什么也没看到。他并不是想要让谁看到自己汗流浃背，只是于心不忍，自然就满脸是汗了。于是他取来簸箕和铲子，把父母的尸首掩埋起来。不管埋葬尸首的事是否起源于此，但孝子和善良的人选择将父母的尸首埋葬起来，就一定是有他们的道理的。"

我觉得孟子的批判很苛刻，因为墨家认为把尸体放进棺椁、埋葬到地下是可以接受的，而不要让人把尸体扔掉不管。

荀子：厚重的葬礼是深厚情谊的表达与释放

作者： 下面我们再来听听荀子关于葬礼的理论吧。

荀子： 打破世俗学说的人②是这样说的："远古时代是实行薄葬的，棺椁入地深度仅有三尺，寿衣也只有三套，而墓穴范围也绝对不会侵占到农田。如今是乱世，人们不仅厚葬，还要装饰棺椁，于是引来了盗墓贼挖开坟墓盗取财物。"

这其实是不懂尺度的言论，也是不明白盗墓缘由的人所说出的话。人在盗取别人东西时，不是因为他要填充某些不足，而是财物即使已经绰绰有余，也还想在这个基础上得到更多（不以备不足，

---

① 一位信奉墨家学说的人。

② "打破世俗学说的人"，这里指墨子。

足则重有余也）^①。圣王们在养活百姓时都会让他们变得富足，让他们知道满足^②，这样，百姓就不会对别人的东西有所觊觎。这样一来，窃贼也不会偷窃，强盗也不会行刺别人了（贼不刺）^③。就算用玉石盖住尸身，用绣花的缎子填满棺材，用黄金塞满棺椁，陪葬各种器物，也不会有人来挖开坟墓进行偷盗。因为追求利益的坏心肠不那急切了，即使是做再细小的坏事也会产生巨大的羞耻心。

今天，在上位的人蛮横无理地使唤他人，底下的民众言行举止违反法律，连那些有智慧、有能力、十分贤明的人对这种情况也无可奈何。在这样的情况下，向上失去了天时，向下失去了地利，中间失去了人和，财富逐渐枯竭，百姓就只能忍饥挨饿了。连活着的人都会抓来吃掉，扒开死人墓穴又算得了什么呢？^④

作者：在盗掘那些藏满奇珍异宝且坟冢规模宏大的墓穴时，最先发现的一定是早先进去过的"客人"们留下的痕迹。一座巨大的古坟，里面却空空如也，实在不知道该如何解释说明。对于盗墓的历史，似乎也没办法去详细地考察^⑤。这一部分似乎很难去证明，我们还想再听听荀子老师您针对葬礼的一些理论观点。

荀子：我是这样想的，拿走死人的东西去满足活人，这就叫作墨，即冷漠，瘠墨；拿走活人的东西送给死人，这是一种惑，即迷惑；杀掉活人去陪葬死人，这就叫作贼，即残忍（刻死而附生谓之

---

① 此处一般解释为"不是因为要填补不足，而是连剩下的也想占有"，但其并不通顺。如果想要填补严重不足的东西，这样也算是罪过吗？如果真是小偷的话，绝不仅仅为填补不足，而是就算富余也还想占有。

② 原文为"不知足"，可能是注释家们不小心多加入了一个"不"字。

③ 这里好像是指挖开地面，用杆子试探着向下扎的盗掘行为。

④ 内容出自《荀子·正论》。

⑤ 在很久以前，一旦盗墓成功就一辈子不愁吃穿的情况确实存在。根据考古学的结果显示，特别是战国时代的古墓中以压倒性的数量出土了大量陪葬品，这是因为战国时代的物质生活远远优于之前的时代。但是，被发现的墓穴大部分都被盗掘过，而且富人墓被盗掘的情况更加严重，由此可见荀子的反驳说服力较弱。

墨，刻生而附死谓之惑，杀生而送死谓之贼）。礼仪在处理人的出生和死亡方面是非常严肃的，出生是一个人生命的开始，死亡则是其生命的结束，所以，只有完美地处理开端和结尾，人之为人的"道"才能得以终结。

侍奉生者做不到忠厚且恭敬有礼，就称之为粗野；葬送死者做不到虔诚且恭敬有礼，就称之为薄待。君子鄙视粗野而把薄待看作羞耻。所以天子的棺椁要十层之厚，诸侯的棺椁要达到五层，大夫的是三层，士人为两层，而一起下葬的衣服或其他裹敷尸身的东西也划分为三六九等，其等级非常分明。天子的葬礼会聚集全天下的百姓，而普通百姓的葬礼会聚集所有的亲戚朋友，其目的都是出于要完美处理好生命的开端和结尾。（《荀子·礼论》）

作者： 好的。前面言及的三年丧期再次成了讨论的焦点。《论语·阳货》中提到这样一个故事，宰我曾经问过孔子一个问题："三年丧期太长了，君子如果三年期间都不行礼仪之事，那么礼仪就会被倾覆；如果三年期间不演奏音乐，音乐就会被废弃。已经成熟的庄稼会凋落，新的庄稼会长出来，在木头上钻洞就能重新生起一堆火，所以说，丧期一年应该就可以了。"

孔子回答："吃米饭，穿绸缎的衣服，你会不会觉得很舒服？"

"当然很舒服呀。"

"如果你觉得舒服就保持这样的状态吧。一般来说，君子在遭遇丧事时，再好吃的食物也不觉得美味，再好听的音乐也不会感到愉悦，即使身处家中也丝毫不觉得舒服。现在还没有打破三年丧的制度，而你仅过了一年就觉得舒服了，那改成一年丧也是可以的。"

宰我离开后，孔子说道："宰我不是个仁慈善良之人。孩子出生三年之后方才离开父母的怀抱，三年丧是普天之下通用的丧礼之道，他也曾经在三年的时间里沉浸在父母的关爱之中啊。"

孔子就是如此地极度重视三年丧。那么三年丧就是完全不可改变的法礼吗？我们很想听一下老师您的意见。

荀子：为什么要实行三年丧呢？如果受伤很深，一定需要很长时间才能痊愈，如果很痛，治愈它也是一个非常缓慢的过程。所谓的三年丧，是把人的感情定义成一种仪式，是极度悲伤的一种表现。拄着拐杖，喝着稀粥，住在茅草房里，这些都是表达悲伤的方式。长达二十五个月的丧期结束后，虽然悲痛并没有减少，但送别死者也需要有所节制，因此也要有一个时间截点。

即使是禽兽，面对父母的离开也一定会表现出自己的悲痛，也会哭喊嚎叫。在所有有血有肉的动物中，人的感知力是最出色的，因此，子女对父母的思念之情，至死也是不能完全表达出来的。我们也可以按照愚钝卑劣、淫乱邪恶之人（愚陋淫邪之人）的思路设想一下，也许，他们的父母早上去世，晚上他们就可能忘记了这回事，如果这样也要跟随他们的话（然而纵之）①，那就和禽兽毫无差别了。和这样的人共同生活在同一个世界里，世界怎么可能不会变得一片混乱呢？②

柏拉图：只有节制性的礼仪才是美好的

作者：墨子主张葬礼应该从简，只要充分表达悲伤就可以了；而荀子认为，厚葬是对一个人生命走到尽头的一种尊重，是道义的体现。听着这两位老师的讨论，我脑海中不禁浮现出"龙虎相争"这个成语。柏拉图老师，您也听到墨子和荀子的见解了，请您也针对孝道和葬礼的根本，谈一谈见解吧。

柏拉图：我是这样想的。父亲在世时，孩子一定要顺从恭敬，但如果父亲去世了，还是最有节制的葬礼最为美好。与其遵循惯例去

---

① 这句话多数情况下解释为"对他们放任自流（纵）的话"，但从荀子的话来看，这似乎太过激了。"纵"含有"跟随"之意，而且前面句子里说过"主张跟随他们"，那么应解释为"即使这样还要跟随他们的话"比较合适。

② 内容出自《荀子·礼论》。

盲目追求葬礼规模，不如把葬礼办得既不夸张又不简陋，这才是最合适的。（717d–e）

作者：那么您基本上是支持墨子的意见了？

柏拉图：我对于其他仪式都是这样看的。婚礼也没有必要邀请双方超过五名以上的宾客参加，只要亲戚和家人都在邀请之列就可以了。而且，婚礼费用的规模也应该适合自己财产收入的比例，不能花费过多。（775b）

作者：我明白了。孔子为荀子提供了必要的理论基础，我们再来看一下孔子说过的话。

"父亲在世时要观察他的意志，父亲去世以后要观察他生前的行为，坚持三年时间不去改变父亲生前的为人之道（三年无改于父之道），这才可以称为真正的孝子。"①

大家的关注点应该都放在了"坚持三年时间不去改变父亲生前的为人之道"这句话上。而墨子认为，只要能做到这个要求的十分之一就可以了，他主张用三月丧的制度来替代三年丧的制度，是吧？

墨子：是的。我认为三月丧要好于三年丧。

作者：学习儒学的人曾经说过这样的话："如果墨子认为三年丧是不对的话，那么他所主张的三月丧也是不对的。"

墨子：我觉得，这是在用三年丧来批判三月丧，这就和脱光衣服的人反而对穿着衣服的人不敬是一样的（是犹裸谓撅者不恭也）。②

作者：孔子和荀子固守三年丧，宰我提出一年丧的概念，现在墨子则主张三月丧。看来想找到折中方案还真是件难事啊。说句题外话，因为我本人有机会看到后世子孙是如何对待这件事的，所以我也说两句。今天，我们只行三日葬，如果按照墨子主张的礼法，我们现代人也是要被大肆批判的。

---

① 内容出自《论语·学而》。
② 内容出自《墨子·公孟》。

4. 理解战争的观点

作者：礼仪与战争，乍看上去像是毫无关联的两个概念，但我们在这一章节里将要尝试把二者联系起来。有人说"国家的大事就是祭祀和战争（国之大事，在祀与戎）"[1]，也就是说，礼仪和战争就是国家最重视的两件大事。这句话的意思也是指，在礼仪没办法起作用时，就要使用战争这个手段，同时，战争中也包含着相应的礼仪，这里面的含义十分复杂。

荀子说过，如果没有了礼仪，这个世界就会变成一个巨大的打斗场。那么打斗中规模最大的莫过于国家之间的打斗了吧？墨子重视实质多于表象，他虽然反对攻击，却主张应该誓死守卫家国。我认为，这两位老师都曾经把战争和礼仪联系起来进行思考过。

墨子：如果我是对的，就一定要赢

墨子和荀子，二位都反对侵略战争，特别是墨子，提起战争二字就气得咬牙切齿，而荀子则是一位毫不逊色于军事专家的兵法理论家。在这一章节中，我们将以非侵略战争的防守战为主要概念展开讨论。墨子，您认为战国时期中国的战争情况属于哪一种程度呢？

墨子：鲁阳文君曾经提过这样一个问题："楚国南边有一个叫啖人国的地方。在那里，长子出生后会被生生吃掉，号称是为后面出生的弟弟好，如果孩子面容姣好还会被献给君主吃，君主一高兴就会给孩子的父亲很多赏赐。这难道不是一些不好的风俗习惯吗？"

---

[1] 这是出自《左传》中的话。为社稷而举行的祭祀是举国上下最大规模的仪式，另外，出征仪式和凯旋仪式作为仅次于社稷祭祀的仪式，步骤程序也是非常复杂的。"能够举行正规的祭祀"，或者说"能够遵守祭祀的仪式"足以显示一个国家从理念上处于稳定状态，而"能够派出军队取得胜利"则是一个国家具备实质能力的表现。

我是这样回答的："中原地带的诸国风俗也与此相似。父亲被派往前线作战，战死沙场，他的儿子会得到奖赏，这与赏赐自己吃掉的孩子的父亲又有什么不同呢（杀其父而赏其子，何以异食其子而赏其父者哉）？既然不能做到真正地实施仁义，又如何能指责那些蛮夷生食自己子嗣是错误的呢？"[①]

作者： 墨子认为，把战争当成家常便饭的国家比生食人肉的国家更加不讲究礼仪，因为战争是与礼仪最为相悖的行为。但是，老师您又说和侵略者，或者说和不义之人发生战争时，却要彻底地反击，对他们进行惩罚。

墨子： 既然说到这里，我就再引用儒家对待礼仪的态度来深入地谈一谈。儒家是这样说的：

"君子取胜时不追赶逃兵，不用箭射杀被困在埋伏圈里（陷地）的敌人，如果他们的车轮陷进泥地里，要帮助他们把车子拉出来。（君子胜不逐奔，掩函弗射，施则助之胥车。）[②]"

作者： 就是说，即使身处战争也要讲究礼仪。

墨子： 我来回答你这个问题。假设两个关系交恶的国家打仗，即

---

① 内容出自《墨子·鲁问》。

② 最后两句话也许有文字的遗漏，其意思完全无法解释得通。而关于这点目前还没有定论，只是推测。韩国国内版本中将"掩函"解释成"用盔甲遮挡之处"，"掩函弗射"有些解释成"君子不会刺向盔甲遮挡之处"，这些都不合情理。如果是君子，反而更应该刺向盔甲遮挡之处。上古时代的贵族们在战车大战中，大多数情况下都不会攻击车轮掉落的敌人，也不会攻击丢掉盔甲的敌人。印度的叙事诗《摩诃婆罗多》（Mahabarata）中，主人公阿朱那就因为愤怒而攻击了没有盔甲保护的敌人，因此受到批判。"掩函"中的函（木箱子）与陷（陷阱）相通，那么这句话就可以解释为"陷入如无法动弹的木箱子一般的陷阱中"。身陷沼泽中的军队就是一个例子，宋襄公也曾经放弃过攻击正在涉水的楚国军队。最后一句话"施则助之胥车"中的"施"和"胥"的意思都讲不通。也曾经有人将这句话解释为"自己强大了才能帮助别人"，但这是没有考虑到"胥车"的一种意译。《左传》中也时常提到，面对敌人时，如果他们的车轱辘陷在泥里，则应该帮助他们，而非攻击他们。

使取胜的一方不去追击落败的另一方，不去射杀身陷包围圈的敌人，不去攻击无法动弹的车辆，那它也仍旧不能成为君子之国，仍旧不过是一个凶恶残忍的国家罢了。

相反，圣人以替天下除害为目的，带领军队去讨伐另外一个凶残的国家，在取得胜利之后，如果他对将士们说"不要追赶逃兵，也不要射杀身陷包围圈的敌人，遇到战车车轮深陷的，要帮助他们拉出来"，那么暴乱之辈就会苟延残喘，得以逃生，天下的祸害也并没有被根除。这是残忍地对待自己的父母，是给天下苍生带来严重祸患的做法，还有比这更加不义的行为吗？而儒家所倡导的行为正是这样的。[①]

作者：您是说，儒家的所谓礼仪，不过是一种虚伪的礼仪。我一直认为，在战国时代，不存在那种固守过去传统作战方式的儒家学派人士，但没想到老师您不仅仅单纯主张兼爱，您还指出了这些迂腐的地方。您的意思是指，如果我方是对的，那就一定要赢得战争，就一定要严惩对方。当残暴者来犯时，必须给予彻底打击和惩罚，这才是匡扶正义的做法，而在战争中谈论那些微不足道的礼仪之事反而是违背大道义的。看来老师对儒家礼法的批判绝不仅仅局限在战场上啊。

那么，您现在能不能给我们传授一些不会被敌国侵略的方法呢？如此看来，对虚伪性礼仪的排斥又会占据主导地位了吧？

墨子：对一个国家来说，有七大忧患。首先就是，在连自己的城墙或边界都守不住的时候，却还大肆修建宫殿。第二就是，敌军已经到达国境边上，邻国却不能伸出援手。在毫无用处的工程上耗尽了百姓的气力，给无能者无数赏赐，也就是说，在无用之事上花光了百姓的力气，而为招待只会动嘴游说的宾客花尽了财物，这是

---

① 《墨子·非儒》中出现了墨子直接攻击孔子的内容，但有一些与事实不符，极有可能不是墨子本人撰写的。另外，这种人身攻击性质的发言与本文针对思想对抗方面的讨论宗旨也十分不符，因而本文省略。

其三。缙绅官吏们只知道拿俸禄，流离失所的人比比皆是，君主制定法律来吓唬臣子，臣子们因为害怕而不敢有任何违背，这是其四。君子自诩为圣人或智者，对待事情无法做到自省，认为自己的国家既安定又强大，而不去加以防范和守卫。即使周边的邻国都对自己虎视眈眈，也毫无警惕之心；即使周边邻国伺机而动，也无动于衷，这是其五。偏信奸佞之人，却不肯相信忠良之辈，这是其六。最后一点，积攒起来的粮食、豆子和肉不足以喂饱百姓，大臣们不能百分之百忠诚地侍奉君主，君主给予赏赐也无法让人开心，给予惩罚也无法让人引以为戒。如果一个国家存在这七大忧患，那就一定会灾难不断。[①]

作者：我觉得重点在前面的几点上。只追求繁文缛节，把百姓之力全部浪费在无用之事上的国家，便是毫无力气的弱国。而您所阐述的其他几点和儒家或法家的主张基本没有差别。

荀子：以礼试炼、以恩感化的军队百战不殆

作者：最后，针对和平年代处理战争的方式，我想问一下荀子的相关看法。到目前为止，我们分享了很多关于礼仪的话题内容。不过，这次您不一定要和礼仪挂上钩。有没有什么我们可以作为教训的实质性内容，请您给我们讲一下吧。

荀子：国力昌盛时，要尽量保持中立，不偏重于任何一方，并以此为原则处理外交关系（为纵横之事[②]）。然后泰然自若地保持按兵不动，在一旁认真观察那些凶残国家之间的战争。保持冷静，注意实施政治教育，检视所有人的礼节，不断使百姓得到锻炼。这样就能确保自己的军队天下无敌了。

军力强盛时，反而不应轻举妄动，而应休养生息；同时，要爱护

---

① 　内容出自《墨子·七患》。
② 　此处的"纵横之事"是指外交关系。虽然也有翻译成"上下纵横，为所欲为"的，但这是错误的。

百姓，开垦田地，充盈仓库，不断使各类工具趋于简便；另外，选用有才之人，给予他们奖赏并使其充当领导角色，通过严厉的惩罚防止凶恶的行为出现。如此，敌人在自家田地里打斗，日益损耗，而我们则不断积累必需的物资；敌人在地里扔掉粮食，我们却越积累越多；敌人把有勇有谋之人全部消耗在了战争中，我们却每天都有新人加入，且训练有素。敌人在不断变得穷困贫瘠，而我们却越来越富有；敌人越来越烦躁不安，我们却愈发安逸淡定。

君主自身沿袭朴素的一般风俗，处理事情时尊重恰当的惯例做法，在花销、纳贡、举荐任用人才之事上选择朴实的饱学之士，对待身份、地位卑微的百姓时给予宽容和恩惠，像这样做的国家才会是一个安定的国家。但是，如果君主自身举止轻率糊涂，处理事情时疑神疑鬼，并且用人时偏重粉饰太平之人，喜欢盘剥身处社会底层的百姓的话，那么这个国家就岌岌可危了。（以上内容出自《荀子·王制》）

作者： 关于这部分的内容，我们已经听了很多。两位老师围绕着礼仪本质展开了激烈的争论，但对于战争的态度却存在着一些共同点。现在到了整理总结的时候了，在战国时代混乱的局面下，两位老师提出的对策该如何加以运用呢？我们可以通过一些事例来进一步观察和了解。

会议主持人点评——墨子丰满了儒家学说

听着墨家与儒家就礼仪一事展开的争论，脑海中不禁冒出教学相长、青出于蓝和吴越同舟这三个成语。为什么说是教学相长呢？儒家的礼仪被统治者当作专制统治正当化的手段，而这一事实被墨子所揭发。相反，孟子和荀子则批判了墨子的实质论，认为其混淆了统治和生产这两个概念，十分无知。但是，双方一方面相互争吵，另一方面又相互学习。其实，墨子专心研习过孔子的学问，同样，孟子和荀子也研究过墨子的学说。那么为什么说是青出于蓝呢？墨子通过兼爱的理论向孟子传递了强烈的民本思想，而向荀子传达了一种同一的社会思想。孟子和荀子在不知不觉中对墨子的学说加以发扬和发展。因此，孟子成了大力主张仁治的倡导者，荀子则发展壮大了中国式的社会契约论。那么又为什么说是吴越同舟呢？墨家与儒家虽然一直处于相互攻击的状态，但面对法家时却又结成了统一战线。墨家以非攻的理论来应对法家的好战性，儒家则以教化论对抗法家的赏罚论。

总而言之，墨子在批判儒家学说的同时，也为儒家学说的流传提供了坚实的基础。

孟子是兼爱论的继承者

表面上看，孟子视墨子为冤家对头。对于墨子学说能够得到广泛传播这一现象，孟子感到非常气愤，他曾经这样哀叹过：

"圣王不出现，诸侯就会恣意妄为，处士们就可以随心所欲地妄加评论，杨朱[①]和墨家的学说就会充斥全天下。普天之下的所谓学说，除了杨朱就都是墨家的了。杨氏只为一己私利，这是对君主的无视；墨氏主张兼爱，这是对父亲的无视。（杨氏为我，是无君也；墨氏兼爱，是无父也。）"[②]

另外，《孟子·尽心》中也有下面这段带有讥讽意味的话：

"所谓墨子的主张，就是即使整个人被折磨得不成人形了，但只要对大卜有益，就仍然会提及关爱，这只不过是一种极端思想罢了。

---

① 杨朱的著述并没有留存至今，只在其他转述中有一些零散的相关描述，但可以将他的思想看作是个人价值的绝对化。他主张的是"即使把整个天下双手奉上，但如果导致自身受到伤害，那又有什么价值呢？"。孟子批判他是一个极端的利己主义者，但在当时，追随杨朱学说的人数量相当可观。杨朱的个人观点与道家有相通之处。

② 内容出自《孟子·滕文公》。

如果选择了这个极端，那么其他重要的事情就都会被抛弃掉。"

有时，就算墨子说了一句非常简短的话，如果不恰当，孟子也会站出来反驳。如，墨子认为，曾经辅佐圣王开创伟业的伊尹和百里奚本身也是贫贱之人，为了等待报效国家的机会，他们甚至不会拒绝在厨房打零工和在牧场放羊的工作。结果孟子马上出面反驳：

"不是这样的。对于伊尹来说，如果不是出于仁义或道义，即使把整个天下当作俸禄送给他，他也会不屑一顾。汤王数次派人前去给他送礼，他却说：'我凭什么收下大王送的礼物呢？还是留在家里享受尧舜之道比较好。'并拒绝出山。但即便如此，汤王仍旧不断派人前去请他，于是伊尹想：我虽然很享受在旷野之中体悟尧舜之道，但如果能把现在的君主培养成和尧舜一样出色的统治者，不是更好吗？才答应出山。所以说，声称伊尹是边当厨师边等待实现抱负的机会这个说法是毫无根据的。"（《孟子·万章》）

大体来说，孟子攻击墨子的原因是，他认为墨子虽然对活着的人心存怜悯，但对死者的怜悯是远远不足的。[①]对于活着的人，孟子的用心其实与墨子的兼爱礼论并无二意。虽然说墨子主张"大家一起珍惜"，而孟子主张"大家一起享受"，但二者同样都是"大家一起"。孟子的思想还可以精简成"大家一起享受"这个大主题。

---

① 孟子从齐国回到鲁国给母亲办了丧事，再次回到齐国后，监督棺材制作的充虞过来拜访他，请教了下面这个问题："您竟然敢把监督棺材制作这么大的事交给没出息的我来做，当时因为时间紧急没得及，所以现在才有机会跟您说：那个木材真是太漂亮了。"

孟子是这样回答他的："很久以前，那时还没有制作棺椁的规定。到了中古时期，棺的尺寸变成了七寸，而椁也随之发生了变化。从天子到平民都是这样，但原因并不是要追求外表装饰的美丽，而是只有这样才能完全表达人们的心意。如果能做也不这样做的话，心里会无法得到满足；如果没有足够的财产，无法做到那样，也无法得到心理的满足。只要是能做到，而且拥有足够财产的古代人，都会使用上好的材料制作棺椁。为何单单我就不能这样做呢？还有，不让去世的人皮肤直接触碰到泥土，不也能让人获得心理上的满足吗？我听说是这样的：君子为了父母可以舍弃整个天下。"（《孟子·公孙丑》）

梁惠王站在莲池边，一边望着天鹅、大雁和鹿，一边问道："贤明之人也非常热衷于享受这些事物吗？"

孟子这样回答道："先要成为一个贤明之人，然后才能够体会到这其中的快乐；如果不是贤明之人，就算已经拥有了这些，也无法体会到那种快乐。文王借助百姓之力修亭台、挖莲池，但百姓非常开心和享受这一切。老百姓因为很开心，便把亭台叫作灵台，把莲池叫作灵沼，而且在那里养有麋鹿和鹿，鱼和鳖。古人非常善于在与民同乐中享受到乐趣。（古之人与民偕乐，故能乐也。）

《汤誓》中有这样一句百姓不满暴君之道而说的话：'太阳什么时候消失？我愿意和你一起去死。'百姓甚至都希望能和自己的君主一起赴死，虽然那里也有亭台，有莲池，有鸟，有兽，但君主怎么可能独自享受呢？"

孟子在谈及上下阶层欲望的差别之前，先说到了欲望的同一性。因此，相比荀子，孟子反而距离墨子更近。荀子曾说过："有些人的言谈议论与墨子几乎无异，可自己还不自知，依然还打着先王的旗号去欺骗那些愚钝之人，以此来谋得衣服与吃食。"（《荀子·儒效》）这分明就是在把矛头指向孟子。

荀子借用了墨子的社会理论

荀子运用礼法理论对墨子进行批判。

"有些人完全不懂得天下的立国准则（权称），只是一味地推崇共有，夸大俭省，轻视等级差别（慢等差），并且毫不理解相互之间应区分不同，君臣上下应存留差异的道理。即便这样，这些人所主张的观点貌似有理有据，说出的话有条有理，因此，居然还能蒙骗一些愚钝的大众，这些人就是墨翟和宋钘呀。"（《荀子·非十二子》）

那么，荀子是纯粹地站在墨子的对立面吗？其实并不是，荀子实际上借用了墨子的社会思想。荀子曾经主张"所谓君子就是能够把人们聚合起来的人（君者，善群也）"（《荀子·王制》），这正是源于墨子大力提倡的同一性。

荀子主张的差别化虽然与墨子主张的兼爱思想针锋相对，但其实他的论证展开方式是完全沿用了墨子的做法。墨子曾说过，人因为劳动而与动物区分开来，只有劳动力凝聚在一起才能发挥效力，而荀子是这样说的：

"人从出生开始就必须结成团体，但结成团体后，如果没有等级差别和区分，就会产生争斗；一旦发生争斗，局面就会变得混乱；局面变得混乱，就会分崩离析；而一旦分崩离析，就会被弱化，弱化的结果就是无法战胜其他事物。"（《荀子·王制》）

荀子主张力量来自群体社会，群体只有达到和谐时才能变得强大，这一观点和墨子是相同的。墨子认为群体成员之间的相互关爱是实现和谐之路，荀子则认为人为地制订秩序是实现和谐的王道，两者说法虽然不同，但在国家出路在于群体生活这一点上是统一的，而他们两者同时都与倾向于回归大自然的道家相对立。

墨子之前的儒家礼法理论中存在诸多脱离现实的地方，如果不是墨子站出来，运用实质论来攻击他们的弱点，那儒家恐怕早已成了跛脚的瘸子。让我们先来看看孔子做出的行动吧。

听说陈成子弑杀了齐国的简公，孔子便沐浴更衣，上朝对鲁哀公这样禀告道："陈恒杀害自己的君主，我想请求大王出兵讨伐他。"

鲁哀公回答说："寡人已经是手无实权的君主，身为臣子的你去孟孙、叔孙、季孙那里禀告请愿吧。"对此，孔子是这样自嘲的："我位列大夫的最末等，当然不敢不来禀告呀。"（《论语·宪问》）

那么从现实角度出发，小国鲁国无能的君主是否能够打败大国齐国的有才之士呢？孔子的话可以说是比较做作的。而墨子并不主张像孔子那样，为了履行自己的职责做一些自己原本无法做到的事。

墨子就像春天到来之前就已经盛开的木莲花，尽管遇到风雪就会凋落，但毕竟呼唤了春天的到来。

第 4 章

庄子——呼喊绝对的生命与平等

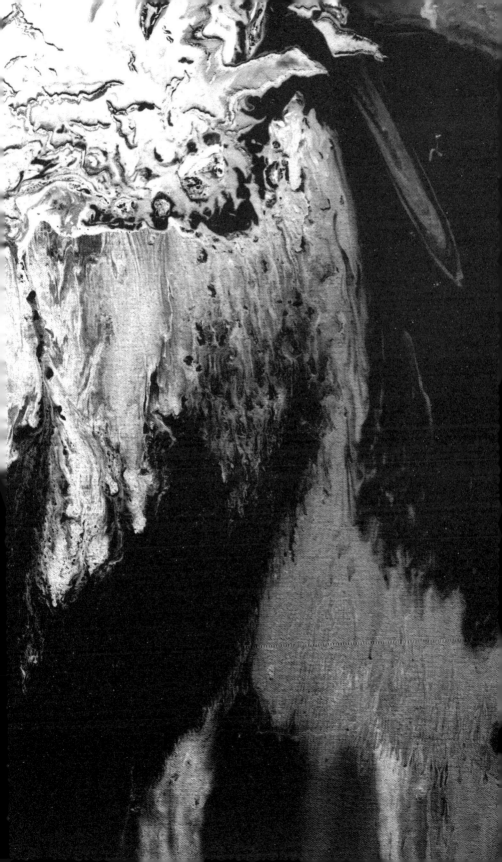

他说，他独步天下。在诸子百家热衷于追名逐利之时，他却对名利淡然处之。虽然他独步于天下，但东方思想在超过 2000 年的时间里，却一直在追寻着他的足迹；虽然他志不在于施予别人恩惠，但东方哲学却在他创造出的思想树荫里休憩。如果没有他的思想，那些有志之士又怎么能从乱世中崭露头角？又怎么能从官宦门第的体制中脱颖而出呢？他是谁？他就是庄子。

　　在今天，庄子虽然以崇尚无为、自然的神仙形象为大众所熟知，但他却曾是一位勇猛的斗士。在有着吞灭一切的气势，且日益壮大、无所不能的怪物面前，他仅凭一身破衣，就敢于直面怪兽。虽然他形色渺小，但是他一步也没有后退。不知为何，那怪物就是无法吞下这位衣着褴褛的汉子，只是呜呜发声。难道是因为怪物知道如果吞掉他就犹如吞下会燃烧掉自己的火球吗？庄子是战国时代与极权主义对抗的人道主义者，也是中国历史上与全部极权主义者对抗的生命主义者。最终，他的思想冲破了中华的篱笆，走向了全世界。

1. 无用之物的作用

作者： 在这残暴的战国时代，听了老师的话之后，我的心情好像变得顺畅起来，愤怒也随之平息，却总是有一些不管怎样都捉摸不透的东西。所以，后辈的学者中也有人把老师和老师的前辈老子划为同一类人物来谈论。比如，荀子就说过：

"老子认识到屈从的一面，却没看到伸展的一面；只屈从而无伸展，那么高贵和卑贱就不会有分别。（老子有见于诎，无见于信；诎而无信，则贵贱不分。）①

"屈"是指上级让下属屈从的意思吧。荀子还说：

"庄子被上天蒙蔽而没认识到人的力量。（庄子蔽于天而不知人。）"（《荀子·解蔽》）

"天"应该是指天性，"人"应该是指人为吧。虽然这是个人的

---

① 出自《荀子·天论》。"诎"是屈从、屈服的"屈"的意思，"信"是伸展的意思。

见解，但我认为，比起伸展来，扭拧更危险。法家思想家们把"虚空"的概念扭曲，甚至把它当成是"阴险君主们的读心术"。所以，请庄子您向那些世俗中无法理解您思想的学者讲讲吧。①

我超越了诸子百家

庄子：我不是一个故意把话说得晦涩的人，但我喜欢打比方。因为如果不打比方的话，会有更多的人难以理解我的意思。现在，我来给你们说说。

北边的深海（北冥）有大鱼，名字叫"鲲"。这鱼有多大呢？它的身体从头到尾，不知道有几千里长。它会变成鸟，名字叫"鹏"。这鸟有多大呢？它的脊背从头到尾，不知道有几千里长。大鹏展翅，奋力一飞时，翅膀就像天边的云。大海上波涛汹涌，海水要喷涌形成大漩涡，大鹏才能乘着水势飞向南边的深海（南冥）。南冥，也就是天池。《齐谐》是本记录奇门异事的书。书里写道：大鹏飞往南冥时，要挥动翅膀，在水面滑行三千多里，才能乘着水势，飞上九万里高空，一直飞六个月才休息一次。

水浅则无法承载大船。若往水洼里泼一杯水，稻草虽能飘浮起来，但杯盏却无法飘浮。这是因为水少而船大。若风不够厚重，那也无法乘载振翅而飞的大鸟。因此，要飞到九万里的高度，得压住

---

① 《庄子》里收录了很多人的言论。《内篇》是最有体系的论文，其中包含了庄子所著的《逍遥游》《齐物论》，这两篇以绝对优势压倒了其他著作。但是，比较遗憾的是，这两部分理解起来最为晦涩，翻译上的错误也比比皆是。《外篇》很明显是后来的人添加进去，与庄子本人的思想混杂在一起的，其大部分可以看成是后代人的续作，因为可以看到很多互相矛盾的主张。当然，如果是战国时代的续作，那没什么问题，因为可以了解到整个庄子学派的思想，但这却是秦朝建立之后的续作，荒唐的神仙思想以及乱哄哄的论争反而遮住了战国时代庄子思想的真面目。作者认为《逍遥游》和《齐物论》里体现了庄子一半以上的思想。这两篇之后，本书将补充一些《内篇》的内容。另外，对于《外篇》和《杂篇》，只摘录其中部分内容。

那样厚重的空气才能乘风吧。只有飞上蔚蓝天空，才能启程飞向南方去。

蝉和鸽子看到大鹏振翅后，异口同声地嘲笑道："我们呼啦一下可以飞到榆树的枝条上坐着。有时候，一下飞不过去就掉到地上罢了。为什么非得飞到九万里的高空，然后去那么远的南方呢？"

去近处郊野的人，虽然只准备三餐，但回来时依然会觉得饱；去百里远的人，出发前一天晚上要提前备好干粮；去千里远的人，则需要准备好三个月的干粮。像鸽子和蝉这样的小鸟小虫能知道什么呢？

小聪明无法领略大智慧的深奥，几载光阴无法匹敌漫长岁月。它们怎么能知道这些道理呢？看吧，只活一早的菌菇不知一天早晚（晦朔），只活一季的寒蝉不知一年四季（春秋）。

看到乘风南去的大鹏，鹌鹑嘲笑道："那只鸟到底要飞往哪里去？我向上跳跃，不过几丈远就会掉落到地上。虽然能在蓬蒿丛中来回飞跃，但也就这样了。可是那只鸟到底要往哪里飞呢？"

这就是大物与小物的区别吧。但是，那些才智足以授予一官半职，行动足以征服一座城邑，德行符合君主心意，能让全国民众都信服的人才们，他们的想法却不过和这鹌鹑一样罢了。

我不需要名声

作者：听起来，老师的知识似乎超越了这个时代。现在，"与蝉或鹌鹑一样"的士大夫们，在这个时代的条件下能做的事情，从小处来说，难道不就是为了成为下层的官吏吗？从大处来说，难道不就是为了成为宰相吗？

老子说："下级的儒生听到道之后会大声嘲笑。如果没被嘲笑，就很难得道。因此有这样的说法：光明的道好似暗昧（明道如孛）。"

我理解了老子所说的大器晚成①。

庄子：所以说，不平凡的人（至人）不需要知己（无己），神奇的人（神人）不需要功绩（无功），神圣的人（圣人）不需要高人一等的名声（无名）。

作者：自己四处传播自己的功名，这是在当时的时代条件下可以做成的事情。不过，老师您却把那些有利于自己传播功名的条件都否定了。

庄子：接着给你讲。过去，尧曾想把天下禅让给许由。尧对许由这么说："太阳、月亮升起了，如果火把不熄灭的话，就难以看到太阳和月亮有多明亮；雨水应时而下，却还引水灌溉，这不是白白用水吗？您成为君王后，天下就会大治，而我却占着这个位子。我觉得自己还有很多不足之处。所以，请接受这个天下吧。"

许由回答说："您治理天下，天下现在已经大治。如果要我代替您，难道是想让我获得声名吗？声名不过是虚无的。难道您是想让我获得虚无的声名吗？山雀在深林中筑巢，不过是占了一枝树枝而已；田鼠喝了黄河水，也不过是恰好止渴而已。大王，请您还是回去休息吧。我没什么可以为天下苍生造福的事情可做。这就好比，厨师做不好厨房料理，祭祀人也不能放下祭祀工作去代替厨师。"

没用的东西是最有用的

作者：我已经明白了您所讲的中心意思。您的意思就是让可以使天下大治的人去治理天下，而不去干涉。但是，现在不是战国时代吗？孔子说："虔诚地相信和喜欢学问，就算死也要守护好'道'。不去危险的国家，也不在乱糟糟的国家停留。天下有道时就出世，无

---

① 主要引用了郭店出土的初版《老子》里的内容。在马王堆出土的《老子》版本和现在通用的王弼著的《老子》没什么太大区别。郭店版《老子》在战国时代中期流传较广，如果说庄子读过老子的著作的话，是这个版本的可能性较大。

道时就隐居。国家如果有道，自己贫贱便是一件惭愧的事情，国家如果无道，那么自己富贵也是一件惭愧的事情。"还有墨子，他一直东奔西走，甚至到了一天就能把鞋底磨穿的程度。可以说他们都是不真实的人吗？在这么一个急躁的时代里，老师您要是不出世的话，可以说是一件非常遗憾的事情。

庄子：是这样的吗？惠子曾对我说："魏王送给我大葫芦的种子，我把它培植后，结出了能盛五石东西的果实。我用大葫芦去盛水浆，可是它太大了抬不起来。把它剖开做瓢，结果又宽又平，盛不了水。这个葫芦不是不大呀，但我还是因为它没有什么用处而砸烂了它。"

我是这么回答他的："老师实在是不擅长用大东西啊。宋国有一户人家善于调制防止手皲裂的药物，不过这一户人家却世世代代以漂洗丝絮为业。有个游客听说了这件事，说愿意花费百金来购买他的药方。那家人就聚在一起讨论：'我们世世代代在河水里漂洗丝絮，所得不过数金，如今把这技术卖了一下子就得百金，那就卖了吧。'

"这样，游客拿到了药方，他找到吴王游说。正巧吴国在与越国交战，吴王因为那名游客有防止手皲裂的药方便派他统率一支队伍。冬天，吴军跟越军在水上交战，大败越军，吴王便封赏了土地给那名游客。明明使用的都是不让手皲裂的技术，有的人能获得赏识，得到封地，而有的人世世代代却只能靠漂洗丝絮为生，并不得解脱。究其原因，不过是使用技术的方法不同罢了。如今你有五石容积的大葫芦，怎么不考虑把它制成酒桶，然后使之浮游于江湖之上呢？相反，您却担忧葫芦太大，无处可用，看来老师您还是心窍不通啊！"

惠子不认输，便又问："我有棵大树，人们都叫它'樗'。它的树干疙里疙瘩，不符合绳墨取直的要求；它的树枝弯弯扭扭，也没办法砍下来用。虽然这棵大树就生在道路旁，但经过的木匠连看都不看一眼。现今您的言论大而无用，大家都会鄙弃它呢。"

我回答他："老师您没看见过野猫和黄鼠狼吗？这些家伙压低身

子匍匐于地，等待那些出洞觅食或游乐的小动物。一会儿东，一会儿西，跳来跳去；一会儿高，一会儿低，上蹿下跳，它们不曾想到会落入猎人设下的机关，死于猎网之中。还有那犛牛，身体庞大似天边的云，它的本事大是大，却捉不了老鼠。如今，你虽然有这么大一棵树，却担忧它没有什么用处，怎么不把它栽种在不毛之地，栽种在无边无际的旷野里呢？那样的话，人们便可悠然自得地徘徊于树旁，优游自在地躺卧于树下。大树不会遭到刀斧砍伐，也没有什么东西能去伤害它。虽然没有派上什么用场，可是哪里又会有什么担忧呢？"（以上出自《庄子·逍遥游》）

作者：老师说没用的东西最有用。您的意思是指，作用大的东西乍一看没什么用吧？老子说："'道'永远是无名质朴的。它虽然不可见，但天下没有谁能使它服从。王侯如果能够按照'道'的原则治理天下，那么天下万物将自动地来归从于他。天地间阴阳之气相合，会降下甘露，不必人们下令，它也会自然而然地均洒。"这与老师的话正好相符，是正话反说。质朴反倒是不受他人使唤的条件，并且是大大有利于别人的条件。

不过，我也就是个愚笨的笔杆子，也只是将老师说的大葫芦和大树的作用重新展现出来罢了。下面进入分论阶段吧。

2. 万物皆平等

作者：今天，人们热衷于扬声立万，甚至于因为追求名声的压力而损害了身体。实际上，追逐名利、追求长生不老，不过是人类的本性，您对这个怎么看呢？

庄子：人一旦形成肉体后，就不能随意损毁，要一直等到生命到达尽头。他们与外界事物尖锐地碰撞，相互磨损，或相互顺应，像疯了一样只能前行，不能停留，这个样子不是很可悲？他们终身拼命却看不到获取的功名，一辈子奔波疲累却不知道自己归宿何在，这难道不可悲吗？人们说，这种人虽然不死，可又有什么好处呢？人的肉体机能逐渐衰退，人的精神和感情也跟着一块儿衰竭，这难道不算是最大的悲哀吗？所谓人的生活，就是这么愚昧无知吗？还是只有我一个人是愚昧的呢？其他的人里面就没有这么愚昧的人吗？

将明智作为标准来生活

作者：生而为人，便是为了某个目标去刻苦、去努力，难道这不是理所当然的事情吗？可是，通过知识来参与世界的人们却不知道生老病死，一直都在不停地求学，到最后却什么都没有学到，一无所成。难道学习不是一件要量力而行的事情吗？

庄子：追随已经形成的偏执己见，并把它当作老师，那么谁会没有老师呢？难道只有必须通晓事物更替，独自去追寻老师的人，才会有老师吗？（奚必知代而心自取者有之？）①愚昧的人有心的话，

---

① 这是美妙又晦涩的句子啊。要想理解《齐物论》整体的意思，必须要断好句。这里如果断句成"奚必知代，而心自取者有之"，可以解释为"如果知道'代'，那自我修炼身心的黎民就可以成为老师吗？"金学周译注的《庄子》（燕岩西家，2012），算得上是韩国具有代表性的译注本，其中把这句话解释成"怎么一定能知道那些心理变化的人，通过修炼自己身心使之成为自己老师的人呢？"。他把"代"解释成是通过心灵的变化移动，并且把"心自取者"解释成是心灵自己进化变成自己的老师。这有过多意译的成分。从中可以看到，对这句话的理解，根据断句不同，其解读也不同。不管怎样，庄子说的这些人就是贤明的人。因为，下面的句子中对应出现了"愚者"。我觉得"奚必，知代而心，自取者有之"这么断句比较正确。据此，"而"通"尔"，可以解释成"只有通过知识替代内心，并获得自我成功的人才可以成为老师"。庄子在《齐物论》的其他部分里断定"其有真君存焉？"所谓"真君"最终只能通过内心来掌握。因此，可以理解为要审视好自己的内心，并将其

也跟他们一样有老师。思想上还没有形成定见（未乎成心）就有了是与非的观念，这就像今天到越国去而昨天就已经到达，这便是把没有当作了有。没有就是有？即使是圣明的大禹，也尚且不可能通晓其中的奥妙，我又能怎么样呢？

作者：老师您如何看待当今各大学派拿着不知所云的话去争辩，然后挑起是非的事情呢？

庄子：所谓话，不是随便吐出去的没意义的声音。说话的人虽然在说话，但说出的话的意思并没有完全显露出来，这就是说话的意思。和没做的事情难道不是一样吗？他们自以为自己的言论不同于刚出蛋壳的小鸟的叫声，但是可以分辨的，还是不能分辨的呀？道是怎么被隐藏而变得有真伪的呢？言语是怎么被隐藏而有是非的呢？道是怎么离去与消失的呢？道被隐藏在片面的认识中，言语被隐藏在花言巧语中。因此，儒家和墨家才出现了是非对峙的争执，他们各自把对方所非认定为所是，还指责对方把所是当成所非。如果想把所是变成所非，把所非变成所是，没有比把"明"当作标准更好的办法了。

作者："把'明'当作标准"是什么意思呢？

庄子：把此当成彼，把彼当成此，也就是彼此双方相互并存（彼是方生之说也）。所以，死而有生，生而有死。可能中出现不可能，不可能中又生出可能。正确中出现了错误，反过来也一样错误中会出现正确。因此，圣人从来不会通过这样的方式来分辨彼此，而是把事物的一切都当成是上天的安排。如此一来，此物便是彼物，对的便又是错的。因此，真的有彼与此这样的东西吗？如果不是这

（接上页）作为自己的老师。因为，这就是真君要做的事情。庄子对于审视自己内心的事情看得十分重要。因此，前面提到"根据形体的变化，心灵也会跟着变化，怎么就不是那么悲伤的事情呢？"所以说，对于个人来说，心灵是不会与形体一同老去的。如果这样理解的话，就不难明白，庄子为什么怜悯那些以自己知识见解并且一辈子都在为此挣扎、辩论的人了。

样，那是不是根本就没有那样的东西呢？不管是彼还是此，都无法单独获得，这就是道的奥妙（道枢）所在呀。道的奥妙一开始便处在空洞的中心，其应对变化，无穷无尽。对的东西就是那无穷，错的东西也是那无穷。因此说，"明"是最好的东西。

区别和判别是斗争的萌芽

作者： 所谓"明"，可以对照"空"来看它的意思，这和老子所说的有非常大的相似之处。老子说："三十根辐条组成一个车轮，因为圆木有空的地方，所以才能让车轮发挥作用；糅合黏土可制成器皿，因为器皿中央是空的，所以才能实现器皿的用处。"这句话说的便是，如果用明显的一一对应和背道而驰的概念去说明、解释事物，会有相当大的局限性。也就是说，水对应火，天对应地。我们却找不到和车轮中间圆木相对应的东西，而这种无法对应恰好体现了自由自在的变化。

庄子： 所以我说，敲钟的铁棒和巨大的柱子、大麻子脸和美女西施的脸、珍宝和怪物，这些从道来看，都是可以统一的（道通为一）。分裂会聚合，聚合又会破裂。万物没有聚合或者破裂，而重新合成一体。所以，只有通达的人才能通晓万物齐一的道理。

作者： 老师您好像比老子更进了一步。老子说："天下人都知道美之所以为美，是因为有丑陋的存在；都知道善之所以为善，是因为有邪恶的存在。所以，有和无互相转化（有亡之相生也），难和易互相形成，长和短互相显现，高和下互相充实，音与声互相和谐，前和后互相接随——这是永恒的。因此，圣人对待世事用无为的观点（亡为之事），施行教化用不言的方式（不言之教）。"老师本身就不去区分善恶与美丑。

庄子： 聚集力量才能集中精神，万物不了解彼此间的共同点才会朝三暮四。这是什么意思呢？以前，养猴子的人给猴子喂食橡实时说："早晨三个，晚上四个。"听完后，猴子们都非常生气。于是，养猴人换了种说法："那就早上四个，晚上三个吧。"听完后，猴子们都非常喜悦。实际上"喂食的"本质与根本并未发生变化，但居然会让猴子有这么大的情绪起伏。究其原因，那是猴子只知其一不知其二呀。因此，圣人们会调和是非而不去搬弄是非，从而顺应自然均衡（天均），这也就是所谓的"两行"①。

作者：老师您讲的朝三暮四的故事，好像是在说儒墨之争，又或者只是在比喻百家论争本身。因此，您才没有去高度评价昭文的优美琴曲和师旷的美妙韵律，您认为他们弹奏乐器的技巧只是比其他人更纯熟罢了。当然，从道的角度去看，纯熟这样的言语也不一定会成立。区别可以说是没有尽头的，需要区别的事物没有尽头，争论也没有尽头。

但我依然还有疑问。我们所谓的言语，如果毫无区别的话是无法成立的，而所谓的社会难道也没有善恶美丑之分吗？

庄子：道并不是从一开始就有界限，言论也不是从一开始就都是定论，这都是之后慢慢形成的区别。区别是：有左、有右，有伦序、有合宜，有分粗、有辨细，有竞弱、有争强，这就是所谓的八德。

圣人们对宇宙以外的事情只是观察而不去考量它的归属；对宇宙以内的事情，只去论说而不予评议。《春秋》是记载治理社会的编年史，圣人只是将先王的意思记录下来，而不作评论。因此，可以分辨的就去分辨，不能判别的就不去判别。为什么会如此呢？圣人们只是把想法放在心里而不让别人知道罢了。所以说，如果去争辩，真相反而不会出现。

自古以来，大道无法用名字去定义，善辩无法用言语去表达，大善反而不是善良，大勇反而最不具备杀伤力。

作者：老子曾说："做学问的人一天天进步，一心向道的人一天天损耗。损耗了又损耗，最终实现无为（亡为）。无为并不是什么都

---

① "两行"就是指"不打破是与非的均衡"。

不做（亡为而亡不为），如果停下做学问的脚步，便可再无忧愁（绝学无忧）。"所谓的学问，就是指变得有区别的意思吧。老师，请您说一说道有什么样的用途吧。

庄子：之前，尧问过舜："我想讨伐宗、脍、胥敖这三个国家。我虽成为君王，南面于天下（因为还有未平定的地方），但是每日临朝时，心里总有点不舒服。这是为什么呢？"

舜答道："可见，您现在好像还处在蓬蒿与艾草之中。您依然不安，究竟是为什么呢？过去十个太阳同时升起照射万物，何况您的德行胜过太阳的光芒呢？"

作者：所谓我与他的区别是争论的根源啊。宗、脍、胥敖这三个国家没办法认可自己领地以外的东西，在想讨伐的尧看来，其看到的东西也是一样的。但是，老师怎么能不去讨厌这样的区别呢？以前啮缺向自己的老师王倪问了一个问题——如何才能知道事物都是一样的。老师您的说法令人印象深刻。

庄子：王倪是这样回答啮缺的：

"我现在问你：人们如果在潮湿的地方睡觉，醒来后会腰痛，严重的话会导致偏瘫，泥鳅也是这样吗？人爬到树顶会瑟瑟发抖，猴子也会这样吗？既然如此，人、泥鳅、猴子三者中谁最了解真正舒服的住处呢？人们宰猪杀牛，麋鹿食草，蟋蟀吃虫蚁，鸱鹰和乌鸦却喜欢老鼠。那么，人、麋鹿、蟋蟀、禽类这四者中谁最清楚真正的美味呢？

"看到人类中最美丽动人的女子，鱼儿潜入水底，鸟儿惊到飞起，麋鹿撒腿就跑，那么在人、鱼、鸟、麋鹿这四者中，到底又是谁最清楚天下真正的美色呢？在我看来，仁与义的标准和是与非的途径，都是杂乱无章、混在一起的。所以，我怎么能判别出它们之间的区别呢？"

作者：王倪实际上只是进行了所谓的判别。他所讲的难道不正是要尊重事物以及生命"本身"的意思吗？他没有站在人类这边，也没偏向泥鳅那边。他并没有否定判别本身，而是认为不能相信只是根据自己定好的标准去判别事物的结果。老师，您说我说得对吗？

庄子：我和你说一说我梦中的事情好吗？我曾做过一个梦，在梦中我变成了蝴蝶。那梦境栩栩如生，以至于我以为自己真的变成了蝴蝶。这个梦境让我心意满足且非常愉快，甚至忘记了自己是庄周。但是，突然被惊醒后，我依然还是庄周。不过，我却不知道是庄周做梦后变成了蝴蝶，还是蝴蝶做梦后变成了庄周。可是，庄周和蝴蝶分明是不同的物种呀！而这就可以被称为是万物的变化。①

作者：好像不只在梦中是这样。老师在现实中也常常化身为蝶。我们经常可以听到老师您这样的言论，即不管在什么条件下，在什么位置上，感觉到的东西都不能称为真理。在梦中成为蝴蝶时，老师您完全没有意识到自己本身，并且从梦里惊醒后也无法再次体会变成蝴蝶时的心情。

您看起来好像在现实中也经常变成蝴蝶，因为您常常放弃自我，完全肯定对方，并站在对方的立场上想问题。现在，我们都在追求更高品质的生活，所以在进入下一个话题前，麻烦您为我们讲一下长寿的秘诀吧？

庄子：我们的生命虽然是有限的，学问却是无限的。以有限的生命去追求无限的学问是一件十分危险的事情，所以说追寻学问的人是十分危险的。因此，行善布施不要高调宣扬自己的名声，做了坏事也不至于面对刑罚的凌辱；放弃走极端，以中庸之道为标准生存。这样就可以保持身体康健、延年益寿，从而赡养父母，颐养天年，直到生命尽头了。②

作者：说得真好。这与老子说的话很像，老子说："名誉与自己的身体，哪个更重要？自己的身体与财物哪个更多？对获取更加担

---

① 内容出自《庄子·齐物论》。
② 内容出自《庄子·养生主》。

心，还是对失去更加忧虑呢？越重视珍惜的，越容易浪费挥霍；越想保存的，越容易丢失。因此，懂得知足，就不易受到责骂；懂得停留，虽不会变得伟大，却会长长久久。"

3. 最佳的参与是审视

放弃欲望，则得"空"

作者：我在想要不要为老师辩解一下。常常听到有人说："道家的思想是不是过于软弱？是不是过于谦卑？是不是过于愚蠢？"您说过，凡是大事的开端常常趋于平淡。也就是说，从现实来看，所谓大事，并没有太大意义。另外，众所周知，老师常常严厉地批判孔子的思想，而在我看来却并非如此。老师您其实认真研读了许多孔子的书籍，您也认可了许多您觉得应该认可的部分内容。①老师在《庄子·人间世》里引用了很多孔子的话。那我就说说这些被引用的部分吧。下面是叶公子高与孔子之间的对话。叶公子高肩负着联合齐国，牵制吴国的重任，但是因为无法解决这个艰巨的难题，所以他向孔子讨教：

"大王给我交代了非常重大的任务。②从齐国对使者的态度来看，

① 庄子很尊重孔子。在《外篇》和《杂篇》里，很多人批判孔子的内容与庄子的本意是不一样的。关于这个，已经在《春秋战国·第三卷·问鼎中原》中说过《老子》和原始儒家距离并不远。

② 实际上，叶公和孔子见过面。他们的谈话在《论语》中有记录。《春秋战国·第五卷·吴越争霸》中对于叶公的言语进行了详细的记述。用一句话来说，叶公是楚国中兴的顶梁柱。这里引用的语句中，叶公的言论与《左传》和《论语》里记录的内容是相似的，对孝、忠、明（命运）、义的解释也是类似的。

这篇引用的孔子的言论好像不是庄子自创的，并且内容也基本没有从孔子的"中庸之道"中脱离出来。庄子或者庄子一派把孔子的言论中有共鸣的部分借用的可能性也是存在的。如果没有直接引用的话，思想史上的价值会更高，但无法具体判断其真伪。

虽然他们非常谦逊，但在推进事情的发展上却一点都不着急。哎呀，我连区区匹夫都没法说动，更何况去说动诸侯呢？说实话，我现在感到有些害怕。

"……早上接到王命，晚上虽然喝了冰水，但心里还是焦急如焚。我虽然获得了工作，但我已经产生忧患。如果事情无法办成的话，一定会受到法律制裁。这两者是作为人臣所无法承受的呀。希望您能对我说点什么，指点一二。"

因此孔子回答道：

"天下纲纪有二，一为命，二为义。儿子伺候父亲是因为命，所以心里无法有一刻的放松；臣子伺候天子是义，不管去哪都是天子的领土，不管在哪，都是天子的臣下……所以成为臣子的人，真的有许多身不由己的事情。臣子做事的过程中就会发现，连自己的身体都会被遗忘，又何谈去享受生的喜悦，去讨厌死的痛苦呢？您还是走吧。"

我请求把我从孔丘那里听来的话告诉您。大凡外交，如果在近处，就通过信任彼此见面；如果在远方，一定得通过话语去传达精神。所谓话语，一定是某人传达的内容，所以很难让双方同时开心或同时愤怒。如果双方都非常喜悦，那肯定话语中有夸张的成分；如果双方都愤怒，那话语中一定有让人厌恶的成分。这些过分的成分都是因为犯了糊涂，或缺失信任。如果缺失信任，那传话的人就会招来祸端。因此，有这样的格言：

"如实传达，别说过头的话，如此便足够了。"

通过技巧斗争的人们都是从阳开始，到阴结束的。如果实在过分，便会使用过多的技巧，比如喝酒。一开始会遵守礼节，但最后就会忘记一切，如果过头，往往乐极生悲。事情大多都那样。美好的开始却有糟糕的结局。开始想尽量简化，但最后事情却会变得越来越繁复。

话语即是风浪，行动便是实衷①。风浪可以很容易地移动，真相也可以很容易地变得危险。因此，产生愤怒并不是其他什么理由，而是因为"巧言令色（巧言偏辞，表情谄媚）"。禽兽如果被逼入死境，会张牙舞爪地发狂，并且大声喘息。人的心情也会变得非常焦虑，如果焦虑到一定程度，就一定会做蠢事。虽然这都是随着心情变化而出现的，但人们却连这个也不知道。人们甚至不知道为什么会变成这样，而对事情的结果，他们更是一无所知。因此，有这样的格言：

"别改变命，别图谋功名。如果过分，就会僭越。"

如果改变命是为了图谋功名，事情会陷入危险的境地。完美的成功是需要慢慢实现的，路一旦走错，便无法挽回。难道可以如此不慎重吗？根据事情变化的方向，心情也会变得舒畅（乘物而游心）。把无可奈何的事情放在一边，遵守中庸之道便是最好的做法（托不得已以养中）②。硬撑勉强又是要做什么呢？人这辈子不过是顺应天命罢了。这有什么难的呢？

我读完这部分后，觉得老师的思想虽然是对现实的观察，但更加确信老师所说的话并没有与现实脱离。做外交的人不过是遵守了中正之道，不过是完成了臣子的外交任务而已。实际上，整个国家的人并没有将自己的利益都交付在纵横家的舌头上。老子说："把非做不可的事情搞砸，把想抓住的东西越推越远。圣人不会非要去做什么，所以圣人不会有失败；圣人不会想要去抓住什么，所以圣人不会有所失。面对事情的根本之道在于，直到结束也要像开始时般小心谨慎。因此，圣人不会将事情办砸。圣人所希望的就是一般人不

---

① 这句话很难揣测其意思。虽然这里常常会解释成"得失"，但好像不太通畅。

② 直译的话为"上升到事物的上面，心灵会宁静，以无能为力之事为凭借滋养中间"。虽然"上升到事物的上面"这句话，可理解为"制约事情"，但实际上如果解释为"事情会随之自然发展"的话会更自然。

去希望的；对于难以获得的财物，圣人是不会看得很重的。（圣人欲不欲，不贵难得之货。）"我感觉这部分内容也出自相同的脉络。

最厉害的教化就是不教化

作者：我读了《论语》中"楚狂接舆"的故事。老师您也引用了这个故事。这是在孔子周游列国，路经楚国时发生的事情。这个故事是这样的。当时，楚国隐士接舆唱着歌经过孔子身边。他唱道："凤鸟啊，凤鸟啊！大德怎么能衰败了呢！过去的时日不可追溯，未来的世界却可以追寻。（往者不可谏，来者犹可追。）啊呀，啊呀！现在参与政治的话，非常危险。"[①]

孔子下车想和他谈谈，他却逃跑了。和接舆有关的故事能再给我多讲讲吗？接舆为什么会有这样的举动呢？

庄子：肩吾曾说过："日中始和我说，成为君主的人，只要自己遵纪守法，做出榜样的话（以己出，经式义度）[②]，那么谁又敢不听他的话，不受他的教化影响呢？"

然后，接舆说："这是运用心智的伎俩，是伪善骗人的行为。如果在这样的统治下天下能够太平，那么海底也能掘出一条河，蚊背也能驮起一座山。自古以来，圣人所谓的治理天下，怎么就只会是外在的治理呢？圣人不过是让自己做好榜样，以自身行动去影响百姓，坚定地执行之后再来处理事情罢了。这是指，圣人们的出发点并不是为了自己的榜样作用或教化作用。鸟儿高飞在天空中，以躲避被射杀之祸；鼹鼠深藏在神坛下，以躲避烟熏锄掘之害。现在的人怎么还比不上这两种动物呢？"

---

① 内容出自《论语·微子》。

② "以己出"，指的是由自身表现出来的意思，也就是说，要率先以身作则。有些人还翻译成"随心而为"，这与文脉不符。所谓"经式义度"，有许多种解释，但都有着"适当法式"的意思在里面，有一定模糊性，可以看成是儒家所说的礼式，也可以看作是法家的严刑峻法，大体上就是指"规范"的意思。

作者：比起"修身治国平天下"来，其意思是要求人应该更明确地管理好自己。外在表现出的东西不是重要的东西，首要的是行动的时候能够自觉地正确行事，做事的时候能够自觉提高自己的能力。老子说："断掉智慧，抛弃分辨，百姓的利益将百倍上升；断掉技巧，抛弃利益，盗贼都会消失。"这应该是一样的意思吧？也就是说，光是看到的东西还不够，只有让自己变充实才行。自己都不充实的话，还怎么能去指正别人呢？如果去指正别人，别人肯定不会顺从。当然，自己也会陷入危险的境地之中。

庄子：要我讲一个有趣的神话故事吗？南海有位叫倏的帝王，北海有位叫忽的帝王，中央有位叫混沌的帝王。倏和忽常常在混沌的领地见面，混沌总是热情款待。因此，倏和忽商量着怎么才能报答混沌的恩情：

"人有七窍，用来观察、倾听、说话、呼吸，只有混沌是一窍不通，我们要不也给他通通窍吧？"

所以，二人每天给混沌凿一窍，结果七天后混沌死了。(《庄子·应帝王》)

作者：倏和忽完全没有折磨或者杀掉混沌的想法，但结果却是把朋友给杀了。所以，他们的行为和那些高唱"以德服人"的人十分相似。那些人的行为也会带来一样的惨痛后果，何况有的人还主张应该通过法律去教化别人呢，这种行为真是令人无言以对。世界上有很多事情都体现了一个道理，那便是"不作为才是真正的作为"。老子说："道常常是无所为的。王侯们如果能遵守这个道理，那么万物将自行成长变化。万物自生自长而产生贪欲时，我就要用'道'[1]来镇住它。知道满足之后，就会安静下来，万物也会自行安定。"这说的也是一个意思。反之，不去等待万物自行安定而举刀相向的话，其结果便会与倏和忽造成的后果一样。

---

[1] 原文作"亡名之朴"，即没有名字的大树，在这里可以理解为"道"。

211

4. 庄子的政治观

不参与盗窃行为的办法

作者：如今，世界沉浸在痛苦之中，而您却悠悠自闲，这不是身为学者该做的事情吧？在这个世界上真实存在的人之中，也有人不讲个人荣辱而欣然出世。柳下惠曾做过士师，结果为官期间被罢黜了三次。所以有人向他发问："你怎么还对这个国家有依恋？你还不能全部放下离开吗？"

柳下惠回答道："我在鲁国之所以屡被黜免，是因为坚持了做人的原则（直道而事人）。所以不管去哪，都会被罢黜三次的。如果要我放弃做人的原则，我为什么又非得离开生我养我的故乡呢？"（《论语·微子》）

柳下惠是一位清廉正直的人，尽管其三次被罢黜，但也丝毫没有改变他想要参与政治的意志。

孔子虽然多次受到隐士们的嘲笑，但也没有屈服。孔子在魏国看到拿着簸箕、拎着磬的人走过，当这个人经过孔子隐居的居所门口时说道："从磬声中可以听到感情，是卑劣的嗷嗷叫的声音。因为没有了解自己的人，所以就那么走掉罢了。涉深水撩起衣服也没有用，只得连带着衣服一起下水，而涉浅水则可以撩起衣服。（深则厉，浅则揭。）"

孔子回答道："他的行为很果敢啊。但是我也那样做的话，不难。"（《论语·宪问》）

还有，孔子周游列国时，弟子子路与一位叫桀溺的隐士见面。子路听到过这样的声音：

"你是鲁国孔丘的弟子吗？"

"是的。"

"世界上祸乱滔天，已经到了无法收拾的地步，什么都无法改变。你与其跟着孔子，一天到晚追求仁义，还不如跟着我隐居呢（而与其从辟人之士也，岂若从辟世之士哉）。"说完后，隐士继续干活了。

子路回来告诉孔子，孔子长叹一声道："人是不可能与鸟兽为伍的（鸟兽不可与同群），如果我不和天下人在一起，又要与谁在一起呢（吾非斯人之徒与，而谁与）？如果天下有道，那我也不会改变。"

后来，子路去问一位正在做农活的隐士："你看到我们的老师了吗？"

隐士这么斥责他："四体不勤，五谷不分，谁是你们老师？"

所以，孔子让子路给隐士传了口信："不出世则无仁义（不仕无义）。连长幼之礼都无法废除，君臣之礼又怎么能废除呢？一个人为了洁身自好却搞乱了大的伦理。（欲洁其身而乱大伦。）君子出世是对仁义的敬礼，至于道行不通这件事，我早就知道了。"[1]

柳下惠和孔子的故事就说到这里。如他们所说，出世尽管可能没有一点意义，但他们还是选择要出世。所以老师您对他们这种做法持强烈的批判态度，现在您对于那些想要救世的经世家是如何评价的呢？

庄子：那些决定为世界献身，从而拯救世界的人，其所做的事情实际上和以下说的这些事情是一样的。为了谨防小偷摸扒钱囊、偷启物箱，就必须用绳捆紧钱囊，将物箱锁牢。这是世俗中人常说的防止被盗的智慧之谈。

假设是大盗来访，那他们肯定是不顾三七二十一地把财物全部带走。不管东西是在口袋里，还是在箱子里，他们只是担心袋子有没有被捆紧，锁有没有被锁好。所以，村子里那些所谓的智者把财物囤积好，这怎能不被看作是为那些"大盗"而囤积财物呢？

各位读者不妨想想，世俗里的所谓智者中，难道没有不为"大

---

① 以上内容出自《论语·微子》。

盗"囤积财物的人吗？所谓的圣人们中，难道没有不为那些"大盗"守护财产的人吗？怎么能知道真相是那样的呢？以前在齐国，邻居们相互望见，鸡狗的叫声相互听闻[1]；罗网所布之处，犁锄所耕之地，方圆可达两千余里；齐国四境之内，处处建立宗庙、治理采邑、屋井、州县、闾里、乡党、部曲的，又何尝不是师法圣人呢？然而，田成子（田常）[2]突然在一天早上杀掉齐国国君后偷走了整个国家。怎么能说他盗走的仅仅是齐国呢？连同那些治理国家的圣知之法也一并被盗取走了。所以，田成子虽然背负盗贼之名，却像尧舜一样身处安全之地。小国不敢非议，大国不敢讨伐，经历十二世之后，田氏依旧拥有齐国。这不仅是窃取了齐国，难道不是连同圣知之法也被一起盗走了？圣知之法不是变成用来守护盗贼之身的工具了吗？

再讨论另一个例子。世俗里所谓的圣人中，难道有不为"大盗"囤积财物的人吗？我们是如何知道有这样荒唐的事情的呢？从前，关龙逄被夏桀斩首，比干被商纣剖心，苌弘被周王剖肠，伍子胥被吴王分尸，尽管这四个人无比贤明，然而他们的肉身都未能免于刑戮。所以，大盗无理向盗贼首领盗跖[3]问道："盗也有道吗？"盗跖说："哪里会有无道的地方呢？凭空臆测别人房间内的东西便是圣；想比别人多抢点而先冲进屋，是勇；想比别人多抢点而晚离开屋，是义；知道入室盗窃是成功还是不成功，是智；分赃均匀，是仁。自古以来，不知道这五条道理，而能成为大盗的，天下从未有过。"

由此看来，善人得不到圣人的道，便不能立业，盗跖得不到道，便不能去偷盗。世界上善人少恶人多，因此，可见圣人有利于天下

---

① 形容人口很多。

② 因为祖上在陈国，所以也说是陈姓。他和后代们取代姜氏，夺取了齐国的政权，建立了田氏齐国。

③ 传说，有一个和孔子生活在同一时代的大盗叫盗跖；不过他也可能是庄子创造的人物。

的很少，而危害天下的很多。①

作者： 啊！圣人治道的结果，反而是帮助了大盗们，被他们利用了吗？在天下分裂的情况下，只有一个国家大治的话，好像也没什么太大意义。不管国家治理得有多好，只要力量更强大的人来抢的话，君主也不得不将国家拱手相让。有时候，那些偷盗的行为还会成为圣人们的借口，而在没有完全统一的情况下，小小的品德反倒会成为坏事，就像经常驾驶盗贼马车的马夫和海盗船上认真划动双桨的人。但是，老师的道却能克服这个社会的分裂，在统一的状态下被运用。

《大学》里讲："古时想让自己的美德之名传播于天下的人，首先要治理好自己的国家；要想治理好自己的国家，就先要把自己的家庭整治好；要想整治好家庭，就先要修养自己的品德；要想修养自己的品德，就先要端正自己的思想。（古之欲明明德于天下者，先治其国；欲治其国者，先齐其家；欲齐其家者，先修其身；欲修其身者，先正其心。）"但是，老子曾说过："大道被废弃了，才能提倡仁义；家庭出现了纠纷，才能显示出孝与慈；国家陷于混乱，才能显现出忠臣（大道废有仁义；六亲不和有孝慈；邦国昏乱有正臣）②。"老子的话

---

① 出自《庄子·胠箧》。这是了解庄子一派对战国时代看法的重要论述。他们主张世界上这些充满智慧的人们虽然在努力工作，但实际上是为了大盗（可能是君主）在工作。遗憾的是，把这篇文章看成是庄子生活时期的文章有点困难，因为在《庄子》中出现了"田氏统治齐国历经十二代（十二世有齐国）"的句子。田氏篡取齐国君王之位八代后，就被秦国灭了。从田成子开始的话，确实是到十二代才灭亡的。因此，这篇文章应该是在最后一位（田氏）齐王建（"建"是齐王的名字）继位（公元前264年）之后所写的。但这部分很好地继承了庄子思想的内容，可以看成是庄子思想的发展。《外篇》和《杂篇》的很多文章里，都体现出很好的一贯性，也是比喻和结构的起点和开端。

② 在王弼的版本中是以下的内容："大道废弃，会产生仁义；智慧出现，会产生大伪；家庭不和，会出现孝顺和慈爱；国家混乱，会产生忠臣。（大道废，有仁义；慧智出，有大伪；大亲不和，有孝慈；国家昏乱，有忠臣）。"意见好像是完全相反的。但是，如果根据王弼版本里"大道废弃后出现仁义的话，不是真正的仁义"来看，竹简版本的意思也没有特别大的不同，可以意译成"大道废弃了，怎么还能有仁义？这个仁义不是真正的仁义"。

把《大学》所说的"修身齐国治天下"的顺序给调整了，我不太了解顺序调整的意义，但是，今天听了庄子老师的话，对《大学》和《老子》的差异有了更进一步的了解。

柏拉图老师也曾说过类似的话。毕竟在大的思想上，东西方文化并没有什么区别。他这样说道："非正义和充满恶行的极端者们，最能理解我说的话。因为这类人，通常能享受到最大的幸福，但那些正直的牺牲者往往会陷入悲惨的深渊。"当然，这里所指的极端者就是僭主（tyranny）。这些人不是简单地犯了偷盗或者施暴一类的小罪，他们是一群超乎于人们想象的掠夺者。神殿逃犯、诱拐犯、强盗们犯下的罪行，但凡有一条被发现，都将受到严厉的惩罚，罪犯还会背上一世污名。但是，僭主通过绑架市民后，成功奴役了他们，人们都已经忘记了这些人所犯下的丑恶罪行，只是羡慕他们的福气与好运。非正义的力量往往比正义的更加强大。（344a-c 摘要）

真正的政治是不毁灭百姓的本性

作者：要完全理解老师的理论，难度太大了。不过，还是可以感受到老师毫无保留地去珍惜生命的意图。现在是战国时代，各地每天战火纷飞，而儒生们都认为自己可以将百姓拯救出这水深火热的困境。而另一些人则认为要拯救百姓就必须采取残酷的手段，因为一旦战败就意味着失去一切。老师您不同于他们，而是打破了时代与国家之间的界限。我厚着脸皮再问您一个问题。有人主张为了获得功名，就算使用残酷手段也无妨，您对这样的主张有什么看法？

庄子：马，蹄可以用来踩踏霜雪，毛可以用来抵御风寒，嘴用来吃草、饮水，它还可扬起蹄脚奋力跳跃，这都是马的天性。即使有华丽的高台与宫殿，可对马来说没有任何用处。但世上却出现了伯乐。伯乐说："我善于管理马。"于是用火灼炙马毛，用剪刀修剔马鬃，用凿子削马的蹄甲，用烙印制马的标记，用络头和绊绳来拴住马，然后给马匹分配马槽和马床。这样一来，马便死掉十分之二三了。马儿饿了也不给它吃，渴了也不给它喝，相反，却驱使它们快速奔跑，让它们奋力疾驰，让它们步伐整齐；马儿的脑袋上还被装上装饰，甚至还用鞭子去抽打马的屁股以示威胁，这样一来，马就死掉过半了。即使到了这个地步，还是有很多人称赞伯乐：

"他真的很会驯马。"

这就又是那些所谓治理天下的人的错误了。我认为的天下大治和这个不一样。黎民百姓有他们古来不变的本性。织布后穿衣，耕种后吃饭，这就是人类共有的本性（同德）。把所有的思想和行为合为一体，做到没有偏私，这就是让他们的天性去顺应自然发展。（一而不党，名曰天放）①。

所谓天性，便是受到束缚就想摆脱车辕、枷锁，甩掉蹴子和缰绳罢了。（《庄子·马蹄》②）

作者：在老师看来，黎民百姓的本质就是自由地发展自我本性，而不是根据对方的目的去发展自己。就像前面说的那样，经过痛苦和束缚后，花招儿便会变得更多，越是使唤、奴役百姓，百姓就越会想出更多花招儿。但是，另一方面，治理社会的方式却越来越残

---

① 虽然是非常重要的句子，但意思却被大大压缩了。主语是"人们"。人们有穿衣吃饭的品性，这是大家共有的德行。但是，没必要按群分类。他们只是随着天性，追求不受束缚的生活而已。这个部分可以积极地看成是善于治理天下的统治者的特性。圣人到了连奴隶也尊重的程度，而禽兽的本性也是需要珍惜的存在，所以百姓没有通过阶级被区分的理由。如果把听进去话的和听不进去话的进行区分，那就是把人以群分类。因为本性强烈，就把不听话的本性扼杀掉。是不是说如果一个人治理大卜，不要如此去做？

② 这篇好像不是庄子的文章。《齐物论》的精神是通过现实的比喻来进行阐述。经历了儒家理论束缚了士大夫，法家思想压制了百姓的时代，可以看出，庄子学派追求的境地，对于一般百姓来讲，是十分贤明的事情。《内篇》和《齐物论》中，庄子主张的圣人的一面便是"和奴隶之间也要互相尊重"。奴隶是在奴役与法度中最低端的存在，是受到最多苦难的民众。《齐物论》中否定一切事物的差别化，所以当然不会认可奴隶与士大夫的区别。当中出现了涂工和木手的故事，但本文对其进行了省略，只整理了对话部分予以呈现。

酷。您的老师——老子的言论更合我的心意。

"以无为之道去治理国家，以奇思妙计去带领军队，通过扰害民众得到天下。我怎么会知道这些事呢？因为天下的禁忌越多，百姓的反抗就越多；反抗越多，百姓拿到的顺手工具就越多，国家便越来越混乱。人们知道的东西越来越多，邪风怪事闹得越厉害；奇事越来越多，模仿的盗贼便越来越多。所以，圣人们这么说道：'我无为，人们就会自然富裕；我无为，人们就会自我教化。我喜欢安静，人们就会自我健康成长；我无欲无求，人们就会自然淳朴。'"

我不把我的意志强加给他人，我不掠夺他们的东西，我不以上下级而是以平等的身份与他们相处，我不被无法实现的欲望所禁锢，我能够让现在变快乐，而这才是真正的财富和全部的社会意义，难道不是吗？

会议主持人点评——无为即尊重

不管是谁，比起监狱来，都会更喜欢广阔的田野。庄子主张所有的人，甚至连动物都应该在广阔的田野上自由地生活，而不要给他们带去伤害。尊重他们，就是无为。所以，主张尊重生命的思想，最后都会指向无为。

孔子是大力支持"有为"的思想家。他主张："人可以弘扬道，而不是道能弘扬人。"（《论语·卫灵公》）

孔子是有多么支持"有为"呢？宰予大白天睡觉，孔子对此生气地说："朽木不可雕，粪墙不可涂。对于宰予这样的人，有什么可责备的呢？"（《论语·公冶长》）孔子又说："整天吃饱了饭，什么心思也不用，这就难办了！不是还有掷骰子、下围棋之类的游戏吗？做做这些，也是贤德开悟的事情（饱食终日，无所用心，难矣哉！不有博弈者乎？为之，犹贤乎已）。"（《论语·阳货》）孔子的意思是说，即使玩也比闲着好。

尽管如此，孔子所期望能够达到的最高境界还是无为。在《论语·阳货》里有如下对话。孔子说道："我不想说话了（我欲无言）。"

听到他的话之后，子贡问道："如果老师您不说话，那我们这些弟子又能传述什么呢？"

"上天什么时候说过话？四季照常运行，百物照样生长。上天说了什么话呢？"

孔子的意思便是指，对于完美的自然来说，人类应该保持无为的态度。《老子》中提到过"天地之间有风箱，它空虚但不枯竭（虚而不屈），越鼓动，风就越多"的话。

所以，对于人来说又怎么样呢？果然，最高的境地还是无为。在《论语·卫灵公》里孔子说过这样的话："能够无所作为而将天下大治的人，大概只有舜吧！（无为而治者，其舜也与！）他做了什么呢？只是端正地坐在朝廷的王位上罢了。"

端正地坐在朝廷的王位上，也就是说，君王尊重那些被他治理的人们。《老子》中认为，治理的最佳境界便是顺应自然，让治理真正地向下走到百姓中去。而这也就是孔子所说的尊重。

"江河与大海之所以能成为众多溪谷河川的头领，就是因为让溪谷河川向下流动。正是因为这样，它们才能成为头领。圣人之所以能位于百姓之前，是因为他们实际置身于百姓之后，而之所以能处于百姓之上，是因为他们在言辞上处于谦恭的地位。"

孟子的心里肯定也是一样的想法。他说："伟大的人都保有一颗赤子之心。（大人者，不失其赤子之心者也。）"要表达不要人为干预，而且要尊重淳朴的态度。"大禹治水，便是什么都不干涉，顺水而流。（禹之行水也，行其所无事也。）"（《孟子·离娄》）这句话如实说明最高明的治理亦是无为。

但是孔孟无法实现无为。怎么能让绝对的人为"克己复礼"和赤子之心共存呢？并且，舜禹两位君王的无为和为寻求官职周游天下的孔孟，这二者的行为也是无法共存的。就算讨论他们的无为，我们也知道，作为士大夫以及保有自我意识的他们，也只能朝自己的方向而去，而要做到无为，是需要去除自我意识的。《老子》说："就算是施予，也要对方意识不到，这才是道。"

"道（象）在哪里，天下的人便会往哪里去。（执大象，天下往。）[1]大家都向道，天下就会太平。道就像美妙的音乐和美味的菜肴，能够使过路的人为之止步。但要说出什么是道，它又显得非常平淡，没有什么味道，甚至看不到、听不到。尽管如此，道的作用却是无穷无尽的！"

老子虽然把无为放在心里，可是在当时的身份制度之下，无为却是难以实现的。最终，无为在乱世就不得不向有为转换。《老子》中说，"把门关上，把眼睛、耳朵、鼻子都堵上，一辈子都不会混乱。（废其门，塞其兑，终身不督。）"法家把这个变成了君主统治的办法。《老子》里说的是上层阶级要与下层阶级相适应，讲的是不去迎合上面的大众儒生之道和将无为遍布世界的君王之道。可是，法家却"活学活用"，反而将其变成了一种让君主去使唤臣子的手段。[2]

老子用无为去解释王者之道，而庄子认为被奴役者要用无为去反抗奴役：

"就算是王者，也别随意使唤我。当然，除我以外的其他人也是如此，不可随意被使唤。"

从庄子的话可以看出，所谓无为，就是不要对生命使用暴力，也就是对生命抱以尊重。

---

[1] 这可以说是道家所认为的"天下统一"的观点。孟子也有类似的看法。

[2] 《老子》原文的解释为："智慧的人不说，说话的人不智慧。堵住孔窍，关上门窗，白天的阳光温暖地照耀时，把如俗世般缠在一起的东西解开。没法靠近，也没法远离。可以有利，也可以有弊。可以高贵地去做，也可以卑贱地去做。如此，天下将变得珍贵。"

古代哲学和
实用学问

．．．．．．．．．．．．．．．．．．．．．．．

　　这场诸子百家的旅程就快接近尾声了，尽管到目前为止依然存在着许多不足。我们就简单地整理一下吧。我想用四句简短的论述来总结这场讨论：

　　"法家在为君主图谋上，有参考之处；儒家在治理国政的深思上，有诚实之处；墨家在为人类努力上，有真实之处；道家在生命的理解上，有美丽之处。"

1. 哲学引导实用学问

本节要论述的是哲学和实用学问的关系。难道哲学真的和实用学问保持着一定的距离？或者说哲学对实用学问不起作用？接下来，我将呈现一些在现实中遭遇挫折的哲人的人生感悟。生活在战国时代的国家领导人，都熟悉一门实用学问，那就是兵法。战争中的输赢与否，关系到国家的生死存亡，所以，即便君主满口仁义道德，但是他们一定会培养与战争相关的专家。

不管哪个兵法家，都认为战场上将军的美德，便是迅速地作出判断。所以，百战不殆的战略家吴起认为"多疑之下的犹豫不决是战争失败的最大原因"。那么，不论处于何种情况，战争专家——野战司令官，只要他们坚定地作出判断的话，即便没有"哲学"也是可以的吗？他们只是通过观察和分析客观情况来作判断吗？

当然，答案是否定的。如果没有哲学的话，便不可能有准确的分析；如果没有哲学的话，在战场中就无法树立纲领。不树立纲领则无法展开战略，不展开战略则一开始就不会有战术这种东西。如若提起兵家，不管是谁，经常挂在嘴边的无非是战国时代两位具有代表性的兵家人物。那么，这两位到底拥有怎样的哲学理念呢？又是受谁的影响呢？可以说，其中一个是孙子，也就是孙武，而另一个就是吴起。

首先，孙武的兵法到底渗透着何种哲学呢？《孙子兵法》中有这样的一段："兵者，国之大事，死生之地，存亡之道，不可不察也。故经之以五事，校之以计，而索其情：一曰道，二曰天，三曰地，四曰将，五曰法。"

孙武把道排在了第一位。那么道是什么呢？

"所谓'道'，便是使百姓与君主的意愿保持一致。百姓可以与君主同生共死，甚至不惧危险。（道者，令民与上同意也，故可以与之死，可以与之生，而不畏危。）"

那么这个道不就等同于墨子的"尚同"吗？不过，孙武受到的影响更多是来自术家集团。所谓术家，它的思想主要以法家思想为基础，并吸收了大量的道家理论。因此，孙武十分强调在战争中要有狡诈的技巧：

"兵者，诡道也。兵以诈立，以利动。"

孙武兵法的欺诈之术毫无人情。他把间谍活动看作是兵法的重要组成部分。他还认为应该运用死间①和生间②去刺探敌人的实情。而自己军队中一旦发现有间谍在活动，就得立即处死间谍。

如此来看，孙子兵法重视"术"。所谓"术"，便是随机应变的意思。正如大家所知，"术"是法家从道家借来并予以改造的一种技巧，其中还包括一些不正当的方法，也就是邪术。我们可以在很多地方发现，孙武是在道家的基本思想之下来阐述自己的兵法理论的。

"所以，只见过军队因拙劣不堪而迅速结束战斗的情况，却没听

---

① 以死来完成任务的间谍。
② 完成任务还能继续活着的间谍。

说过因拥有技巧能力而打很久的情况。（故兵闻拙速，未睹巧之久也。）"

这说的便是《老子》中的大巧若拙和以奇用兵[1]呀。不过，孙子虽以道家为基础，却极为重视"术"。也就是说，他是一个向法家转型的道家。

"拥有智慧的将领会去吃敌人的粮草（智将务食于敌）。吃敌人的粮草一钟，相当于吃我军粮草二十钟。掠夺村庄的话，要将其分予士兵；占领土地的话，也要分享利益；万事皆要在权衡利弊之后才实施行动。（掠乡分众，廓地分利，悬权而动。）"

这依然没有在战争中把对方的士卒与毫无武装的百姓区分开来。接受儒家洗礼的人绝对不会说出这样的话，特别是受儒家影响极大的吴起，他虽是用兵的大家，但是绝不会说出吃敌人粮草和掠夺村庄的话来。对于吴起来说，战争的目的是将对方的百姓拉入己方；而对孙武来说，战斗的胜利才是更为重要的事情。下面我将列举一些孙武的话来说明，这些话可以说是孙武对兵家所做出的最大贡献：

"将领十分有能力而君主不能对其进行制约，这样的国家便可取胜（将能而君不御者胜）。"这说的就是君主的无为。但是，韩非子却与之大不相同。韩非子认为，即使是在战场上，也不要将兵权交付于将领手中，君主必须要制约将领。孙武的发言反映了兵家自身的利害关系和与道家的渊源。下面还有两句。

"微妙得不能再微妙，乃至于到了没有外形的地步；神奇得不能再神奇，乃至于到了没有声音的地步。于是我方成为敌人的司命[2]。（微乎微乎，至于无形；神乎神乎，至于无声，故能为敌之司命。）"

"所以，军队没有一定的势态，水也没有一定的形态，能够根据敌人的变化取得胜利的人可以称得上用兵如神。（故兵无常势，水无常形，能因敌变化而取胜者，谓之神。）"

---

① 大巧若拙，是指十分巧妙的东西有时候看起来很笨拙；以奇用兵，是指用奇绝之法带兵打仗。

② 司命，是指管理人命生死的星宿。

虽说是简单地分析了一下，不过我还是想把孙武所追求的用兵之道和以术运兵的方式称为"道术兵"。所以说，没有老子，就没有孙子。在需要时时刻刻下判断的情况下，遵循孙武理论的司令官首先想起来的便是老子，然后才拿出法术家们的术法。将领如果不懂哲学的话，就无法应对瞬息万变的战场。

下面，我们一起来看看受儒家和墨家影响的其他类型的军队，这些军队与孙武率领的军队完全相反。所谓其他类型的军队，就是吴起的军队。我们来看看《吴子兵法》的主要思想吧：

"过去谋求治理好国家的人，一定会先教导百姓，亲近万民。但是在四种不谐调的情况下，不宜行动：国内意志不统一，不可以出兵；军队内部不和，不可以上阵；临战阵势不整齐，不可以进战；战士行动不谐调，不可能取得胜利。（昔之图国家者，必先教百姓而亲万民，有四不和：不和于国，不可以出军；不和于军，不可以出陈；不和于陈，不可以进战；不和于战，不可以决胜。）"

这种说法实际上是墨子主张的一种变相说辞，因为墨子认为战争胜负与上下能否团结一心息息相关。吴起兵法的下面还藏着另一种思想，那就是儒学思想。荀子认为使百姓紧紧跟随是兵法的最上之法。可见，吴起受儒学的影响更多。

"自古要想管理国家、治理军队，就必须以礼仪教导，以仁义激励，还必须使其懂得感知羞耻。自古以来，凡人有羞耻心的话，大可出征作战，小可回防守卫。"

礼义廉耻也是《管子》的核心思想，与法家的理论相对，是一个从儒家理论中找到的折中方案。我们再来看看墨家理论对吴起的影响吧。魏武侯问吴起："布阵就一定安稳，防守就一定巩固，战斗就一定获胜，这样的方法（战必胜之道），我想听听。"

吴起回答道："如果君主能使贤明之人居于高位，庸劣之人居于下位，那么布阵就会安稳；使百姓认为自己的田土、房宅平安无事，且使之亲近官吏（民安其田，亲其有司），那么防守就会巩固；百姓都觉得自己的君主无比正确，而认为邻国错误，那么战斗就一定会获胜（百姓皆是吾君而非邻国，则战已胜矣）。"

这看起来像是从《墨子》的《尚贤》和《尚同》中直接摘取的内容，只是稍作修改罢了。吴起以爱兵如子、使士兵为其不惜一死而闻名。他与士兵同吃同睡，用嘴吸士兵毒疮的故事也十分有名。这和墨子的兼爱、节用思想是相通的呀。

下面，我们来看看吴起明显不同于孙武的地方。吴起攻破敌人和占领城池的方法是："率军过路的地方，不砍伐树木，不掀翻房屋，不征收粮食，不乱杀畜牲，不烧毁百姓的财物，以此向百姓展示我军并无残虐之心（示民无残心）。如有来投降的人，就要欣然接受他们并予以安抚（其请有降，许而安之）。"

这不正是荀子所说的儒家军队纲领吗？也就是把获取民心作为其目的，而战斗本身的胜利并不是其目的。人们常常把吴起尊为法家的始祖，但是吴起和法家的后人们却不太一样。他的根基依然是儒家和墨家。

魏武侯曾问："使刑罚严苛，使奖赏分明，这样就可以获胜吗？（严刑明赏，足以胜乎？）"

吴起如此回答："我对严刑明赏这方面的事情并不是很了解，不过这并不是值得信赖之事呀。下达号令，人们乐于听从（乐闻）；率领军队，动员百姓，人们乐于战斗（乐战）；带着武器与敌交战之时，人们也欣然赴死（乐死），这三件事才是君主要信赖和依靠的。"

"如何才能做到呢？"

"应该举荐出有功之人，并以宴会招待，然后激励无功之人。（君举有功而进飨之，无功而励之。）"

吴起的兵法与同时强调赏与罚的法家有着很大的不同。吴起从心理上倾向一支上下完全同化的军队。所以有人把吴起的军队说成是拥有儒家和墨家混合纲领的军队，即"儒墨军"。也可以说，其军队结合了墨的尚贤、尚同、亲爱和儒家的仁爱、名分与礼义廉耻。

没有墨家的思想，吴起的兵法还会存在吗？使用吴起兵法的司令官们，在战场上会表现得如墨子一般，与士兵同苦同乐，企图把整个军队打造成一个命运共同体。同时，以"我方有道，敌方无道"的理念武装自己，在战场上彻底区分开军人和百姓，用不同于敌人的行动去动摇敌方的民心。如此看来，在当时，哲学不是实用学问的侍女，反而是其主人。

2. 哲人的人生，丧家之犬与弃妇

哲学家和他们的理想就好比右腿与左腿之间的关系。孔子说："天下有道，则礼乐征伐自天子出；天下无道，则礼乐征伐自诸侯出。天下有道，则政不在大夫。"（《论语·季氏》）

虽然孔子希望进入一个天下有道的状态，也就是回归到施行周礼的时代，但是当时的社会显然已经回不去了。西方的情况也是如此。柏拉图如铁石般坚信统治者和医生是一样的：

"如果是真正的医生，就不是为了自己的利益，而是为了患者的利益来开处方。从字面上讲，所谓真正的医生，管理的不是利润，而是身体。……不管是哪个统治者，如果他是真正的统治者，他就不会将心思放在自己的利益上去行使他的权威，而是为了他所统治的对象，即为了被统治者的利益而行使权威。"（342d–343b）

不过，与柏拉图讨论的人马上予以反驳："哦，你的意思是说，那些牧羊人或牧牛人，他们熟练掌握畜养家畜的技术和使家畜长肉的技法，不是为了自己或是家畜主人的利益，而是为了家畜的利益吗？"（342d–343b）

柏拉图通过哲学论证，揭示出统治者的真实面貌是医生。尽管如此，在那些"毫无哲学的人"眼中，统治者却是养羊吃肉之人。所以，我们就不免听到来自柏拉图的哀叹了：

"船上的那些叛乱者，那些辱骂哲学之人，他们不知道真正的航海家必须学习那些与季节、天文、星辰、风有关的知识，以及正确操作船只所必备的全部内容。而且，他们还认为，熟练掌握控制船只所必要的专门技术是绝无可能的，甚至否认有那样的航海技术。他们把在这艘船上的船员说成是唠叨之人或是看星星的人，对于他们来说，这些船员就是一群无用之人。"（489a）

诗人屈原的《离骚》中写道："初既与余成言兮，后悔遁而有他。"柏拉图下面的这段感叹听起来与屈原的这句话十分相似：

"所以，叫作哲学的女人呀，却被那本该成为自己真正恋人的人所抛弃。他为了追求并不真正适合自己的人生，抛弃了她，最后却落得孑然一身。而她犹如弃妇一般，在二流子的手中受尽折磨和虐待。"（495c）

如孔子那"丧家之犬"般的身世一样，柏拉图正是"弃妇"。同时，希望出人头地的孔子，其努力也异常辛酸。叶公曾向子路问孔子的人品，子路没有回答，因为子路觉得叶公只是随便问问，并没有要起用孔子的意思。当孔子知道这件事之后，从孔子的说法里仿佛能听到一些委屈。

"你为什么不说呀？我这个人如果发奋起来的话会忘记饮食，快乐起来会忘记忧愁，连快要老了都不知道呢。"（《论语·述而》）

因为什么而遭到无视，甚至不能被起用呢？正是因为他们践行着哲学家的理想呀。柏拉图反复地说"普通大众是无法成为哲学家的"。那么，他会为了脱离这凄凉身世而抛弃掉哲学吗？如果他是真正的哲学家的话，那便绝不可能。墨子曾这么说："施行仁义，即使到了不能施行的地步，也绝不改变道路。这就好比木工在锯木头时没有锯好，也绝不会去改变木线一样。（为义而不能，必无排其道，譬如匠人之斫而不能，无排其绳。）"（《墨子·贵义》）

哲学家难免会遭受大众的批判。这是柏拉图的心声，也是数万东方哲学家和他共同得出的结论。正因为他们不是带着哲学家面具的市侩之徒，所以诸子百家中的任何一人都无法满足于现实，他们全都在感叹自己怀才不遇。感叹，便是哲学家的命运。即便如此，伟大的哲学家之所以受到推崇，是因为他们不管在什么样的情况下都不会停止探求的脚步。孔子发自肺腑地说道："如果早上听闻了道，即使晚上死去也没有遗憾了。"（《论语·里仁》）

无法成就大业之时，感叹便首先自己冲了出来："太严重了呀！我已衰老至此。太久了呀！我的梦里再也没有出现过周公。"（《论语·述而》）

哲学家一刻不休地思考着，而自己的腰包、饭碗却空空如也。尽管如此，哲学家却能收获到一件其他人得不到的东西，那便是弟子。柏拉图为了老师苏格拉底展开辩论，而同样，亚里士多德也为柏拉图的故事添加注解。正因如此，柏拉图才得以成为西方思想的代表。孔子四处奔波，受尽磨难，但是才气横溢的子贡却广受欢迎。他常常与孔子探讨其不满，还常常被孔子训斥、呵责。不过，他却在别人面前表现出对自己老师的推崇与支持，就如支持苏格拉底的柏拉图一样。

一个叫陈子禽的人曾如此询问子贡："在我看来，您十分恭顺。仲尼又怎么会比你更加贤明呢？"

不过，子贡却这样回答道："君子您凭借一句话可以表现出智慧，凭借一句话也可以表现得愚笨，所以，说话不得不谨慎小心呀。老师是我无法触及的，这就好比用梯子是不可能碰到星星一样。老师如果得到一个国家并去治理的话，那么，他让百姓站立，百姓就会站立；要是他引导百姓的话，百姓就会跟着行动；他如果使百姓安定，则百姓都会来归服；他动员百姓，百姓就会协力同心。他活着时，大家感到荣耀；他去世时，大家都觉得哀伤。而我又如何能赶得上这么一位伟人呢？（夫子之不可及也，犹天之不可阶而升也。夫子之得邦家者，所谓立之斯立，道之斯行，绥之斯来，动之斯和。其生也荣，其死也哀，如之何其可及也？）。"（《论语·子张》）

孔子去世之后，其他弟子都服三年之丧，唯有子贡一人搭起窝棚，守墓六年。老师在世的时候，子贡向老师供应粮食；老师去世后，子贡又常年看守坟墓，祭祀献供。正因如此，孔子才成为东方思想的神话。

墨子的弟子则不太活跃，所以很少有关于墨子弟子的故事。墨子的弟子高石子曾出使卫国。卫国国君予以重俸，并赐以卿位。因此，高石子得以参与卫国朝会。他在朝会上有三次发自真心的建言，但是卫国国君都不予采纳。最终，高石子离开了卫国，去齐国拜会墨子。

"我托老师之德，得以重俸，拜以卿位。三次朝会以真心建言，但卫国国君不听，所以我离开了卫国。卫国国君会不会把我高石子说成是疯子呢？"

墨子回答道："如果离开错误后走向正确的道路，即便是被说成是疯子，那又有什么损害呢？（去之苟道，受狂何伤！）过去，周公驳斥管叔，辞去了三公之位，而跑到东边的商奄住了下来。当时的人们都说他疯了，但是后世之人都称颂他的德行，给予他很高的赞誉，直到现在也还没停止。另外我还听说，'行仁义之事，并不是去躲避批评而选择赞扬（为义，非避毁就誉）'。如果说走向正确道路的话，就算是听到别人说你是疯子，可又有什么损害呢？"

高石子回答道："我的离开，又怎么会不遵循'道'呢？过去老师您曾这么说过：'天下如果无道，仁义之士便不会处在可以获取重禄的位置上。'现在卫国国君无道，如果接受他给予的俸禄和爵位的话，就好比我寒酸地吃别人施舍的粮食。"

高石子出去之后，墨子叫来自己的弟子禽子，说道："你先来听听我说的事吧。背离仁义而去追求俸禄，我很早就听说过这样的人和故事；不过直到今天，我才见识到还有抛弃俸禄、追求仁义的人呀！"（《墨子·耕柱》）

墨子说了两次"正确道路（苟道）"。他对自己弟子能走正确道路这件事，表现出非常满意的态度，甚至不由得向别人展露出自豪之色。孔子看待颜回的心理估计也是如此吧。老师与弟子成为连接过去与今天的一根绳子，他们一同走向未来。

从柏拉图的国家论
看古代中国

在展开讨论的时候，我们事实上把柏拉图看成了诸子百家的一员。因为我觉得，如果说诸子百家间论争的最大论点是国家的话，那么把创立与国家相关哲学的同时代人排除掉，是一件没有礼貌的事情。下面，我们将再次回到战国时代。柏拉图有名的四大国家政体理论，对我们考察战国时代有着巨大的帮助。当然，在柏拉图的理论中，混杂着他的理想和经验。即便如此，在对那个时代的政体的洞察与分析上，没有一个哲学家能与之比肩。

首先，概括和整理一下柏拉图《国家篇》中讨论国家政体的部分①（543a–569c），对中国从战国时代向统一帝国转变时期的政体，提出几点疑问。这可能会为理解中国古代政治提供一些新的视角。

---

① 说话人是苏格拉底，对话方是格劳孔。当然，苏格拉底说的话实际上是柏拉图说的。

柏拉图所谓的四大国家体制理论，即政治体制理论，结合了想象、观察、逻辑，是一篇达到古代西方政治哲学史顶点的著名文章。实际上可以说，之后的所有西方政治理论都没有摆脱他所使用的主体意识、用语和逻辑，甚至后人从正面反驳他的主张都只能借用他的用语和逻辑。

我认为，通过柏拉图的理论可以弥补中国古代政治思想的弱点，分析实际历史的时候，也可以参照他的理论。下面，通过他的理论来一起看看中国古代政治思想的各个方面吧。

根据柏拉图的话来说，最初的国家是一种理想的状态，即最具杰出智慧的哲人成为国土后，其所治理的最善者统治体制。不过，那个时代已经过去了。对于"您能谈一下在理想国度中所衍生的四大国家体制吗"这个提问，柏拉图如此回答：

"这不难。有名誉制、寡头制、民主制、僭主制。名誉制是最受克里特和斯巴达尊重的体制。其次产生的便是寡头制，然后是具有相当多恶德的民主制，最后产生的是僭主制。虽然僭主制总的来说被认为是最杰出的制度，但实际上是一个病入膏肓的体制。"（544d）

1. 名誉制

柏拉图有关名誉制的说法如下：

"名誉尊重体制是如何产生的呢？它正是在统治阶级的分裂中产生的呀！最初的最优秀者，他所统治的理想体制因为劣等者的出现而分裂。最初且头等的守护者们，其统治下拥有最完美的子孙诞生法则①，而这个法则现在却被忽视了，使得新郎新娘在并不合适的情况下，还硬使他们结合在一起，正因如此，社会就会生出许多毫无才能和运气的孩子。那些孩子在长大成为守护者之后，便会开始忽视身心的锻炼。（546d）……铁与铜、银与金相熔，没有关联且并不均质的物质——人类——便诞生了。其不规则性就必然滋生战争与憎恶。"（547a）

柏拉图是最早以种族遗传式的理论来谈论庸劣统治者产生的人。而这可能是没有经验根据的想象，也是柏拉图逻辑中最脆弱的一部分。不过，接下来的论述倒是结合了经验和分析，逻辑也十分缜密，如下：

"首先，统治层内部生产纠纷，铜铁的要素和金银的要素产生分离。铜铁种族指向私人利益和私有土地，还有金子和银子，而原来在自己内心中藏有真正财富的金银种族却倾向于道德和传统秩序。于是二者之间展开斗争，最终他们分割土地与房产，以私有化进行折中处理。同时，他们要是成了自由民，就把对方当作朋友来保护；不过有时为了维持自己的生活，也不得不将那些依靠他们的人贬为奴隶或家仆。另外，他们把精力集中于打仗和管理那些从属于他们

---

① 有些类似东方的八字合婚，是一项十分复杂的男女结合法则。其意思是指，只有在身体最为成熟，且日子最为吉利之时结合，才能生出最优秀的孩子。

的人上。"（547b-c）

柏拉图明确地认为在理想状态下是没有奴隶的。不过，他觉得当统治层内部的均质性消失之后，由于斗争的激烈展开，阶级之间开始产生敌对感。他认为在这个体制下的人类特征是一种善恶相融的东西，并把其看作是处在较好的优秀者统治体制和较差的寡头制中间的一种体制。即士兵阶层出现于战争之中，并进行一定程度的共同生活。他们因为热情，所以相比和平，更喜欢战争。因为他们已经在一定程度上有所堕落，所以理所当然地贪恋钱财。不过，因为无法明目张胆地赚钱，所以十分吝啬。他们最鲜明的特色便是强烈的斗争精神。

"他们具有一个显著的特点，那便是斗争的精神和野心。"（548c）

他们虽不排斥音乐或文学，但是却无法对此正确地理解。另外，他们的斗争精神还有着对下面百姓残酷苛刻、对上面权威俯首帖耳的特点。

"这些人对待奴隶十分残酷，对待自己的同僚自由人则十分尊重，而对待权威却轻易屈服。"（549a）

虽然在社会经济上拥有不同背景，但柏拉图所说的名誉制度下的统治者们，却与孔子描述的春秋末期的中国士大夫有着相似的心性。比如，处于春秋时代前半期的晋国，是六卿掌握实权，这六卿表面上动员国家、发动战争，在背后却是动员家臣、抢夺财产，从外表上来看，他们是一群道貌岸然的文明人。

2. 寡头制

不过，他们那充满斗争和野心的精神，却预告着又一次分裂。他们在某一瞬间抛弃名誉，选择了金钱。因此，更加劣等的体制——寡头制便粉墨登场了。柏拉图对寡头制的说明如下：

"重视财产的社会。并且，政治权力掌握在富人手中，穷人竟享受不到半分。"（550d）

那么，名誉制又是如何向寡头制转变的呢？关于这个，柏拉图说："个人手中所积蓄的财富破坏了名誉制。男人们追求欺诈，所以法律被误用和违背；而女人们也不再如以前那样遵守礼仪了。"（550e）

他们为了钱，逐渐热衷于竞争。越是富人，越对德行采取轻蔑的态度。这是因为富人被优待。他们以金钱为基准，限制普通市民参与政治。

"他们将财产的底线设定为出任官职的条件。"（551b）

如此一来，人只有拥有一定金额以上的财产，才能参与政治。当然，无法参政的人可以用武力强行参政。那么结果又会如何呢？那便是排斥和分裂。

"如果以财产为基准选举一艘船的船长，那就绝不可能给予穷人机会，即使那些穷人是非常杰出的船员。如果这样的话，航海又会怎样呢？"（551c）

那艘船必定会沉没。如果一个社会到处都是因为财产而无法参政的人，那么这个社会便是一个分裂的社会。

"这个社会就必然会被分裂成两部分——富人和穷人。他们虽然生活在一个地方，但是彼此对抗，暗藏阴谋。（551d）另外，他们因为这个原因，而无法好好地执行作战的任务。为什么呢？那是因为比起敌人来，富人更害怕那帮穷人，因此不会去武装穷人，如此一来，人数少的富人或统治层，又如何去进行战斗呢？另外，富人将钱财牢牢抓住，甚至不愿支付战争费用。"（551e）

另外，曾经是富人的某些人，将财产都变卖掉，变成了穷人，他们从此便无所事事，恰如蜜蜂，他们带着刺，沾染上满身恶习。同时，由于过去他们是既得利益者，在社会问题上常常保持沉默，所以无法受到尊敬。另外，他们大多是罪犯，因为犯罪而被剥夺财富，所以变成了穷人，所以也是潜在的社会敌对势力。他们更加仇视富人。

寡头制的统治者们事实上只追求金钱，丝毫不关心公益。另外，这些统治者也不会想着去积累比穷人们更杰出的实力。他们熟知如何去榨取被统治者，他们中的年轻人只会追逐享乐。其中还发生了这样的事情：

"当统治者和被统治者组成海军或陆军，远征于外而混杂在一起的时候，会有什么样的事情发生呢？当遭遇危险时，他们互相盯着对方，至少在那个瞬间，富人不会再歧视穷人。穷人的身体全是肌肉，由于常年在田间劳作而使得皮肤黝黑发亮，他们在富人的身旁作战；那些富人因为生活未经风雨而懦弱腐化，所以身体肥胖臃肿。富人们气喘吁吁、不知所措。在这样的情况下，那些穷人难道不会得出这么一个结论吗？'这些富人富有仅仅是因为被统治的人胆小。'然后，穷人们聚在一起，肯定会说：'那些富人不管怎样看都显得毫无用处。国家真正需要用人之际，那些人有站出来过吗？'"（556d）

中国难道也有这样的时代吗？从微观来看，很难找到相似的地方。不过，从宏观看来，西方由名誉制向寡头制过渡的过程，和中国战国时代到来的过程有着类似之处。虽然柏拉图是以规模很小的希腊为对象来阐述其理论的，但是如果拓宽视野，将战国时代的其中一个国家当作寡头的一员来看的话，这个理论在中国依然有其生命力。寡头们抛弃名誉而明目张胆地集聚财产和力量。

而且，他们促使混乱的贵族阶级走向没落，最终成为连接君主与百姓之间的桥梁。另外，在寡头中，力量强大之人无视既有的秩序而独立存在。诸子百家中的大部分人都是走向"寡头统治体制"过程中的没落贵族阶级。他们大部分都期待被编入官僚体制当中。当然，东西方无法避免的不同点是，中国的寡头们没有平民出身的人物。

3. 民主制及僭主制

民主制从未在中国古代得以建立。柏拉图对民主制的说明如下："穷人们赢了他们的对立面——富人，并将他们杀死或流放，然后给予剩下的人以同等的市民权利和做官的机会。于是，民主制产生了。"（557a）

但是，正如无限自由和多元被保障一样，这种体制具有放纵的危险。最危险的一点是人民被利用。有些人只要说'我是人民的朋友'，就会被人民拥戴。那些利用人民的人一边品尝快乐，一边却在傲慢、无政府、浪费等与支撑国家所必需的美德的对立面上挥舞着翅膀。因为他们频繁地肆意更换职业，所以他们没有真正的职业性和柏拉图口中所说的正义。

施行民主制的同时，统治者虽然可以给予人民充足的酒，但是如果酒桶开始变空的话，他们就会想着将责任转嫁给领导人。于是，在民主主义制度下，无产之人想要夺取有产之人财产的斗争便拉开了序幕。到了这个时候，僭主便以人民保护者的身份悄然登场。这个僭主一定是一位强者，也是一位极具煽动力的人。人民不管什么时候，都有着追随强者的习性。

这些俗称为人民朋友的人，哪怕用尽各种方法也要排除竞争对手，并自称为人民的保护者。在所夺取的东西之中，自己占据多数，只有一小部分被分给人民。到了最后，从民主制里发芽生长的僭主制便登上历史舞台了，而这种体制为纵览中国古代社会提供了一个十分有用的分析框架。

"人即使只吃过一小块肉，也会变成狼。听过这样的故事吗？这样的事情对于人民的领导者来说也会发生。只要是他说的话，不管是什么，暴徒们都会遵循。还有那吸干同胞之血的欲望也会变得异常强烈。他将他的敌人安上不正当的罪名，并将其拉到法庭，之后予以杀害。因此，他杀人，然后品尝同僚们不再神圣的血的味道。他施以流放、处死、抄家等刑罚，并暗示人们将再次分封土地。最终，这些东西会使得那个家伙被自己的敌人彻底打败，或者他会活下来变成狼，不断发展，直到成为僭主。"而所谓那个家伙，便是率领人民进行阶级战争的那个人。（565d–566a）

这难道说的不正是跳过民主制而直接走向僭主制的秦国吗？如果把战国时代比作走向民主制之前的寡头制，那么秦国吞并六国，以无所不为的君主身份称帝这件事，便与寡头制向僭主制过渡的过程有着相通之处。接下来，还是柏拉图的分析："那个家伙打倒了所有敌人，成为国家战车的掌舵人，成了绝对君主。他将周围的勇敢之人、贤明之人、富有之人统统找出来，然后一个不留地除掉。"

秦帝国在建立绝对帝权之后，便施行了焚书坑儒和解除武装的政令，这不就是为了除掉那些聪明之人和勇敢之人吗？那么，接下来又会进展到什么样的地步呢？

"僭主夺走市民们的奴隶，给予奴隶自由，并使他们成为自己的护卫兵。人民被榨以沉重的税金，还受到监视，于是渐渐失去了力量。"

所谓市民的奴隶，在中国的话，可以说成是公卿大夫们的家臣和附属于封地上的农民。更可怕的事情还在后面呢！僭主最后会完全地背弃人民。

"僭主到了现在会以父亲的身份对供养自己的人民施行暴力。如果反对他，人民就一定会奋臂高呼吧。（569b）于是，人民从对自由人服从的火盆中跳了出来，却蹦进了对奴隶服从的烈火中。（569c）人民在放纵中，转而落向'奴隶的奴隶'的状态。"

如柏拉图所说，人民虽然知道自己供养出的儿子是一个怪物，但是等到他们明白的时候，这个怪物儿子已经变得比自己更加强大了。

如前所述，中国古代没有民主制。所以很难照搬、对应"对自由人的服从""奴隶的奴隶"等概念。尽管如此，除开这个部分，我们依然能从整理的内容中得到一些启示。战国时代的人民认为统一之后便没有战争，没有战争的话，生活就会变好，他们是这样期待的。但是秦朝一统天下，对人民来说反倒是一件残酷的事情。虽然秦始皇和他的儿子都有着历史功绩，但是人民却在严苛的法律之下承受着极大的苦痛。推翻秦朝的恰恰就是建立秦朝的法。

汉帝国的出现，使字面上的僭主制在中国消失了，因为汉朝以后的皇帝们至少在名义上都受到儒学官僚的牵制。皇帝虽站在权力的顶点，但是却不像秦始皇那样无所不为。不过此后，也有一些各种变化的僭主制形态不断地登上历史舞台，还有几个皇帝比起秦朝的皇帝来说更加肆意地挥舞着自己的权力大棒。虽说制度已经发生了无数次的变化，但是却都未能阻挡僭主们的上台。所以孔子的观察拥有其超越时代的高度。如果为政者拥有孔子一样的心境，便绝不可能成为僭主：

"己所不欲，勿施于人。"（《论语·卫灵公》）

图书在版编目（CIP）数据

春秋战国．第6卷，百家争鸣／〔韩〕孔元国著；喻显龙译．—上海：上海三联书店，2023.1
ISBN 978-7-5426-7945-1

Ⅰ．①春…Ⅱ．①孔…②喻…Ⅲ．①中国历史—春秋战国时代—通俗读物Ⅳ．① K225.09

中国版本图书馆 CIP 数据核字（2022）第 218058 号

春秋战国·第六卷·百家争鸣

著　　者／〔韩〕孔元国
译　　者／喻显龙
责任编辑／王　建
特约编辑／时音菠
装帧设计／鹏飞艺术
监　　制／姚　军
出版发行／上海三联书店
　　　　　（200030）中国上海市漕溪北路331号A座6楼
邮购电话／021-22895540
印　　刷／三河市延风印装有限公司
版　　次／2023 年 1 月第 1 版
印　　次／2023 年 1 月第 1 次印刷
开　　本／960×640　1/16
字　　数／162千字
印　　张／16.75

ISBN 978-7-5426-7945-1/K·695

定　价：52.80元